오십이라면
군주론

불확실성의 시대에도 바뀌지 않는 500년의 통찰

오십이라면 군주론

김경준 지음

마키아벨리의 관점으로
지천명의 삶을 승부한다!

오십의 생존과 번영을 이끄는
26가지 이야기

MIXCOFFEE

오십에는 배덕 아닌 초도덕을 갈파하다

• • •

'강한 자가 살아남는 게 아니라 살아남는 자가 강한 것이다'는 독일 시인 베르톨트 브레히트가 쓴 「살아남은 자의 슬픔」(1944)의 한 구절 '강한 자는 살아남는다'에서 비롯된 표현이다. 영화 〈황산벌〉(2003)에서 조국의 존망을 걸고 승부에 나선 신라 장군 김유신의 투지와 고뇌를 상징하는 명대사로 남았다.

　다윈 진화론의 핵심인 '강한 개체가 아니라 변화에 잘 적응하는 개체가 살아남는다'와 일맥상통하는 이 개념은 비단 자연 생태계뿐 아니라 사회구성체에게도 적용되는 보편성을 확보하고 있다.

　급변하는 환경에서 '살아남아야 한다'라는 절체절명의 과제에 매일 도전받고 있는 현대 조직은 물론 개인 차원에서도 생존경쟁을 상징하는 슬로건으로 폭넓게 사용되는 배경이다. 자연 상태에서 살아가는 생물체는 물론 사회구성체인 국가, 기업 등의 조직도 각자

처한 환경 속에서 최적의 생존 방식을 추구하는 유기체의 속성을 공유하고 있기 때문이다.

생명체의 본능이 '생존과 번식'이듯 사회구성체의 본질도 '생존과 확장'에 있다. 개체가 환경에 적응해 생존하고 후대의 번성을 도모하는 것처럼 국가, 기업 등의 사회구성체도 환경에 적응하고 영역을 확장시켜 조직의 지속성을 확보하는 게 기본적 목표함수다.

이러한 목표함수의 달성 여부는 자신만의 생존 공간을 찾는 데 있다. 고유한 생존 공간을 찾는 생명체의 노력이 종을 다양화하는 진화의 동력이라면 국가와 기업에겐 전략과 혁신, 리더십과 시스템으로 나타난다.

저명한 전략 전문가 브루스 헨더슨은 '전략의 본질은 생물이 진화하면서 변종variety이 출현한 이유를 생각해보면 알 수 있다'라고 했다. 생물은 살아남고자 진화 과정에서 남보다 잘할 수 있는 걸 집중적으로 발전시켰다. 그 결과 수백만 종이 넘는 변종이 나타나면서 지구는 다양한 생물로 뒤덮일 수 있었다. 기업은 물론 개인도 마찬가지다. 자신만의 생존 공간을 확보하고자 남보다 잘할 수 있는 영역을 찾아 집중적으로 발전시킨 결과, 다양한 영역에서 수많은 기업이 각자 나름의 시장과 고객을 확보하고 운영되고 있다.

기업과 같은 사회구성체의 진화가 생명체의 진화와 다른 점은 스스로 계획해 시간을 압축하는 데 있다. 전략과 혁신의 본질은 진화를 계획하고 실천해 시간을 압축하는 것이며, 이런 배경에서 '자연 경쟁은 진화적, 전략적 경쟁은 혁명적'이라는 명제가 성립된다.

기업은 물론 개인 차원에서도 전략의 핵심은 '무엇이 좋은가'를 찾는 게 아니라 '무엇을 할 것인가'를 찾는 것이므로, 실천을 전제로 하며 현실에 대한 냉정한 분석과 자신의 능력에 대한 판단이 필요하다. 할 수 있는 일과 없는 일을 구분하고 할 수 있는 일로 최상의 성과를 낼 수 있도록 하는 것이다.

세상살이의 본질은 변하지 않는다

만물은 변하고, 시간이 흐를수록 변화는 더욱 빨라진다. 그러나 시간이 흘러도 변하지 않는 건 있다. 생물의 진화가 그렇듯 인간이 살아가는 본질적 측면도 변하지 않는다. 개체와 혈연의 '생존과 확장'이라는 목표함수를 달성하고자 공동체를 만들고, 리더를 선출하고, 추종자를 모으고, 경쟁자를 공격하고, 갈등과 분열이 생겨나고 해소되는 양상은 반복된다. 호모사피엔스가 진화해 온 30만 년, 문명 발생 후 1만 년 동안 인류에게 각인된 유전적, 사회적 DNA는 우리 행동을 근본적으로 지배한다.

21세기를 맞아 스마트폰이라는 첨단 기기로 SNS를 통해 소통하고 교류하지만, 도구가 석기시대의 돌멩이에서 모바일 시대의 스마트폰으로 변했을 뿐이다. 하루가 멀다 하고 최신과 첨단으로 포장된 새로운 경영 이론들이 쏟아져 나오지만, 기술적 측면에서의 변화일 뿐 기본 개념은 달라진 게 없다. 2천여 년 전에 기록된 역사서, 교훈서, 경전 등의 내용이 여전히 폭넓은 공감대를 형성하고 새로운 추종자를 만드는 생명력의 원천도 여기에 있다.

2,500년 전 청동기시대를 살았던 사마천이 저술한 『사기史記』를 비롯해 공자, 맹자, 한비자를 읽다 보면 느껴지는 '현재성', 21세기 디지털 시대를 살고 있는 지금 내 주변 어디에선가 살고 있는 사람들의 이야기처럼 느끼는 이유다.

500여 년 전 유럽 르네상스 시기 이탈리아의 도시국가 피렌체에서 살았던 니콜로 마키아벨리도 마찬가지다.

냉혹한 현실을 다룰 수 있어야 한다

'지혜로운 사람은 한 눈 뜨고 꿈꾸는 사람이다. 뜬 눈으로는 현실을 보고 감은 눈으로는 이상을 꿈꾸라'는 격언처럼 인간은 현실과 이상의 중간지대에서 살아간다. 인간이 생존력을 높이고자 협력하며 구성된 조직은 규모가 커지면서 복잡한 내부 역학관계를 형성한다.

조직을 이끌어 가고자 다양한 이론을 개발했지만 근본적으로는 '땅을 바라보는 현실론'과 '하늘을 쳐다보는 이상론'의 두 가지 관점으로 나뉜다. 시대의 변천에 따라 무게추는 왕복운동을 계속한다. 즉 한 시대에서 현실만 쫓다 보면 협량하고 비루해져 다음 시대에는 반대 측면인 이상을 추구하고, 이상만 추구하다 보면 허황되고 도그마에 빠져들며 다시 현실 중시로 전환하는 나선형 변화의 반복이었다. 동양에서 공자, 맹자, 퇴계가 덕치德治를 중시하는 흐름이라면 법치法治를 중시하는 흐름은 한비자, 순자, 율곡 등이다.

현대 조직론에서도 리더가 도덕을 갖추고 사랑으로 조직원을 대하며 사회적 책임을 다하면 성과는 좋아지고 발전한다는 '이상적 리더십'에 대비해, 리더가 조직을 장악하고 분명한 원칙을 세우고 신상필벌로 이끌면 성공한다는 '현실적 리더십'이 각자 장점을 주장하고 있다.

'이상적 리더십'과 '현실적 리더십' 모두 완전하고 난일한 해답이 되진 못하며, 실제로는 중간지점을 끊임없이 이동하면서 조직을 이끌고 있을 것이다. 이런 측면에서 조직을 이끄는 리더에게 '현실적 리더십'은 조직을 발전시키기 위한 필요조건이고 '이상적 리더십'은 충분조건이다.

사람은 빵만으로 살 수 없지만 빵 없이도 살 수 없는 엄연한 현실에서 '현실적 리더십'은 빵을 얻기 위한 필요조건이다. 중국 춘추시대 제나라 환공의 재상 관중이 '옷과 식량이 족해야 예의와 염치를 안다'라고 했듯, 현실에서 생존조차 어려운 조직이 도덕과 책임을 논하는 것 자체가 무의미한 탁상공론이다. 적자생존, 약육강식의 세계는 엄정한 현실의 세계다.

하지만 생존 본능 이외에 감정과 도덕을 갖고 있는 인간들의 삶과 조직의 운영 방식은 단순하지 않다. 막연한 도덕론도 극단적 생존론도 한계를 가진다. 공자-맹자류의 도덕론은 현실 문제 해결에 무력하고, 마피아 경영학류의 생존론은 삶의 가치 자체를 박탈하는 한계가 있다. 반면 마키아벨리는 개인이든 조직이든 고귀한 이상을 추구하려면 냉엄한 현실을 다룰 수 있어야 한다는 역설적 통합의 출발점을 제시한다.

배덕 아닌 초도덕을 갈파하다

'고전이란 무엇인가?'라는 질문에 미국의 소설가 마크 트웨인은 "책장에 꽂혀 있으나 읽진 않은 책"이라는 촌철살인의 유머로 표현했다. 실제로 고전이란 '이름과 내용을 많이 접해 익숙하지만 정작 읽진 않은 책'으로 표현해도 무리가 없다. 자주 접해 익숙하게 느끼는 것과 실제 알고 있는 건 다르다.

　마키아벨리 역시 마찬가지다. '마키아벨리즘, 마키아벨리스트, 마키아벨리적 방식' 등의 단어를 흔히 접한다. 대략 '목적 달성을 위해선 수단 방법 가리지 않는 교활하고 무자비한 권모술수' 정도의 부정적 의미로 통용된다. 영미권에서 사탄·악마를 뜻하는 '올드 닉 Old Nick'이 마키아벨리의 이름인 '니콜로'를 인용한 것일 정도로 부정적 평가를 받는다.

　하지만 대부분 마키아벨리를 안다고 착각할 뿐 정작 그의 글을 접하지 않았고 그에 대해 제대로 알지도 못한다. 마키아벨리의 실체는 실종되고 단편적 이미지만 넘쳐난다.

마키아벨리의 처녀작이자 대표작인 『군주론 Il Principe』은 인간의 본성, 조직의 성격, 리더십, 통치 기술 등에 걸쳐 핵심을 꿰뚫고 있다. 수없이 쏟아지는 비난에도 불구하고 시대를 초월하는 고전의 반열에 올랐다. 그는 선의를 앞세워 어쭙잖은 고담준론이나 늘어놓는 몽상가나 위선자들과는 달리, 사람을 다루고 조직을 관리하는 데 필요한 권위와 힘을 확보하고 유지하는 문제를 냉정한 현실 체험에 기반해 솔직하게 고백했다.

마키아벨리를 실제로 접해보면 '선악을 가리지 않는 목적지상주의자'로 폄하되는 것이야말로 단세포적 오해의 산물임을 깨닫는다. 마키아벨리의 관점에서 리더는 도덕을 외치는 종교인도 아니고 윤리를 가르치는 선생도 아니다. 리더의 임무는 공동체를 안전하게 유지하고 번영으로 이끄는 것이다.

이런 차원에서 개인 차원의 윤리와 지도자의 덕목은 별개라는 점을 분명히 하고 피상적 도덕과 윤리의 개념을 초월한다. 지도자나 정치인들이 나쁜 짓을 마음대로 해도 된다는 게 아니라 리더에겐 도덕의 잣대가 일반인과 다르다는 의미다.

마키아벨리의 탁견은 인간 심성과 군중심리의 본질을 이해하는 통찰력에서 출발한다. 그의 관점은 백면서생의 책상머리 공부가 아니라 변화무쌍한 국제정세 속에서 조국의 생존을 위해 필사적으로 분투하는 현장 외교관의 치열한 경험에서 배태되었기 때문에 냉정한 현실 인식에 기반하고 있다.

마키아벨리는『군주론』으로 '정치에 대해 과학적으로 접근한 최초의 근대적 인간'으로 평가받았고, '근대 정치학의 아버지'이자 '최초의 사회학자'로 인정받았다. 통상적 오해와 달리 도덕에 있어 마키아벨리가 추구하는 바는 '배덕주의immoralism'가 아니라 '초도덕주의amoralism'였다.

마키아벨리 연구 권위자 로베르토 리돌피가『마키아벨리 평전』에서 '세상사를 극히 현실주의적 눈으로 관찰하고 조소하면서도, 정치를 논할 때면 마음속 깊은 곳의 이상주의와 즉흥적 열정을 억제하기 어려웠던 사람, 그리고 친구들과는 지극히 세속적 농담과 쾌락을 즐겼던 사람, 그러나 정치 파당에는 무관심했던 사람, 마키아벨리는 바로 그런 인물이 아니었겠는가'라고 평했듯 마키아벨리의 진면목은 '도덕과 현실 사이에서 고뇌하는 인간'이었다.

패러다임 전환시대의 최전선

'어떤 체제나 사상의 형성은 이론가의 손에서 나오는 게 아니라 갈등하는 현실 속에 실제로 행동하는 사람의 손에서 나온다'라는 버트런드 러셀의 통찰은 피렌체 외교관이었던 마키아벨리에게 정확히 들어맞는다.

마키아벨리는 1469년 피렌체에서 변호사를 아버지로 둔 중류 가정에서 출생했다. 귀족 출신이 아니었지만 타고난 재능을 인정받아 29세 때인 1498년 피렌체 공화국 제2사무국의 서기관으로 발탁되는데, 현재의 중앙부처 과장급에 해당하는 실무관직이다. 같은 해 피렌체 공화국의 외교안보 담당 핵심 조직인 10인 전쟁위원회의 비서로도 선출되어 현직에서 물러나는 1513년까지 15년 동안 피렌체의 외교 전선을 종횡무진 누빈다.

마키아벨리는 르네상스에서 근대로 이행하는 패러다임 전환시대를 살았다. 중세 교회의 권위가 절정에 달한 1096년에 시작된 십자군전쟁이 1291년까지 200년에 걸쳐 계속되면서, 역설적으로 지중해를 중세의 죽어 있는 바다에서 고대 로마처럼 통상교역의 살아 있는 바다로 재탄생시켰다.

13세기에 지중해 해상교역을 기반으로 급성장한 베네치아, 피렌체, 피사, 제노바 등 이탈리아의 도시국가에 전성기가 찾아왔다. 15세기에 이르면 이탈리아는 북부의 피렌체, 베네치아와 중부의 교황령, 남부의 나폴리 왕국이 4대 세력을 형성하는 가운데 군소공국들이 병존하는 구도로 변했다.

13세기부터 15세기까지 대략 200년 동안 이탈리아 도시국가들이 지중해를 장악하고 유럽-지중해-아랍-실크로드-중국을 잇는 동방교역을 주도하면서 전성기를 구가하는 가운데, 당시 유럽 변방이었던 스페인과 포르투갈은 기존의 교역 루트를 대신하는 새로운 길을 찾아 나섰다. 이른바 대항해시대의 시작이다.

이후 1492년 스페인의 후원을 받은 이탈리아 제노바 출신 크리스토퍼 콜럼버스는 신대륙을 발견했고, 1498년 포르투갈인 바스쿠

다 가마는 아프리카를 돌아나가는 인도 항로를 개척했다.

15세기 대항해시대의 개막으로 지중해의 중요성이 감소하면서 이탈리아 도시국가들의 경제력 약화는 불가피했다. 경제 환경의 변화는 정치 환경의 변화로 이어져 중앙집권체제의 통일국가로 변모한 스페인, 프랑스의 부상은 이탈리아 도시국가들의 정치적 입지를 급격히 축소시켰다. 지중해 제해권을 장악했던 강대 세력 베네치아조차도 생존을 위협받는 상황에서 갈기갈기 찢어지고 분열된 이탈리아는 앞날을 기약할 수 없는 정치적 혼돈 속으로 빠져들었다.

마키아벨리가 태어나고 외교관으로 활동했던 시대가 바로 이때였다. 특히 마키아벨리의 조국인 피렌체는 극심한 정치적 혼란을 겪고 있었다. 피렌체는 메디치가※의 코시모 데 메디치가 1434년 권력을 잡은 뒤 4대에 걸쳐 50년간 메디치의 시대가 시작된다. 메디치는 실질적으로 군주의 영향력을 갖고 정치-사회-문화를 주도했으나, 공식적 지위는 갖지 않은 일개 시민 신분을 유지하는 참주정치의 형태로 피렌체를 통치했다.

메디치의 통치는 사려 깊고 세련되었으나 시대를 뛰어넘는 비전과는 거리가 멀었다. 지중해시대가 끝나고 대항해시대가 시작되면서 도시국가의 시대는 저물고 중앙집권형 영토국가가 부상하는 패러다임의 변화를 따라가지 못하고, 르네상스시대의 현상 유지 정책에 머물러 있었던 것이다. 이런 가운데 메디치 가문의 4대 후계자 피에로 데 메디치의 무능까지 겹쳐 메디치는 추방되고, 베네치아를 본뜬 공화정이 수립되었지만 정국의 불안은 지속되었다.

마키아벨리는 이 시점에 피렌체 공화국의 서기관에 임명된다. 당시 피렌체 공화국의 운명은 '바람 앞의 등불'이었다. 르네상스 시대에 경제-정치-외교의 전성기를 경험했고 미켈란젤로 부오나로티, 레오나르도 다 빈치와 같은 예술계 거장들이 와서 활동할 정도로 앞선 문화를 자랑했지만, 내부 분열이 극심해 정치적 통합을 이뤄내지 못했고 자체 군대도 없이 안보를 외교와 용병에 의존하고 있었다. 문화 수준도 높고 자존심도 남아 있는 과거의 강자였으나 오늘날 자신을 지킬 능력조차 사라져 버린 신세로, 그나마 외교에라도 기대 목숨을 부지해야 하는 궁박한 처지였다.

마키아벨리는 피렌체의 외교 실무를 담당하면서 사안에 따라 각국에 사절로 파견되었다. 신분제 사회에서 귀족이 아닌 평민 출신이었던 마키아벨리는 대사직에 적절치 않아 보통 차석인 부사로 실무를 책임졌다. 협상을 주도하고 본국에 보고서를 써서 보내는 역할을 수행하는 피렌체 외교의 최전선에서 국제외교의 진면목을 유감없이 경험한 것이다.

피렌체 공화국의 후견인을 자처한 프랑스 루이 12세의 궁전에는 1500년부터 11년간 네 번이나 파견되었고, 1507년에는 신성로마제국 막시밀리안 1세의 궁정에서 6개월간 머물기도 했다. 그 외 군소공국에 파견되어 크고 작은 교섭을 벌였다. 『군주론』의 모델이 된 로마냐 공작 체사레 보르자와의 만남도 이 시기에 이뤄졌다.

윤리와 정치를 분리한 현실적 리더십

마키아벨리의 공직 생활은 44세가 되는 1513년에 끝났다. 피렌체에 정변이 일어나 메디치 가문이 복귀하면서 공화국의 충성스러운 관료 마키아벨리는 직위를 유지할 수 없었다. 설상가상으로 같은 해 반反메디치 음모에 가담한 혐의로 기소되어 재판을 받고 투옥되었다. 그러나 때마침 메디치 가문의 일원인 조반니 데 메디치 추기경이 교황으로 선출되어 레오 10세로 취임하는 경사가 있었다. 그때 특사로 풀려난 마키아벨리는 피렌체 남쪽에서 10km 떨어진 산탄드레아의 농장에 은둔한다. 영욕의 외교관 생활이 끝나면서 본의 아니게 위대한 작가로서의 삶이 시작되었다.

대표작인 『군주론』을 비롯해 『로마사 논고(정략론)』는 마키아벨리가 정치외교의 최전선에서 축적한 경험이 유감없이 발휘된 역작이다. 마키아벨리의 저작이 시대를 뛰어넘는 고전이 된 이유는 현실의 정치를 추상적 윤리와 분리했기 때문이다.

고대 그리스의 플라톤과 아리스토텔레스 이후 2천 년간 서양에서 정치는 곧 윤리였다. 정치 이론이란 천상에 존재하는 가상현실 국가에서 정치가의 고귀한 행동과 덕목을 논의하는 것에 불과할 뿐 현실 세계에 대한 논의는 실종되어 있었다.

정치가 종교에 종속되는 중세시대에는 이런 경향이 더욱 지배적이었다. 르네상스가 신에게서 인간을 분리한 과정이듯, 마키아벨리는 윤리에서 정치를 독립시켰다는 점에서 새로운 시대의 대변자였다. '사람이 살아야 하는 방식'인 윤리와 '사람이 살고 있는 방식'인 정치를 명쾌하게 구분지으면서 시공간을 뛰어넘는 위대한 사상가의 반열에 들었다.

마키아벨리가 정치와 종교를 분리할 수 있었던 건 당대의 상황 덕분이다. 15세기 르네상스시대 이탈리아는 교황이 세속 군주로서 전쟁을 수행하고 추기경과 주교들은 관할 지역을 지배하는 세속 권력이었다. 교황을 비롯한 많은 고위 성직자들은 정부情婦를 두고 낳은 자식들에게 고위 성직과 막대한 재산을 물려줄 정도였다.

마르틴 루터가 1517년 95개 조의 반박문을 교회 문에 붙이며 북부 유럽에서 종교개혁이 시작되었지만, 교회 권력의 본산이었던 이탈리아는 큰 영향을 받지 않았다. 종교 자체가 타락했고 사회의 종교적·도덕적 수준이 바닥으로 떨어졌기에 역설적으로 도덕과 윤리에서 분리된 정치의 독자성에 대해 자유롭게 생각해볼 여지가 있었다.

마키아벨리가 가장 중요하게 생각한 건 시민의 자유와 법에 의한 통치였다. 공화정, 군주정 같은 정치체제의 외양보다 실질적 리더십을 확보하고 시민의 자유와 법치가 이뤄지는 체제를 지향했다.

특히 도덕과 윤리라는 추상적 가치에 매몰되어 현실적 문제를 해결하지 못하는 리더야말로 공동체를 파멸로 이끄는 무능한 사람이라고 규정하면서, 고귀한 이상을 구현하기 위해선 실질적 힘을 확보하고 변덕스러운 군중의 심리를 다스리면서 공동체를 생존과 번영으로 이끄는 리더의 덕목을 솔직하게 밝히고 있다.

불편한 진실을 이야기한 자는 비난받는다

현실과 동떨어진 백면서생들이나 도덕지상주의자들은 물리적 힘과 치밀한 계획 없이도 관대함과 자비로움만으로 공동체가 생존하고 훌륭한 리더가 될 수 있다고 강변하지만, 현실을 조금이라도 겪어본 사람이라면 그런 언사의 허구성을 피부로 느낀다.

마키아벨리는 위선과 가식을 버리고 현실에 존재하는 리더가 가져야 할 힘과 역량에 대해 정면으로 용감하게 진실을 이야기한다. 하지만 진실을 이야기한 자는 비난받게 마련이다. 특히 감추고 싶은 진실, 불편한 진실의 경우는 더욱 그러하다. 마키아벨리 역시 사망 후 오랫동안 '위대한 이름'이 아니라 '악마의 이름'이었고 심지어 지금까지도 그러하다.

1513년경에 쓰인 『군주론』은 마키아벨리가 세상을 떠난 후인 1532년 정식으로 출판되었다. 조직적 비난은 당시의 정신세계를 지배했던 교회에서 시작되었다. 마키아벨리는 교회의 권위와 교황의 종교적 주도권을 부정하진 않았지만 지역을 지배하는 세속 권력으로서 교황과 고위 성직자들의 무능, 탐욕, 타락에는 비판적 입장이었다.

『군주론』에는 종교 권력의 비위에 거슬리는 대목이 부지기수였다. 1517년 시작된 루터의 종교개혁으로 교황권 자체가 흔들리고 유럽 전역이 내전으로 치닫는 상황에서 교회 측으로선 마키아벨리의 글을 용납하기 어려웠다. 급기야 교회는 1559년 공포된 금서목

록에 『군주론』을 비롯해 마키아벨리의 모든 저작물을 포함했다.

이 금서 조치는 『군주론』에 대한 적대감을 형성했으나 한편으로 당대 지식인들에게 마키아벨리의 이름을 널리 알리는 결과를 가져왔다. 그렇다고 종교개혁가들에게 『군주론』이 환영받은 것도 아니었다. 개혁파들은 가톨릭의 악행을 성토할 때 "마키아벨리 같은 악마의 책을 읽는 자들이라 그렇다"라고 했다.

마키아벨리가 그토록 비난받은 이유는 명백하다. 진실, 그것도 불편한 진실을 이야기했기 때문이다. '신의 뜻에 따라 행동한다'라고 표방하는 교회가 타락한 세속 권력이 되어 비리와 악행을 일삼고 고귀한 명분을 내세우는 정치세력이 실상은 권모술수와 배신으로 점철되어 권력을 유지하는 이중성, 불편한 진실을 말한 건 모든 권력자가 역린을 건드리는 셈이었다.

당대에 이미 '목적을 위해 수단과 방법을 가리지 않는 비열한 악마'로 낙인 찍힌 마키아벨리의 이미지는 이후에도 '마키아벨리즘' '마키아벨리스트' 등의 단어로 확대 재생산되었다. 하지만 마키아벨리의 『군주론』은 표면적으로는 비난받았지만, 이면에선 열렬한 추종자를 거느리는 이중성을 띠었다.

끊이지 않는 비난과 저주에도 마키아벨리의 『군주론』이 고전의 반열에 오른 건 다름 아닌 바로 그 '진실의 힘'이다. 그는 현실을 경험한 자라면 누구나 인정할 수밖에 없는 진실, 그러나 인정하고 싶지 않은 진실, 나아가 절대로 공개적으로는 인정하지 않아야 하는 불편한 진실을 용감하고 당당하게 증언했다.

계몽된 전제군주인 프로이센의 프리드리히 2세는 '인간성을 파괴하려는 괴물'에 맞서 인간성을 보호하고자 28세에 『반反마키아벨리론』(1740)을 집필했다. 20년이 지나 정부 운영에 상당한 경험이 쌓이고 난 후 '중요한 점에서 마키아벨리가 옳다는 점을 인정하지 않을 수 없다'라고 고백했다. 프랑스 황제 나폴레옹 보나파르트는 『군주론』을 탐독하고 직접 방대한 논평을 남기면서 『군주론』은 읽어볼 가치가 있는 유일한 책이다'라고 평가했다. 소련의 공산 혁명가 블라디미르 레닌은 마키아벨리를 흠모했으나 소련 당국이 검열로 그 사실을 숨겼다.

20세기 초반 이탈리아의 우익 독재자 베니토 무솔리니와 좌익 혁명가 안토니오 그람시는 마키아벨리를 추종했다는 점에서 공통적이었다. 1921년 창립한 이탈리아 공산당 창립 멤버이기도 했던 그람시는 1926년 무솔리니에 체포되어 수감 중 『마키아벨리에 관한 주석』을 남겼다.

쿠바의 피델 카스트로도 공산혁명을 준비하며 『군주론』을 탐독했다. 독일 사학자 프리드리히 마이네케는 마키아벨리야말로 국가 이성의 본질을 최초로 발견한 인물이라고 평가했다.

내면적으로 마키아벨리의 사상에 공감하고 추종하는 수많은 리더가 공개적으로는 마키아벨리를 비난하는 역설과 이중성이야말로 불편한 진실을 용감하게 증언한 마키아벨리의 위대성을 나타내는 징표다.

지천명에 공감하는 마키아벨리의 통찰

마키아벨리와의 첫 만남은 1980년대 초반, 학창 시절이었다. 숙제 때문에 접한 『군주론』에 별다른 감흥은 없었다. 현실 경험이 전무했던 학생이 마키아벨리를 이해하기에는 역부족이었고 오히려 막연한 반감이 들기도 했다.

학업을 마치고 사회생활이 시작되었다. 시간이 흐르면서 조직 내부의 복잡하고 섬세한 역학관계를 보는 눈이 생기고, 무엇보다 표면적 명분에 현혹되지 않고 그 뒤에 숨어 있는 현실적 이해관계를 감지했다. 인간 군상들이 모여 만드는 복잡다단한 삶의 양상을 이해하는 경험들이 모이고 세월은 흘렀다. 그리고 다시 만난 마키아벨리는 어린 시절 헤어져 진가를 몰랐던 친구를 다시 만나 새삼스레 그의 탁월한 점을 발견하는 느낌이었다.

인생살이에는 연륜이 쌓여야 이해할 수 있는 부분이 있다. 어린 시절 자주 듣던 어른들 말씀이 나이가 들수록 공감되는 이유다. 마키아벨리도 마찬가지다. 30대까진 마키아벨리를 이해하기 어렵다. 현실 경험이 뒷받침되지 않는 상태에서 거부감만 불러일으키기 십상이다. 40대 초반에는 마키아벨리를 이해할 수는 있으되 공감에는 한계가 있다. 현실 경험은 했으되 조직 내 역할이 제한적이고 경험이 갈무리되기에는 이르기 때문이다.

마키아벨리를 이해하고 공감할 수 있는 연륜은 적어도 40대 후반부터라고 생각한다. 조직에서 리더의 역할을 경험하고 젊은 시절

품었던 이상과 사회생활에서 실제로 맞닥뜨린 냉엄한 현실의 간극을 실감한다. 그리고 공자가 50세를 지천명知天命이라고 했듯 그즈음에 이르면 세상을 보는 나름의 관점이 정립된다. 마키아벨리의 통찰에 깊이 공감하게 되는 지점이다.

생존과 번영을 위한 보편적 진리

마키아벨리의 사고방식은 서양만이 아닌 정치가 기능하는 인간 사회에 보편적 양상이었다. 동양에서도 정치적 투쟁은 늘 있는 일이었고 그 과정에서 다양한 정치적 관점이 발달했다. 공자를 위시한 덕치가 대외적 명분으로 활용되었지만 실제로는 마키아벨리와 같은 관점이 광범위하게 통용되어 왔다.

마키아벨리는 정치를 가능성의 기술이라고 생각했다. 국가의 역량과 주변 환경을 고려해 공동체가 생존하고 번영해 나아갈 수 있는 경로를 끊임없이 찾아내고 나아가는 과정을 정치로 이해했다.

마찬가지로 경영도 가능성의 기술이다. 리더는 환경과 경쟁 구도를 고려해 차별화된 영역을 확보하고 생존과 발전의 가능성을 찾아가는 과정이기 때문이다.

나아가 개인의 삶도 가능성의 기술이다. 주어진 여건과 재능을 감안해 생존과 발전의 가능성을 부단히 찾아가는 과정이 개인적 삶의 본질이기 때문이다.

개인적 삶도 무인도의 로빈슨 크루소처럼 홀로 존재하는 게 아니라 소속된 공동체와 환경과의 상호작용 구조에서 생존 공간을 확보하고 발전하기에, 『군주론』은 개인 차원에서도 이상을 추구하는 현실론에 근거한 삶의 지침을 준다.

냉혹한 현실을 이해하는 관점, 리더들이 조직을 이끌어 나가는 방식, 조직 내부의 역학관계에서 비롯되는 갈등의 생성과 해소 구조 등에 대한 통찰로 가득하다.

'누구에게나 모든 게 보이는 건 아니다. 많은 사람이 보고 싶어 하는 것밖에 보지 않는다'라고 로마의 위대한 정치가 율리우스 카이사르는 말했다. 현실을 경험하지 못하고 추상적 명분에 사로잡혀 있거나 선과 악이라는 단순한 이분법의 구도에 매몰된 사람은 마키아벨리를 이해할 수 없다. 그러나 세상살이를 통해 '보고 싶어 하는 게 아니라 있는 그대로의 세상'을 이해하는 안목이 형성된 사람들에게 마키아벨리의 사상은 경험한 현실과 앞으로 헤쳐 나가야 할 현실에 대한 귀중한 통찰력의 원천이 될 것이다.

'고귀한 이상을 추구하려면 냉혹한 현실을 다룰 줄 알아야 한다'라는 마키아벨리의 사상이야말로 500년의 시간과 동서양의 공간을 뛰어넘어 21세기 개인과 조직의 생존과 번영을 위한 보편적 진리를 증언하고 있다.

2024년 12월
김경준

IL PRINCIPE

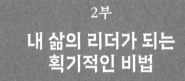

2부
내 삶의 리더가 되는
획기적인 비법

3부
사람이 보이기 시작할 때
필요한 것들

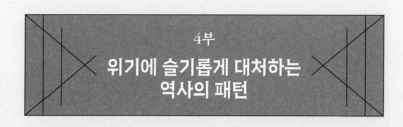

4부
위기에 슬기롭게 대처하는
역사의 패턴

5부
굽이치고 흔들려도
다 잡고 나아가는 힘

6부
군주론에서
무엇을 배울 것인가

IL PRINCIPE

1부

마키아벨리가 전하는
삶의 본질은 무엇인가

생존하고자 하는 노력이야말로 이기심의 본질

○○

인간은 아버지의 죽음은 쉽게 잊어도 재산의 상실은 좀처럼 잊지 못한다. 어떤 일이 있더라도 타인의 재산에는 절대 손대지 말아야 한다. 인간이란 자기 재산의 상실은 좀처럼 잊지 못하는 존재이기 때문이다.

『군주론』 17장

'밥은 생명이다.' 사람은 밥이 입에 들어가야 살 수 있다. 동학 2대 교주 해월 최시형 선생의 "밥 한 그릇에 세상만사가 다 들어 있다食一碗萬事知"라는 가르침은 목숨을 이어주는 한 그릇의 밥이 입에 들어가기 위해 행해진 우주 만물의 조화와 협동에 대한 경외감을 일깨운다.

생명의 원천으로서 밥이 갖는 철학적 의미는 폭넓고 다양하게 해석된다. 성인군자들도 제자들과 함께 먹고 마시면서 가르침을 전하고 공감대를 넓혔다. 소박하더라도 입에 밥이 들어가야 성인군자도 생명을 유지해 제자들을 가르치고 이상을 추구할 수 있다.

어린 시절 바른생활 수업에서 선생님들이 '배부른 돼지가 될 것이냐, 배고픈 소크라테스가 될 것이냐'라고 질문을 던지면서 인간은 육체가 아니라 정신적 가치를 중시하며 살아야 한다고 가르쳤다. 백번 맞는 말이다. 그러나 '배고픈 소크라테스는 존재할 수 있지만, 밥 굶는 소크라테스는 죽는다'라는 것도 엄연한 진실이다.

따라서 인간의 삶에서 밥을 얻어 육체를 보전하는 건 필요조건이고 밥을 해결한 후 정신적 가치를 추구하는 건 충분조건이다. 현실의 인간이 밥을 얻지 못하는 건 곧 존재를 부정당하는 것이다.

이런 점에서 사람이 살아가는 방법은 다양하지만 결국 '1차적으로 밥을 얻기 위한 과정'이다. 즉 사람이 밥을 얻으려는 노력은 신성한 삶의 본질이자 출발점이다. 오늘 입에 들어갈 밥 한 그릇을 얻어 육신을 보전해야 내일의 고귀한 이상을 추구할 수 있다.

밥벌이하고 경쟁하고 살아가는 세상은 그 자체로 존재한다. 이런 세상이 옳으냐 그르냐는 고민은 철없던 시절에 한 번쯤 거쳐 간다. 그러나 가정을 이루고 사회적 역할이 생기면서 현실과 이상을 분명히 구분해 이해해야 한다. 밥을 얻는다는 건 곧 삶의 물질적 조건을 확보하는 것이다. 물질적 조건은 개인의 노력과 타인과의 협력으로 만들어진다.

결국 개인의 밥을 얻기 위한 이기심이 조화를 이룰 때 충족된다. 이런 점에서 경제학의 원조 애덤 스미스는 인간 활동의 본질을 "우리가 저녁 식사를 기대할 수 있는 건 빵집 주인의 자비심 때문이 아니라 이익을 추구하는 그들의 생각 덕분이다"라고 통찰했다.

후흑학의 원조 리쭝우는 20세기 초반 난세에 빠진 중국에서 '후흑구국厚黑救國'을 주장했다. 그는 중국이 인간의 본성과 세상의 이치에서 유리된 공자-맹자의 도덕적 명분론에 매몰되어 서구열강의 먹잇감으로 전락했다고 진단했다. 그는 인간의 이기심을 만유인력에 비유했다.

'인간이 이기심을 없애지 못하는 건 만유인력을 제거하지 못하는 것과 같다. 그걸 제거한다면 인류도 사라지고 세계도 사라질 것이다'

자기중심, 이기심은 비단 인간이 아닌 모든 생물의 기본적 본능이다. 생명체로서 인간은 생존과 번식이라는 기초적 본능의 지배를 받고 생존과 확장에 도움이 되는 요소를 구하려는 건 당연하다. 생존하고 번식하는 인간의 기본 방식은 다른 생물과 크게 다를 게 없다. 이기심은 그 중심에 있다. 인간이 소속된 집단과 조직 역시 이익(또는 공통된 목표)을 달성하고자 결성했기에 이러한 원리, 이러한 속성에 따라 움직인다.

타인을 위하는 이타적 성향도 인간을 비롯한 다른 생물에서 나타나지만, 이 역시 집단의 생존에 이익이 되는 쪽으로 진행되는 진화가 만들어 낸 것이다. '타인을 위해 헌신하는 숭고한 삶'이 개인 차원에서도 고귀한 인생관이고 공동체 전체의 생존 가능성을 높여주는 바람직한 동력이다. 하지만 이기심의 극복이 개인 차원에선 예외적으로 가능할 수도 있으나 조직 차원에선 사실상 불가능하다.

따라서 현실적 태도는 '이기심'을 도그마적으로 부정할 게 아니라 '이기심'의 본질을 이해하고 개인의 삶과 조직의 발전을 위한 긍정적 에너지로 승화해 내는 것이다.

타인의 건전한 이기심을 비난하거나 부정하는 건 현실적이지 않다. 또한 개인과 집단의 이기심은 차원이 다르다. 사랑과 자비로 타인을 위해 헌신하는 이타적 개인들조차 무리 지으면 집단이기주의가 발현되는 건 비일비재하다. 사람들이 밥을 얻으려는 노력에서 비롯되는 이기심이라는 실체의 이해가 현실적 삶의 출발점이다.

뱀이 땅꾼에게 반가운 이유

'장어는 뱀과 비슷하고 누에는 애벌레와 비슷하다. 사람은 뱀을 보면 놀라고 두려워한다. 하지만 어부는 장어를 손으로 움켜쥐고 아낙네는 누에를 주워 담는다. 이익이 있는 곳에선 모두 맹분이나 전저처럼 용감무쌍한 장수로 변한다.'

_『한비자』

한비자는 뱀과 애벌레일지라도 그것으로 이익을 얻을 수 있다면 꺼리지 않는다고 비유했다. 마찬가지로 수레를 만드는 사람은 사람들이 부귀해지길 바라며 관 짜는 사람은 사람들이 일찍 죽길 바란다.

수레 만드는 사람이 이타적이고 관을 짜는 사람이 이기적이어서가 아니다. 사람이 귀해져야 수레가 많이 팔리고 사람이 죽어야 관이 많이 팔리기 때문이다.

사람을 사랑하거나 미워해서가 아니라 이익을 보기에 그런 생각을 한다. 한비자는 이기심 자체를 비난할 게 아니라 이익을 추구하는 인간을 조화롭게 구성하는 게 효과적 통치라고 본다.

이타적 삶은 숭고하다. 그러나 이기적 인간은 엄연한 현실이다. 현실을 살아간다는 건 이기심을 추구하면서 이타심의 여백을 가져가는 것이다. 현세보다 내세를 중시하는 종교조차 교단이 되어 집단화되면 강력한 이익 집단이 되는 게 현실이다.

유대교 정통파도 이익에 민감하다

이스라엘의 국교는 유대교이며 인구의 10% 이상이 정통파 유대인, 하레디Haredi다. 그들은 613가지 계명을 글자 그대로 완벽하게 지키며 살아간다. 안식일에는 엘리베이터 버튼도 누르지 않을 정도로 종교적으로 신실하다.

하지만 그들은 사회적으로 존경받지 못한다. 병역이나 납세 같은 국민의 기본 의무를 지키지 않기 때문이다. 정통파 유대인 남자의 대다수가 직업 없이 국가연금으로 생활한다. 그로 인한 경제 부담이 가중되면서 국민 대다수가 국고 지원을 반대하고 있지만 세속 정부는 속수무책이다.

그들의 특권은 제2차 세계대전 후 건국 시점에서 시작되었다. 당시 유대교 정통파들이 대大제사장을 선출해 신정神政 일치 국가를 만들자고 주장하자, 종교적 정파들의 도움이 필요했던 여러 세속 정치 세력들이 정통파들에게 의무 없이 권리는 보장하는 정치적 타협으로 마무리했다.

이러한 역사적 유산과 종교의 본질적 측면은 고대로 거슬러 올라간다. 고대 이스라엘에서 종교 지도자들은 큰 부를 누렸다. 유대교는 제사를 중요시한다. 이스라엘 남자들은 유월절, 오순절, 장막절 등 이른바 3대 명절에는 반드시 성전에 나가 제사를 드려야 했기에 제사는 대규모였다.

로마제국 초대 황제 아우구스투스의 사위 마르쿠스 아그리파는 황소 100마리를 제물로 바쳤으며 헤로데 1세의 경우 황소 300마리를 바쳤다. 황소 100마리는 당시 한 가족의 50년 생활비와 맞먹었다. 이렇게 바진 제물들의 상당 부분은 종교 지도자들의 수입이었다. 또 유대교도인 이스라엘 사람의 의무였던 십일조도 주요한 수입원이었다. 이스라엘인들은 '성전세'라고 해서 성전의 개축, 보수 등에 필요한 비용도 바쳤다.

고대 이스라엘의 종교 지도자들은 이렇게 모인 풍부한 자금을 기반으로 대부업을 했다. 법률 서비스, 토지거래용 문서 작성까지 대행했는데 그렇게 들어온 돈은 제사에 사용했고 고아와 빈자를 위한 구제 사업에도 사용했다. 하지만 남는 돈이 많아 성전에는 금은보화 보관용 창고도 생겼다. 오늘날 이스라엘의 정통파 유대인들은 고대 제사장들과 자신들을 동일시해 '세속'이 '신성'을 부양하는 걸 당연하다고 생각한다.

종교 집단의 이익 집단으로서의 속성은 비단 유대교만이 아니다. 이슬람 신정국가인 이란에서도 최상위 부유층은 이슬람 성직자 계층이다. 혁명수비대라는 자체 군사력을 보유하고 정부의 통제와 감시도 받지 않는 상태에서 국가 주요 산업에 영향력을 행사하며 막대한 부를 축적하고 있다.

종교는 당위여야 하지만 현실은 분명 다르다. 이에 대해 원로 종교학자 서울대학교 정진홍 명예교수의 언급은 참고할 만하다. '종교도 이익 집단이다. 물론 종교가 불필요하고 부정적인 건 아니다. 그렇지만 이익 집단이라는 사실을 감안해야 현실 인식이 가능해진다.' '흔히 종교를 영롱한 이슬방울처럼 신성하고 사회와 동떨어진 것으로 생각하는 경향이 있다. 음식을 팔아 생계를 유지하는 요식업자들이 있듯 종교인도 마찬가지다. 조직이 있고, 구성원이 있고, 이해관계가 있다. 종교도 일상생활의 하나다.'

고대 로마에서 성직자에 대한 면세가 기독교 교세 확장의 계기였다는 견해는 흥미롭다. 로마 제국 제44대 황제 콘스탄티누스 1세는 313년 기독교를 공인하면서 기독교회에 속한 성직자의 세금을 면제하기로 결정했는데, 로마의 유력한 계층이 단기간에 대거 기독교도가 된 중요한 원인이었다.

유세비우스 주교가 그의 저서인 『교회사』에서 당시 기독교도의 확대를 보며 '신앙보다 이익을 얻고자 입문하는 자가 많았다'라고 개탄했지만, 단기간에 기독교 신도가 급증하고 성직자가 하층민 출신에서 유력 계층 출신으로 변화했던 배경에는 바로 '세금 면제'가 있었다. 개인 차원의 신앙은 이기심을 초월할 수 있을지라도 집단 차원으로 발전한 종교는 이익 집단으로서의 속성을 띤다.

이기심이 죄수들을 구원했다

당위적 이타심보다 본능적 이기심이야말로 구성원 모두에게 혜택을 주는 강력한 동력이다. 호주 개척 시절, 영국의 죄수들을 구원한 건 선장의 자비심이 아니라 돈을 벌려는 이기심 때문이었다.

유럽인들이 본격적으로 호주 대륙에 발을 들여놓은 건 1770년 4월, 영국의 탐험가 제임스 쿡 선장이 동부 해안을 탐험한 이후였다. 발견 초기 영국 정부는 신대륙 호주를 경시했지만 미국독립전쟁이 벌어지면서 상황이 달라졌다.

영국은 당시 식민지였던 미국을 중죄수 추방용 유형지로 삼고 있었는데, 1776년 미국 독립으로 새로운 유형지가 필요했고 호주가 적합했다. 1786년 호주 식민지 뉴사우스웨일즈 초대 총독으로 임명된 아서 필립이 이끄는 열한 척의 배로 구성된 선단이 출발해 1788년 1월 죄수 732명을 포함한 1,373명을 데리고 시드니 항구에 상륙하면서 호주 개척사가 시작되었다.

죄수들은 형기를 마치면 자유인이 될 수 있다는 조건으로 호주행을 선택했는데, 이송 과정에서 예기치 않은 문제가 발생했다. 오랜 항해를 견디지 못한 죄수들이 다수 사망했다. 1790년부터 3년간 죄수 4,082명 중 498명이 항해 도중 죽었다. 심지어 호송 중인 424명의 죄수 중 사망자가 158명에 육박한 배도 있었다.

아무리 죄수지만 너무 가혹하다는 비판이 거세지면서 영국 정부는 대책 마련에 나섰다. 죄수들의 처우를 개선하고 신앙심 깊은 선장을 선발하는 등 다양한 대책이 나왔지만, 실효를 거둔 방법은 의외였다.

영국 정부가 죄수 사망률을 획기적으로 낮춘 묘안은 '인센티브 원리'였다. 선장에게 주는 죄수 호송비 지급 기준을 '죄수 1인당 지급'에서 '살아서 도착한 죄수 1인당 지급'으로 바꿨다. 죄수들이 살아서 도착해야 약속된 운임을 받을 수 있었던 선장들은 그동안 무관심했던 죄수들의 건강에 신경 쓰기 시작했다.

그 결과 1793년 세 척의 배가 422명의 죄수를 실어날랐는데 사망자는 단 한 명뿐이었다. 이후 영국은 약 16만 명의 죄수를 비교적 안전하게 호주로 보냈다.

노벨경제학상 수상자 제임스 토빈은 "경제는 한마디로 인센티브"라고 요약했다. 또 다른 노벨경제학상 수상자 토마스 사전트도 경제학 연구에서 얻은 핵심 교훈이 "인간은 인센티브에 반응한다는 점"이라고 했다.

경제학의 대전제가 '인간은 이기적이며 합리적으로 행동한다'지만 기타 생물학, 진화론, 심리학 등에도 인간과 생물의 진화, 조직과 제도의 확산은 '생존과 번영'이라는 이기심에서 출발한다는 점을 확인하고 있다.

합리적 이기심은 상호 이익 구조의 이타심을 구현하는 기본 동력으로 작용하지만, 당위적 이타심은 오히려 건전한 이기심을 부정해 공동체를 갈등과 반목으로 이끌고 파괴하는 역설이 현실에서 종종 발생한다.

상대의 입장과 이해관계를 파악하라

현실의 세계를 살아가는 인간들은 각자 처한 입장에 따라 나름대로 정연한 논리를 세워 정당성을 역설하지만, 결국 핵심은 이해관계에 있다. 자신과 무관한 사안에 대해선 비교적 객관적으로 냉정을 유지하는 사람들도 막상 이익이 관련된 사안에 대해선 예외 없이 이익을 대변하는 입장에 선다. 직업에 따라 표현방식에서 차이가 있을 뿐 본질적으로 동일하다.

세상에 똑똑한 사람은 많지만 용기 있는 사람은 드물고 이해관계에 초연할 수 있는 사람은 사실상 없다. 설사 개인적으로 이해관계에 비교적 담담한 사람들도 집단이 되면 달라진다.

소위 종교 단체들이 이익을 취하고자 벌이는 이전투구는 세속의 이익 단체를 능가한다. 결국 개인과 조직의 역학관계에 있어선 대의명분이 아니라 이해관계가 핵심이다.

따라서 전쟁, 외교, 사업, 제휴 등 모든 관계 형성의 핵심에서 중요한 건 논리가 아니라 입장을 파악하는 것이다. 논리는 입장에 종속되고 입장에 따라 논리는 만들어진다.

거창한 명분의 이면에는 예외 없이 이익이 숨어 있다. 유리하면 정의고 불리하면 불의다. 세상에는 정보도 많고 똑똑한 사람도 많고 사용할 수 있는 논리도 다양하다.

정보가 많을수록 정보의 비대칭성이 커지는 특성상 사실관계와 논리적 연결성을 정확하게 파악하기 어렵다. 반면 다른 한쪽은 손쉽게 '그럴듯한 명분'을 만들어 낼 수 있다. 그런 까닭에 '논리' 또는 '명분'보다 '입장'을 파악해야 상대의 의도를 파악할 수 있고 그래야 적절히 대응할 수 있다.

어떻게 살아야 하는가

근대독일철학에서 존재Sein와 당위Sollen의 문제를 본격적으로 다루기 이전인 르네상스시대에 마키아벨리는 이미 '존재'와 '당위'의 기본 개념을 언급하고 있다.

피렌체의 외교관으로 외교 전선의 최일선에서 활약했던 그는 경험을 통해 '현실에서 존재하는 것'과 '당연히 되어야만 하는 것'의 간격을 절감했기 때문이다.

'엄연한 현실'을 무시하고 '윤리적 공상'에만 매몰된 리더와 조직의 몰락을 현장에서 직접 목격하면서, 현실을 도외시하고 당위성에만 매몰된 군주의 위험성을 절감했다. 마키아벨리는 '희망적인 미래'는 '냉혹한 현실'의 기반 위에서 만들어 가는 거라고 봤다.

지금에도 냉혹한 현실을 무시하고 희망적인 미래만 공상하며 쇠퇴하는 개인과 조직은 비일비재하다. 인간의 이기심을 부정하는 건 관념의 자유지만 그와 무관하게 이기심은 자연법칙으로 존재한다. '지구가 우주의 중심'이라는 관념이 지배하던 시절에도 당시의 관념과는 상관없이 지구가 태양 주변을 돌듯 이기심은 부정해도 존재하는 실체다.

인간의 삶에서 중요한 건 이기심에 대한 공리공론이 아니라, 이기심의 실체를 분명히 인식하고 합리적으로 갈무리해 개인과 조직의 현재에 대처하고 미래로 나아가는 에너지로 이끄는 것이다.

물론 자신을 철저히 성찰하고 세속적 이기심을 초월하는 사람들도 존재할 수 있겠지만 찾긴 쉽지 않다. 또한 신선의 경지에 있는 이들은 상상 속에서만 존재하기에 세속을 살아가는 인간들이 고려할 대상도 아니다.

●

사람들은 현실 속에 존재한 적이 없는 공화국이나 군주국을 상상한다. 그러나 사람이 어떻게 살아가야 하느냐 하는 문제 때문에 현재 사람이 살아가고 있는 실태를 허술히 보고 넘기는 자는 자기를 보존하기는커녕 눈 깜짝할 사이에 파멸을 초래할 것이다. 무슨 일에서나 선善을 내세우는 사람은 악인들 속에서 파멸을 면하지 못한다. 그래서 권력을 유지하려는 군주는 선하기만 해도 안 되고 악인이 되는 법도 알아야 하며, 또한 이 태도를 필요에 따라 변화시킬 수 있어야 한다.

_『군주론』15장

신의에 기반하되
책략도 이해하고 활용해야 한다

○○

군주가 약속을 지키며 기만책을 쓰지 않고 공명정대하게 산다
는 건 얼마나 칭찬받을 만한 일인가를 누구나 다 알고 있다. 그
러나 경험에 따르면 우리 시대에 위대한 업적을 성취한 군주는
약속을 별로 중시하지 않고 오히려 인간을 혼동시키는 데 능숙
한 인물이었다는 걸 알 수 있다. 그들은 신의에만 입각한 군주
들을 압도해 왔다.

_『군주론』 18장

    성실과 신의는 사회적 관계 속에서 살아가는 인간의 가장 큰 자
산이다. '믿을 수 있는 사람'의 한 마디는 '믿기 어려운 사람'이 서명
한 계약서보다 신뢰할 수 있다. 신의가 있는 사람은 자신이 지킬 수

없는 약속을 하지 않는다. 그러나 '믿기 어려운 사람'은 지키지 못할 약속을 지킬 것처럼 해 상대를 속인다. 형식적 계약보다 상대의 평판이 중요하다는 건 사회생활을 하다 보면 자연스레 알게 된다.

인간은 윤리 개념이 생기면서 거짓말을 잘못된 행동으로 간주하기 시작했다. 그러나 실상은 좀 더 복잡하다. 히포크라테스는 의사들에게 '해가 될 행동을 삼가'라고 했지만 불치병 환자에게 사실대로 말하는 건 해가 될 가능성이 높다.

사람들은 선의의 거짓말을 하기도 한다. 마음속에 있는 그대로를 말하고 실천하는 무균질無菌質의 사람은 현실에선 존재하지 않는다. 인간들은 오랜 역사를 통해 정직의 가치를 발전시켰고 진실을 강조하는 윤리 규범도 만들었지만, 일정 수준의 거짓말은 인간 생활에서 반복되는 엄연한 현실이자 불편한 진실이고 선의든 악의든 거짓말은 인간 생활의 실제적 단면이다.

심리학자 벨라 드파울로는 '거짓말은 인간의 본능에 가깝다'라며 인간의 진화와 뇌 발달과도 관련이 있는 거짓말은 살아남기 위한 수단이라고 주장한다. 일반인 마흔일곱 명을 대상으로 실험한 결과 하루 평균 1.5회씩 크고 작은 거짓말을 했다. 갓난아기조차 엄마를 속이는 행동으로 의사를 표현했다.

나아가 위장과 기만은 인간의 전유물도 아니다. 산타페연구소 속임수연구회가 쓴 『속임수에 대한 거의 모든 것Deception』은 인간을 포함한 생물의 속임수에 대해 폭넓게 조망한다. 아귀는 먹이를 유혹하고자 가짜 미끼를 사용하고, 딱새는 경쟁자들을 물리치고자 허위 경보를 낸다. 독이 없는데도 독이 있는 것처럼 위장하는 등 자연계의 유기체들은 이익을 극대화하고자 가능한 모든 방식의 속임수를 활용한다.

만약 신의와 정직을 목숨처럼 여기는 군주가 속임수를 쓰는 군주를 만났을 때는 어떻게 될까. 상대의 거짓말에 속아 한 약속을 지키는 게 온당한가. 손해를 예상하고도 신의를 지키려는 태도는 개인이라면 도덕적으로 인정받을 수도 있지만 리더의 입장은 다르다. 리더가 개인의 덕목을 위해 신의를 지키는 게 공동체를 위험에 빠뜨릴 수도 있기 때문이다.

따라서 거짓과 책략을 구사하는 상대에게 신의와 성실로만 대응하는 건 한계가 분명하다. 신의와 성실에 입각해 상대와 진실하게 협상하면 자신의 패는 공개된 반면 거짓과 책략이 무기인 상대의 패는 모르고 있기 때문이다.

조직의 운명을 책임진 리더는 신의와 책략이라는 두 가지 수단을 모두 활용할 수 있어야 한다. 나아가 개인도 악인으로부터 자신을 보호하기 위해서라도 속임수와 책략을 간파하는 능력을 갖춰야 한다. 속임수로 이익을 얻는 건 바람직하지 않지만 속임수에 말려 손해를 보는 것도 바보짓이기 때문이다.

중국의 덩샤오핑은 1976년 마오쩌둥 사망 후 최고권력자가 되어 1990년대 중국의 개혁개방을 주도했다. 그의 인물평에 대한 일화다. 고위간부 면접에서 좋은 평가를 받은 유능한 젊은 후보를 낙방시켰다. 주위에서 이유를 묻자 "그가 교활함을 더 익힌 다음에 써야 한다"라고 대답했다. 그 젊은이가 더 중요한 업무를 처리할 때 교활한 인간에게 속지 않는 지혜를 갖춰야 한다는 의미였다. 중국 춘추시대 병법가 손자는 속임수가 병법의 요체라고까지 주장한다.

> 병법은 속임수다. 공격할 능력이 있지만 능력이 없는 것처럼 보여야 하며, 적에게 작은 이익을 미끼로 줘 유인해 낸다. 적이 강하면 잠깐 결전을 피하고, 쉽게 분노하는 적은 집요하게 도발해 기세가 꺾이게 만들고, 오만한 적에겐 더 비굴하게 굴어 자만심을 부채질한다. 적이 단결하면 이간질로 떼어놓는다.
>
> _『손자병법』

숙적을 신뢰해 망국에 이르다

기원전 7세기 중국 춘추시대 패자였던 제나라 환공은 인근의 노량魯梁에 관심이 많았다. 재상 관중은 전쟁 없이 노량을 차지하는 계책을 세웠다. 노량의 특산물은 두꺼운 비단옷인 제견이었다.

관중은 제환공이 먼저 제견으로 만든 옷을 입은 뒤 신하들에게도 입게 하라고 했다. 눈치 빠른 제환공은 관중의 속셈을 알아차렸다. 효과는 곧바로 나타났다. 군주와 신하들이 노량에서 난 제견으로 만든 옷을 입자 백성들 사이에도 '제견옷' 유행이 일어났다.

노량은 적국으로 여겼던 제나라의 제견 수요 덕분에 예기치 않은 호황을 맞았다. 수요가 늘어나고 제견 가격이 오르자 노량의 백성들은 농사를 짓는 대신 제견 생산에 주력했다. 1년이 지나자 관중은 환공에게 제견으로 만든 옷의 착용을 중단하게 했다.

군주의 변덕으로 제나라 백성들의 제견옷 유행은 급격히 식었다. 제나라의 제견 수요는 급감했고 제견 생산에 주력한 노량의 상황은 급격히 악화되었다. 판로가 막혔으니 노량의 창고에는 제견만 쌓였고, 제견을 생산하느라 농사를 줄였으니 식량이 부족해지기 시작했다. 노량은 3년을 버티다가 왕이 직접 제나라로 와서 항복했다.

제환공은 관중의 책략으로 제견옷 몇 벌 입고 벗으면서 피 한 방울 흘리지 않고 이웃 나라 노량을 손에 넣었다. 반면 노량은 순진하게 목전의 이익에 눈이 멀어 적국의 책략을 읽지 못해 망국에 이르렀다. 자신을 지키기 위해선 상대의 책략에 속지 않는 능력을 갖춰야 한다는 교훈을 남겼다.

지휘부에 침투한 스파이로 패망하다

1644년 명나라를 멸망시키고 중국을 지배한 만주족의 청나라는 1912년 막을 내렸다. 이후 지역별로 잔존 무력 집단인 군벌들이 등장하는 혼란기를 국민당의 장제스가 수습했다. 나아가 마오쩌둥의 공산당도 제압하면서 정국의 주도권을 확보했다.

장제스는 1937년 중일전쟁이 발발하고 1941년 태평양전쟁이 시작되면서 미국의 지원을 받으며 항일전쟁을 수행했다. 1945년까지 확고했던 장제스 국민당의 군사적 우위는 급속히 무너져 불과 4년 후에는 마오쩌둥의 공산당에게 패퇴해 대만섬으로 쫓겨났다.

결정적 이유 중 하나는 국민당 정부와 군대의 핵심 요직에 침투한 공산당의 간첩들이었다. 특히 최고사령부에서 작전을 입안하고 실행하는 가장 중요한 보직의 장군이 마오쩌둥의 공산당에게 충성하는 간첩이었다.

궈루구이는 황포군관학교를 졸업하고 1928년 5월 비밀리에 공산당에 가입했다. 국민당군에 입대해 야전군인으로서 능력을 발휘하며 여단장까지 진급했고 장제스의 각별한 신임을 얻었다. 국민당이 일본과의 전쟁에서 승리하자 중장中將으로 승진해 국민당 군대 전군全軍의 작전을 입안하고 실행하는 작전청장이 되었다.

1946년 국민당과 공산당 간에 최후의 결전이 시작되었다. 초기에는 국민당이 공산당을 압도했지만 동북 지역의 만주, 강남 지역 방어선인 양쯔강 등지의 결정적 전투에서 국민당군이 무력하게 패배하면서 주도권은 공산당으로 넘어갔다. 궈루구이가 국민당의 작전 계획을 고스란히 공산당에 넘겼던 이유가 컸다.

그는 정보 유출 차원이 아니라 더욱 적극적으로 행동했다. 엉터리 작전 계획을 수립하고 실행해 국민당군의 전력을 무의미하게 소모시켰다. 나아가 급박한 상황에서 허위 정보를 생산해 장제스를 비롯한 지휘부의 오판을 유도했다.

국민당군이 만주에서 패배하고 양쯔강 이남으로 밀려났던 당시 공산군은 도하 장비가 부족해 대규모 부대가 강을 건너기 어려웠다. 하지만 귀루구이는 국민당군의 상세한 방어 계획을 공산군에 넘긴 데다 국민당의 양쯔강 방어부대 지휘관인 장치중이 사실상 간첩이었다. 공산군이 특별한 저항을 받지 않고 양쯔강을 건너면서 대세는 결정되었다. 공산당이 침투시킨 수많은 간첩 중에서도 귀루구이는 특히 결정적 시기에 국민당에게 결정타를 먹였다.

국민당의 최고위 작전 계획을 귀루구이가 넘겼다면 선안나는 최고급 정무 정보를 유출시켰다. 1930년대 초반 공산당 가입 후 속기술을 배워 공산당 선전 매체에서 근무하다가 1937년 공산당의 지시로 국민당에 가입하고 1938년 10월 국민당 중앙당 속기사로 취업한다. 업무 능력을 인정받아 국민당 지도자 장제스 비서실의 기밀 정보를 다루는 속기사로 발탁된다.

이후 국민당의 군사, 작전, 정책, 외교, 행정 등에 대한 최고급 기밀 정보가 넘어갔다. 그녀의 연인으로 후일 남편이 되는 가까운 사이의 또 다른 간첩 화밍즈가 국민당 군사위원회 정치부 통신본부에서 근무하며 협력했기에 거의 실시간 전달이었다.

10여 년을 지속하던 간첩 활동은 장제스가 대만으로 쫓겨나면서 끝났다. 당시 대만행 비행기에 좌석까지 마련되어 있었을 정도로 감쪽같은 활동이었다. 중국 공산당 정부 수립 후 그녀는 영웅으로 대접받으며 95세까지 천수를 누렸다.

사기꾼 아버지에게 속지 않는 법을 체득하다

'석유왕'이라 불리는 존 D. 록펠러는 생전에 1,920억 달러의 재산을 형성한 미국 역사상 최대 부자다. 1839년에 태어나 1937년 97세를 일기로 세상을 떠난 그는 부를 형성하는 과정에서 악덕 기업가라는 비난도 받았지만, 후반 40년 동안 자선 사업에 헌신했다. 십일조 헌금을 충실히 내고 술이 나오는 행사에는 참석하지 않았을 정도로 독실한 침례교 신자였기에, 자선 사업도 과거에 대한 반성이 아니라 종교적 신념을 실천하는 차원이었다.

록펠러의 공과에 대한 논란은 아직도 계속된다. 하지만 재산을 형성하는 과정과 별도로 종교 단체의 시혜적 자선이 아닌 기업가의 과학적 자선 사업의 시대를 열었다는 점은 이견이 없다. 그는 기업 경영의 효율성을 자선 사업에 접목했다.

가난한 집안 출신의 록펠러는 고등학교를 마치지 못하고 생활 전선에 나섰다. 근검절약으로 돈을 모아 1863년 클리블랜드 정유 공장에 투자했고 1870년 석유 회사인 '스탠더드 오일'을 창업했다. 당시는 등불을 켜는 등유가 주종이었고 휘발유를 연료로 하는 자동차도 등장하지 않았지만, 미래 산업인 석유의 가능성을 일찍 내다봤다. 이후 스탠더드 오일은 미국 정유산업의 90%, 원유 채굴의 30% 이상을 장악하는 대기업으로 성장했다.

젊은 시절부터 사업체를 운영하면서도 그는 사기꾼에게 속는 법이 없었다. 사기꾼이었던 아버지를 보면서 당하지 않는 법을 터득했기 때문이었다. 아버지 윌리엄 록펠러 시니어는 스스로를 '닥터'라고 부르며 의사 행세를 했고, 맹물을 만병통치약이라고 속여 팔았던 사기꾼이었다.

후일 록펠러는 '한심한 아버지에게서 역설적으로 배운 게 많았다'라고 회고했다. 사기꾼의 수법을 밑바닥까지 보고 자란 까닭에 사기꾼에게 절대로 속는 법이 없었다는 회고다. 또한 남을 등쳐먹는 사기꾼이었지만 자신의 돈 관리에는 철저했던 아버지에게서 수입지출 장부를 빈틈없이 관리하는 법을 전수받았다.

사기꾼 아버지로부터 록펠러는 속임수와 책략이 난무하는 세상에서 사기꾼에 당하지 않고 자신을 지키는 법을 배웠다. 이를 바탕으로 그는 온갖 책략과 술수에 속지 않고 자신을 지켜내면서, 타고난 근면과 성실을 바탕으로 커다란 성공을 거뒀다.

순진함으로는 생존을 기대할 수 없다

플라톤은 일찍이 '정치지도자는 국민의 이익을 위해 거짓말을 할 수 있으며 의무적으로 거짓을 말해야 할 때도 있다'라며 소위 '윤리적 속임수'를 옹호했다. 개인의 이익이 아닌 공동체의 이익 차원에선 거짓말도 필요하다는 의미다.

미국 시카고대학교 국제정치학과 교수로서 현실주의에 입각한 정치사상가인 존 미어샤이머는 국가지도자들이 거짓말을 하는 건 대개 스스로 국가 전략적 차원에서 옳다고 판단하기 때문이며, 따라서 거짓말이라는 행위 자체를 무조건 싸잡아 비난하는 건 비현실적 처사라고 주장한다.

그의 분석에 따르면 거짓말 외에도 전략적 은폐나 정보 가공 같은 또 다른 유형의 속임수가 존재한다. "추악하고 위험한 게 국제정치의 본질"이며 거짓말이 "상황에 따라 현명하고 필요하며 심지어는 덕스럽기까지 할 수도 있다"라는 것이다.

'공격적 현실주의offensive realism'로 지칭되는 그의 이론에 따르면 모든 국가는 무정부라는 국제체계의 특성상 힘의 현상 유지에 만족하지 않으며 가능한 힘의 우위를 추구한다.

강대국이 할 수 있는 최선의 방법은 역내 패권을 확보하고 타 강대국의 도전 가능성을 사전에 차단하는 것이다. 위키리크스Wikileaks에 폭로된 국제관계는 책략과 이중성의 경연장이다. 국가 간 표면적으로 내세우는 것과 실제로 의사소통하는 내용은 다르다.

비단 국가 간 문제만이 아니라 기업을 비롯한 민간 조직도 마찬가지다. 미어샤이머의 '공격적 현실주의'는 국제정치를 비롯해 기업은 물론 개인에게도 시사점을 준다.

기업, 개인을 포함해 어떤 집단도 생존을 위해 구사하는 책략과 속임수는 본능적이다. 물론 개인이든 조직이든 위장과 속임수만으로 성공할 순 없다. 장기적으로는 결국 성실하고 신뢰를 지키는 개체가 살아남고 발전한다.

현실을 살아가는 근본은 신뢰와 성실이다. 그러나 위장과 속임수로 가득 차 있는 세상에서 자신을 지키지 못하는 순진함으로는 생존도 기대할 수 없다. 따라서 위장과 속임수에 속지 않도록 자신을 방어하면서 적절히 대응하는 역량을 현실적으로 갖춰야 한다.

●

현명한 군주라면 신의를 지키는 일이 자신에게 불리하게 작용할 때, 그리고 약속을 맺은 이유가 더 이상 존재하지 않을 때, 약속을 지킬 수 없으며 지켜서도 안 된다. 모든 인간이 정직하다면 옳지 않을 것이다. 그러나 인간이란 신의가 없고 약속을 지키려고 하지 않기 때문에 당신 자신이 그들과 맺은 약속에 구속되어선 안 된다. 군주에겐 신의의 불이행을 합법적으로 내세울 만한 구실은 얼마든지 있는 법이다. 이러한 예는 무수히 들 수 있다. 또한 군주의 불성실로 얼마나 많은 평화협정이나 약속이 깨지고 효력이 상실했는가를 제시할 수 있다. 하지만 이러한 기질은 능숙하게 분장할 줄 알아야 하며, 감쪽같이 위장도 해야 하고, 때로는 뻔뻔스러워져야 한다.

_『군주론』 18장

타인에게 의존하는 삶은
비참한 결과로 끝난다

○○

군주가 동원할 수 있는 무력은 본국 군대, 용병, 외국 원군 및
세 가지를 혼합한 혼성군이 있다. 이 가운데 용병과 외국 원군
은 도움이 되지 못하고 위험하다. 군주가 용병으로 국가의 토대
를 구축했다면 장래의 안정을 보장할 수 없다.

_『군주론』 12장

중세 이후 르네상스시대의 이탈리아는 도시국가 중심으로 형성
되어 있었다. 지중해 무역으로 부를 일군 도시국가들은 제한된 인
구 때문에 상비군을 유지하기 어려웠다. 그런 까닭에 평상시에는
외교를 중심으로 국제관계를 유지하다가 전쟁이 나면 용병을 고용
해 방위를 맡겼다. 당시 용병대장들은 주로 귀족 가문 출신들이었

고 사회적 지위도 높았다. 하지만 돈을 위해 싸우는 용병의 특성상 언제라도 신의를 버리고 고용주를 바꿀 수 있었다.

국가의 근간인 무력을 자체 보유하지 못하고 외부에 의존하는 군주의 취약함과 용병의 무익함을 마키아벨리는 꿰뚫어 봤다. 전투는 목숨을 걸고 하는 것이다. 그러나 돈이 목적인 용병이 전투에 목숨을 걸 이유는 없다.

따라서 용병은 평시의 장식으로선 가치가 있지만 전시의 전투력은 자국민으로 형성된 정규군보다 못하다. 또한 용병대장이 유능하면 용병을 고용한 국가는 그들에 의한 반란이나 역모에 노출되고 무능하면 전쟁에 지고 국가는 파멸한다. 군주 입장에선 어떤 경우에나 용병의 활용은 화근이 될 수밖에 없다. 마키아벨리는 결국 자신의 나라는 자신이 지켜야 한다는 엄연한 현실을 이야기한다.

마키아벨리의 조국 피렌체 공화국도 강력한 군대가 독재자 출현의 배경이 될 수 있다는 생각에서 전통적으로 정규군 없이 용병과 외교에 안보를 의존하고 있었다.

정치적 분쟁의 범위가 이탈리아반도 내의 도시국가에 국한되어 있었던 르네상스시대에는 유효했지만, 프랑스나 스페인과 같은 중앙집권 국가 중심으로 재편되는 새로운 시대에는 맞지 않았다. 마키아벨리는 피렌체의 생존을 위해선 무력을 확보해야 한다는 자신의 구상을 30대 현직 시절 실행에 옮기기까지 했다.

그는 피렌체 주변의 농민들을 규합한 피렌체 정규군 창설을 추진했고 1506년 2월 15일 피렌체의 시뇨리아 광장에서 보병 400명의 행진을 성사시켰다. 같은 해 12월 6일 피렌체 공화국 국회는 정규군 창설을 공식 승인했다. 마키아벨리가 주도한 농민군은 실제 전과까지 거뒀다. 1509년 6월 마키아벨리가 만든 정규군을 주축으로 하는 피렌체군이 피사를 다시 점령하는 데 성공한 것이다.

군사력과 경제력은 국가를 떠받치는 두 개의 기둥이다. 외부와 연계해 부족한 점을 보완할 수는 있으되 외부에 전적으로 의존해선 독립국으로 존속할 수 없다.

개인과 기업도 마찬가지다. 생존에 필요한 핵심 영역을 타인에게 의존해선 존중받지도 못하고 독립성을 유지할 수도 없다. 결국 종속되거나 결별하게 마련이다. 타인에 의존하는 삶은 결국 비참한 결과로 끝나게 마련이라는 점을 마키아벨리는 경고한다.

공화정 로마 번영의 핵심

고대 세계는 자신의 안전을 위해 돈을 주고 용병을 고용하는 일이 당연시되었다. 그러나 로마는 달랐다. 공화정 로마는 시민군 체제를 유지했다. 병사들이 자신의 가족과 이웃이 소속된 공동체를 위해 싸운다는 점에서 로마의 체제는 다른 국가와는 완전히 달랐다.

17세부터 45세까지의 로마 시민 중 추첨을 통해 선발된 자는 1년 단위로 복무해야만 했다. 전쟁이 없다면 3~4회, 전시에는 10회 이상 병사로 복무했다. 비록 의무였지만 시민군 복무는 경제적 부담이 컸다. 징집되면 생업을 중단하고 자신의 비용으로 무장해 입대해야 했기 때문이다. 하지만 로마는 명예를 중시하는 사회였기에 군 복무는 명예로운 시민의 기본 조건이었다. 게다가 군대 경험이 없으면 공직에 나갈 수 없었다.

공화정 로마 시민군 체제의 장점은 크게 세 가지다. 먼저 상황에 따른 유연한 인력 운용이 가능했다. 평시의 네 개 군단 체제에서 유사시에는 서른다섯 개 행정구역 전역에서 시민군을 뽑아 병력을 증강할 수 있었다. 즉 상비군을 소규모로 유지하면서 유사시에 대규모 병력을 신속히 편성할 수 있었다.

다음으로 상황에 따른 신속한 대처가 가능했다. 기본 훈련을 받은 집단인 데다가 무기까지 소지하고 있으므로 전투를 위한 훈련과 준비가 따로 필요 없다는 장점을 지녔다. 가장 중요한 건 시민군의 마음가짐이었다. 시민군은 돈을 위해 싸우는 용병과 달리 자신의 가족과 이웃의 안전을 위해 싸웠다.

시민군 체제는 로마 경쟁력의 근간이었다. 기원전 4세기 말 평민이 집정관에 취임할 수 있게 된 이후로 능력이 뛰어난 사람은 신분에 관계 없이 중요한 임무를 맡았다. 군대에선 총사령관 이하 군단장, 장교 등으로 진출할 수 있었다. 상비군 없이 전쟁이 터지면 용병을 고용하는 게 당연시되던 고대 세계에서 공화정 로마의 시민군 체제는 로마가 지역 국가에서 세계 제국으로 발전할 수 있었던 핵심 인프라였다.

나폴레옹 유럽 제패의 기초

1789년 프랑스 혁명은 유럽에 왕과 귀족 중심의 신분제가 퇴조하고 근대 시민 세력이 정치 권력으로 등장하는 전환점이었다. 혁명의 속성상 기존 세력과 신흥 세력 간의 전쟁, 신흥 세력 내부의 분열에다 주변 왕정국가들의 개입이 겹치면서 프랑스는 대혼란에 빠져들었다. 이런 상황에서 혜성처럼 등장한 20대의 포병 출신 장군 나폴레옹 보나파르트가 내전을 종식시키고 외적을 물리치면서 프랑스를 수호했다.

당시 프랑스의 군대는 봉건제에서 절대왕정으로 이어진 신분제가 근간이었다. 영주와 기사의 후예인 귀족계층이 장교가 되었고 평민들은 사병으로 편제되었다. 능력과는 상관없이 신분에 따라 계급이 부여되는 구조였다.

프랑스 혁명으로 국왕이 처형되고 귀족의 특권이 폐지되어 신분제가 붕괴되었다. 군대에도 영향을 미쳐 귀족 출신 장교들이 추방되거나 스스로 군대를 떠났다. 기존 군대가 해체되면서 프랑스 혁명 정부는 국민방위군을 조직하고 1793년 프랑스 국민 전체를 대상으로 하는 징병제를 도입했다. 새로운 군대는 출신 신분이 아니라 능력에 따라 승진하는 시스템을 도입했다. 평민들도 능력에 따라 지휘관이 되는 길이 열렸다.

나폴레옹은 이탈리아 영토였다가 프랑스에 병합된 지중해의 섬 코르시카 출신이었다. 변두리의 하급 귀족 신분이었지만 경제적으로 어려워 평민에 가까웠다. 파리 육군사관학교에 입학해 졸업한 1785년, 16세의 나이에 포병 소위로 임관했다.

프랑스는 혁명 이후 혼란이 계속되었다. 1793년 1월 국왕 루이 16세를 처형하자 곧바로 영국, 오스트리아, 프로이센, 네덜란드는 동맹을 맺고 프랑스와 전쟁을 선포한다. 내부적으로 혁명파 내부 분열, 왕당파와의 내전이 시작되었다.

이런 상황에서 나폴레옹이 등장해 왕당파를 격파하고 26세에 장군이 되었다. 1799년 11월 제1통령 취임으로 최고권력자가 되고 이탈리아 원정에 나서 오스트리아-이탈리아 연합군을 상대로 승리했다. 1804년 12월 황제 즉위 후 프로이센, 러시아를 제압하며 유럽 대륙을 제패했다. 1812년 러시아 원정에서 패배하기까지 프랑스 육군은 무적이었다.

프랑스 국민방위군의 강력한 전투력은 '신분이 아닌 능력 위주의 발탁, 혁명 정신으로 무장한 강한 정신력'이 핵심이었다. 능력 있는 장교와 하사관들이 병사들을 지휘했고, 병사들은 자신들의 국가를 지킨다는 자부심으로 충만했다. 이런 시스템과 정신전력이 단기간에 30만 대군을 편성하고 주변 강대국을 제압하는 강한 군사력의 핵심이었다.

포털 1위 야후가 사라진 이유

야후는 미국 스탠퍼드대학교 대학원생이었던 제리 양과 데이비드 파일로가 1994년 1월 설립했다. 당시는 인터넷 보급 초기로 다양한 분야에서 수많은 웹사이트가 출현하고 있었다. 야후는 웹사이트를 정리하고 분류하는 디렉토리 사이트로 시작했다.

1996년 4월 12일 인터넷 회사로선 최초로 주식 공개상장IPO에 성공했다. 이후 메일, 뉴스, 금융 정보, 스포츠, 채팅, 메신저 등 다양한 인터넷 서비스를 제공하며 급속히 성장해 1997년에는 세계에서 가장 인기 있는 웹사이트 중 하나로 자리 잡았다.

포털사이트 1위 야후의 웹사이트 디렉토리 분류 서비스는 웹사이트가 폭증하면서 한계에 봉착했다. 분류가 아니라 검색을 통한 서비스의 필요성이 생겨나던 와중에 신생 스타트업 구글이 개발한 검색엔진의 우수한 기능에 주목했다.

구글은 1998년 4월에 창립해 자체 검색엔진을 기반으로 검색 서비스를 제공하고 있었다. 야후는 2000년부터 구글의 검색엔진을 아웃소싱했다. 일단 급한 불은 껐지만 큰 패착이었다. 당시 구글은 자사 검색사이트 방문자가 적어 어려움을 겪고 있었는데 야후의 구글 검색엔진 아웃소싱이 반전의 계기가 되었다. 매출 증가로 현금 흐름이 개선되었고, 무엇보다 검색 건수가 급격히 늘어나면서 검색엔진의 성능이 단기간에 비약적으로 향상되었다.

구글은 알고리즘이 우수했음에도 불구하고 야후·라이코스·알타

비스타·MSN 등의 선발주자들이 포털 시장을 선점하고 있어 충분한 양의 검색 요청을 확보하기 어려운 상황이었다. 야후와의 계약으로 막대한 검색 관련 데이터가 유입되면서 2년 만에 구글 홈페이지의 검색 시장 점유율이 야후를 넘어섰다.

야후도 자체 검색엔진의 필요성을 인식하곤 2003년에 검색광고 회사 오버추어를 인수하고 2004년부터 구글과의 제휴를 종료했지만, 검색 시장의 주도권은 이미 구글이 확보한 뒤였다. 야후는 2009년 마이크로소프트와 제휴해 빙 검색엔진을 사용하기 시작했지만 결국 자체 검색엔진 개발을 중단했고, 검색 시장은 물론 포털 시장에서의 영향력이 점점 축소되었다. 야후는 2017년 미국 통신회사 버라이즌에 인수되며 역사 속으로 사라졌다.

포털의 핵심 기능이 검색으로 이동하는 시점에서 야후는 스타트업 구글의 검색엔진을 아웃소싱하는 바람에 귀중한 시간을 허비하고 결국 시장에서 밀려났다.

힘없는 사람은 동정해도 존경하진 않는다

'자력갱생'은 동서고금의 진리다. 국가든 개인이든 자신의 힘으로 삶을 개척하지 못하면 결국 파멸한다. 개체의 존엄성은 독립성에서 출발한다. 독립성의 핵심은 자신의 생존 조건을 자신의 힘으로 만들어가는 것이다.

"인간 본성이라는 게 원래 힘없는 사람을 동정은 해도 존경하지는 못하게 만들어져 있다. 게다가 그에게 힘이 있다는 낌새마저 없다면 그런 동정마저 오래가지 않는다." 19세기 중반에 활약한 노예 출신의 노예제 폐지론자 프레더릭 더글러스의 말이다.

존재에 필요한 핵심 역량을 갖추지 못하면 다른 존재에게 무시당하는 건 당연하다. 군대가 약하고 경제력이 빈약한 나라는 국제사회에서 인정받지 못한다. 용병에 의존해 장기간 존속할 수 있는 나라는 없다.

마찬가지로 기업이 존재하려면 돈을 벌어야 한다. 아무리 높은 이상을 추구하는 기업이라도 돈을 벌지 못하면 존재할 수 없다. 사람이 돈을 벌어 일용할 양식을 구해 먹어야 살듯 조직도 필요한 돈을 조달하지 못하면 유지되지 않는다.

돈을 벌기 위한 경쟁력이란 누가 공짜로 주는 것도 아니고 돈으로 살 수 있는 것도 아니며 목소리 높여 외친다고 얻어지는 것도 아니다. 국가든 조직이든 개인이든 스스로 만들어 가는 것이다.

경제력과 함께 국력의 두 축을 이루는 군사력을 돈으로 사는 걸 현대 기업에 적용하면 핵심 경쟁력을 돈 주고 사는 것과 같다. 자체 군사력의 기반을 갖추고 부족한 부분을 보충하고자 용병을 고용하는 건 전술 문제지만, 자체 군사력이 전혀 없이 용병에만 의존하는 건 자신의 목숨을 타인에게 맡기는 것이다.

마찬가지로 기업 조직 내부에 기본 역량을 갖추고 외부 전문가를 활용하는 건 전술 차원의 문제지만, 내부 역량 없이 외부에 의존하는 건 기업의 미래가 외부인에게 맡겨진 경우와 유사하다.

급격한 변화의 시대를 헤쳐 나가고자 때로는 외부의 지식과 아이디어도 필요하지만, 기업 스스로가 중심을 잡고 경쟁력을 확보해 나가는 능력이 없으면 모든 게 허사다.

마키아벨리가 강조한 용병의 한계와 무익함은 이런 관점에 있다. 개인 차원도 마찬가지다. 자신이 생존할 수 있는 기본 역량은 스스로 만들어야 한다. 타인에게 의존하면 결과적으로 자신의 삶 자체가 타인에게 종속되게 마련이다.

사회생활 초년병들이 조직에서 성공하는 법을 물어오면 '출근을 일찍 하거나, 일을 잘하거나, 눈치가 빠르거나'의 세 가지 중 한 가지만 잘하면 기본은 한다고 대답하곤 한다. 물론 세 가지를 모두 잘하면 금상첨화겠지만 최소한 '성실하거나, 능력이 있거나, 감각이 좋거나' 중 한 가지는 갖춰야 제 몫을 할 수 있다.

●

용병은 동료들 사이에선 용맹스러운 것 같으나 전쟁터에 들어서면 겁쟁이가 된다. 결국 평시에는 용병들에게 시달림을 받고 전시에는 적군들에게 시달림을 받는다. 용병이 전쟁터에 나가려는 건 급료가 목적일 뿐 그밖에 아무런 동기도 없고 감정도 없기 때문이다. 그들은 전쟁이 없을 동안에는 충성을 맹세하지만 전쟁이 터지면 도망치거나 사라져 버린다.

_『군주론』12장

●

승리를 원하지 않는 군주가 있다면 외국 원군을 이용하라고 권하고 싶다. 외국 원군은 용병대보다 훨씬 위험하기 때문이다. 외국 원군의 병력이라면 파멸은 확실하다. 외국 원군의 병사들은 모두 단결해 제3자의 군주에게 충성을 바친다. 요점을 말하자면, 용병대에 있어 가장 위험한 일은 그들이 겁을 먹는 일이고 외국 원군에 있어선 그들이 용감하게 싸우는 일이다. 현명한 군주라면 차라리 지더라도 자국군으로 싸울 것이다.

_『군주론』 13장

강한 자만이
겸손할 수 있고 거만할 수 있다

○○

무력을 갖추지 않으면 경멸하고 얕보이기 마련인데, 군주로서
가장 수치스러운 일이다. 무력을 가진 자와 갖지 않은 자는 엄
청난 차이가 있다. 요컨대 군사에 정통하지 않은 군주는 부하로
부터 존경받지 못하며 군주도 부하를 신뢰할 수 없다.

_『군주론』 14장

힘없고 돈 없으면 무시당한다. '옳다, 그르다'의 문제가 아니라
세상이 그렇다. 개인은 물론 조직도 마찬가지다. 논쟁은 몽상가들
에게 맡기자. 국가 이익을 추구하는 국제정치에서 자신을 보호할
능력이 없으면 자존심을 버리고 강자에게 안전을 구걸하는 것 외에
대안은 없다.

이런 관점에서 마키아벨리는 특히 무력을 갖추지 못한 군주와 국가는 경멸당할 수밖에 없다고 지적한다. 따라서 군주는 국가 존립의 핵심인 군사력을 확보하고 운영하기 위한 기본 역량을 갖춰야 한다고 강조한다.

무력 없는 국가가 무시당하듯 돈을 벌지 못하는 기업도 마찬가지다. 기업의 핵심은 수익력이다. 기업에 돈이 돌면, 온갖 사람들이 몰려들어 투자와 예금을 권유하고 사업을 같이하길 원한다. 반대로 유동성의 위기에 빠지면, 호황 때 몰려든 많은 사람이 일시에 썰물처럼 빠져나간다. 남아 있는 사람들은 채권단뿐이다.

한때 사업이 어려워져 금융 기관에 시달렸던 기업인이 금융업을 기생 비즈니스라고 하며, "돈 있을 땐 온갖 아양을 떨면서 들러붙더니 돈이 필요해지니까 안면몰수하고 윽박지르더라"는 경험담을 털어놓았다. 비단 금융업만 그런 게 아니라 비즈니스의 속성, 나아가 세상만사가 모두 그렇다. 무력 없는 군주, 고객 없는 기업, 일하지 않는 가장은 존중받지 못하고 경멸당하게 마련이다.

『논어』「위령공」에 "군자는 자신의 무능함을 근심하지, 남들이 자신을 알지 못하는 걸 근심하지 않는다[君子病無能焉 不病人之不己知也]"라는 구절이 있다. 백번 맞는 말이다. 자신이 무능하면 남들도 무시한다. 자신이 유능하면 가만히 있어도 남들에게 인정받는다. 마키아벨리라면 이 구절을 '자신의 무력함을 근심하라, 남들이 자신을 인정하지 않고 경멸하는 건 자신이 무력하기 때문이다'로 해석할 것이다.

겸손은 강한 자의 특권이다. 강한 사람은 겸손해질 수도 있고 거만해질 수도 있다. 강한 사람이 자신을 낮추는 건 겸손이고, 높이는 건 거만이다. 약한 사람은 겸손해질 수 없다. 자신을 낮출 수 없기 때문이다. 약한 사람이 자신을 낮추는 건 비굴이고, 높이는 건 허풍이다. 겸손은 미덕이고 겸손한 사람은 존경받는다.

겸손하려면 먼저 강해져야 한다. 강한 사람만이 겸손을 선택할 수 있다. 약한 자에게 겸손은 선택할 수 없는 덕목이다. 강한 사람이 자신을 낮출 때 힘이 생긴다. 약한 사람이 자신을 낮춰 봐야 무시당하는 게 세상인심이다. 무시당하는 사람은 겸손해질 수 없다.

주먹으로 평화를 확보한 스위스

영세중립국 스위스는 평화로운 정경의 알프스로 상징된다. '영세중립국'이라는 단어와 평화로운 정경은 스위스가 전쟁과 무관한 나라로 느끼게 한다. 그러나 스위스는 의외로 강력한 군대를 유지하고 있다. 스위스의 총병력은 상비예비군을 포함해 25만 명에 이른다. 군사 강대국인 독일, 프랑스, 영국 등과 비교해도 뒤지지 않는다.

스위스가 영세중립국의 지위를 인정받는 과정은 전쟁의 연속이었다. 신성로마제국과 오스트리아 합스부르크 가문의 지배를 받던 스위스는 신성로마제국의 루돌프 1세 사망 이후 본격적으로 독립투쟁을 벌였다. 1315년 오스트리아군 격파가 스위스 최초의 승리였다. 이때 명성을 떨친 게 스위스 농민들의 '장창長槍'이었다. 승리 이후 스위스의 독립은 가속화된다. 그 결과 1322년 루체른, 1351년 취리히, 1352년 글라루스와 추크, 1353년 베른이 포함된 이른바 '8주 동맹'이 만들어졌다.

그 후 동맹이 1386년 합스부르크 레오폴트 3세의 군대를 젬파흐에서, 1388년 알브레히트 3세의 군대를 네펠스에서 차례로 격파하고 1474년 부르고뉴공 샤를 르 테메레르의 침입을 막아내면서 스위스의 정치적 독립은 확고해지는 듯했다.

그러나 8주 동맹은 전체 국가보다 개별 주의 이해관계에 관심이 많았고 정치적 통합은 지연되었다. 스위스는 1499년 합스부르크의 막시밀리안 1세가 일으킨 슈바벤전쟁에서 최종적으로 승리하며 완전한 독립을 이뤘다.

프랑스 혁명 이후 1798년 나폴레옹이 이끄는 프랑스군이 스위스를 굴복시키고 식민 국가인 헬베티아 공화국을 수립하지만 나폴레옹이 라이프치히에서 유럽 연합군에게 패전한 뒤인 1813년 다시 독립했다. 1815년에 개최된 빈 회의에서 스위스는 영세중립을 인정받고 22개 주의 연방국가로 탄생했다. 그러나 독립 후 신교와 구교 간의 갈등으로 벌어진 내전에서 신교가 승리하면서 새로운 연방 정부를 수립한다.

그 뒤로도 스위스의 영세중립국 지위는 여러 번 위협받았다. 프로이센-프랑스전쟁 때는 프랑스군의 진격을 치열한 전투로 격퇴했다. 제1차 세계대전과 제2차 세계대전 때는 중립을 지켰지만 긴장

상태는 전쟁이 끝날 때까지 유지되었다. 대전 중 아돌프 히틀러가 스위스를 침공하지 않은 건 영세중립국이어서가 아니라 스위스를 둘러싼 산악에서 스위스군을 이기기 어려웠기 때문이다.

스위스의 역사를 살펴보면 평화로운 시기보다 긴장과 전쟁의 시기가 더 많았다는 걸 알 수 있다. 평화는 공짜로 얻어지는 게 아니다. 영세중립국 스위스의 평화는 입이 아니라 주먹으로 획득하고 유지하고 있다.

무력으로 영토를 넓힌 유일한 조선 왕

조선의 문화 군주 세종의 성세를 뒷받침한 건 튼튼한 국방력이었다. 실제로 세종은 조선 왕 중 유일하게 군사력으로 영토를 확장했다. 즉위 후 북방개척을 추진한 세종은 김종서를 중용해 1449년 여진족이 거주하던 두만강 하류의 군사 요충지에 '육진' 개척을 완료함으로써 조선의 북쪽 경계를 확정했다.

강한 군사력으로 위협을 물리쳐야 한다는 세종의 정책에 신하들은 반대했다. 일부 대신들은 김종서가 불가능한 일을 도모하니 참형에 처해야 한다는 주장까지 했다. 그러나 태조 이성계와 태종 이방원으로 이어지는 무인 기질을 이어받은 세종은 김종서에 대한 신뢰를 거두지 않았다. 결국 김종서는 모두가 불가능하다고 생각했던 육진 개척으로 영토를 확장하고 북쪽 지방을 안정시켰다.

세종은 화포 개량에도 힘을 쏟았다. 화약의 원료가 되는 염초 생산이 늘었고 화포의 성능은 비약적으로 발전했다. 재위 27년째인 1445년에는 화포 혹은 총통을 다루는 군대를 운영할 수 있을 정도가 되었다. 여진족에게 조선군의 화포는 공포와 동의어였다. 세종은 화포 제작 교본인『총통등록銃筒謄錄』을 편찬하게 했고 화포 제작 인력들을 중시했다. 세종의 관심은 문종이 이어받았다. 오늘날의 로켓포와 흡사한 중신기전中神機箭이 문종 때 개발되었다.

세종 이후 단종까지 정치적 혼란을 거치고 안정기로 들어선 조선은 역설적으로 무인을 무시하는 풍조가 생겨났다. 초기에는 문반, 무반을 양반으로 통칭했으나 점차 문반인 사대부 계층만 부각되었다. 후일 조선 중기에 임진왜란, 정묘호란, 병자호란의 고초를 겪은 건 위험은 스스로 극복해야 한다는 세종을 비롯한 조선 초기 지도자들의 유지가 퇴색되었던 것도 중요 원인이었다.

위상이 하락하면 이야깃거리로 전락한다

코닥, 팬암, 제너럴 일렉트릭은 모두 과거의 한 시대 산업을 지배하는 아이콘으로 세간의 찬사와 부러움을 한 몸에 받았다. 언론과 학자들은 앞다퉈 성공 원인을 분석하면서 리더십을 찬양하고 조직문화를 높이 평가했다. 그러나 산업 변화를 따라가지 못하고 경쟁에서 밀려나 위상이 떨어지기 시작하면 또다시 앞다퉈 '그렇게 될 줄 알았다'라는 식으로 온갖 문제점을 나열한다. 나아가 찬란했던 과거를 초라한 현재와 빗대 조롱하고 비아냥거린다.

코닥은 1888년 설립되었다. 당시 카메라는 무겁고 부피가 크고 다루기 어려워 전문 사진사들이 다루는 특수 장비였다. 코닥은 1900년 간편하고 편리한 휴대용 카메라 브라우니를 출시해 사진 촬영을 대중화시키면서 시장의 판도를 바꿨다. 카메라-사진 촬영-인화에 이르는 전 과정을 지배했고 코닥 필름은 세계 표준이 되었다. 1980년대의 전성기에는 세계 필름 시장의 2/3를 점유했다.

그러나 필름의 대명사 코닥은 디지털 카메라의 보급으로 결정타를 맞았다. 디지털 카메라가 보급되고 휴대폰에 탑재되는 카메라 성능이 향상되면서 필름 시장 자체가 사라졌다. 코닥은 2012년 1월 파산보호를 신청했다.

팬암은 20세기 중반 세계 최대의 국제항공사로서 세계 항공산업을 상징했다. 1927년 미국 남부 플로리다와 쿠바 사이를 운항하는 소형 항공사로 설립되었고 1930년대에 북아메리카, 남아메리카와 유럽을 연결하는 국제적인 항공사로 성장했다. 제2차 세계대전이 발발한 1940년대 초반에는 군사수송 서비스를 제공했고 전쟁 후 민간항공 수요가 급증하면서 전 세계로 항로를 확장했다. 1950~60년대의 제트기 시대에는 대서양, 태평양 정기노선을 운영하고 전 세계 90개국에 취항했다. 팬암의 전성기였다.

1970년대 항공산업 규제 완화로 경쟁이 심화되고 오일쇼크로 항공 수요가 감소하면서 팬암은 추락하기 시작했다. 주요 노선을 매각하고 경비를 절감하는 구조조정을 했지만 상황은 계속 악화되었다. 결국 팬암은 1991년 파산보호를 신청했고 12월 4일 마지막 비행을 끝으로 운항을 중단했다.

제너럴 일렉트릭은 1892년 설립되었다. 미국의 발명왕 토머스 에디슨이 1878년 설립한 전기조명 회사가 모체로, 전기전력산업의 역사 그 자체인 기업이다. 20세기 초반 발전기, 전동기, 조명기구 등 다양한 전기제품을 개발했고 냉장고, 세탁기 등 가전제품을 개발했다. 1940~50년대에는 군사용 레이더, 항공기 엔진, 원자로 분야에도 진출했고 1960년대 이후에는 에너지, 금융, 헬스케어 등으로 확장했다. 특히 1981년부터 2001년까지 최고경영자를 맡은 잭 웰치는 경영혁신을 추진해 큰 성과를 거뒀다. 제너럴 일렉트릭의 혁신 기법인 식스시그마는 전 세계 기업들이 벤치마킹했고 경영학 교과서에 모범 사례로 소개되었다.

그러나 2008년 금융위기 때 금융 부문이 심각한 타격을 입었고 집중적으로 투자했던 에너지, 헬스케어 분야에서 성과가 나오지 않으면서 하락세에 접어들었다. 제너럴 일렉트릭은 사업구조 단순화를 통한 효율성 제고를 위해 2021년에 항공, 에너지, 헬스케어 부분으로 분리해 독립 기업으로 운영하는 방식으로 해체되었다.

코닥, 팬암, 제너럴 일렉트릭 등 한 시대를 풍미했지만 사라지거나 위상이 하락한 기업은 부지기수다. 모토롤라, 노키아는 사라졌고 PC CPU의 대명사 인텔, 항공기 시장을 지배했던 보잉도 위기 상황이다.

1982년 출간되어 300만 부 이상 판매된 저명한 경영전문가 톰 피터스의 『초우량 기업의 조건In search of Excellence』에 소개된 마흔여섯 개 기업 중 왕 연구소, 디지털 이큅먼트 코퍼레이션, 암달, 코닥 등 상당수가 파산하거나 위축되면서 20년 후 생존 기업은 여섯 개에 불과했다. 2001년 당대를 대표하는 경영의 구루로 칭송받던 짐 콜린스는 전 세계적 베스트셀러 『좋은 기업을 넘어 위대한 기업으로Good to Great』에서 열한 개 기업을 위대한 반열에 놓았다. 하지만 10년도 되지 않은 2009년 리먼 브라더스, 베어스턴즈, 페니 매이, 프래디맥, 웰스파고, 서킷시티는 파산하거나 부실 기업으로 전락해 구제금융을 받았다. 2001년 '위대한 기업 주식'을 샀다면 10년 후 미국 주식시장 주가지수 S&P 평균에도 미달한다는 참담한 성적표였다. 충격받은 짐 콜린스는 2010년 『위대한 기업은 어디로 갔는가』를 출간했다.

좋은 시절 온갖 찬사의 대상도 경쟁력이 떨어지면 한낱 이야깃거리로 전락하게 마련이다. 무력을 갖추지 못한 군주가 경멸받듯 기업이 경쟁력을 상실하면 마찬가지 신세가 된다.

독자생존은 경쟁력에서 비롯된다

국제정치학자 조지프 나이는 "군사력은 산소와 같다. 군사력의 소중함을 잊는 순간 군사력이 모든 걸 지배한다. 21세기는 경제 시대라고 하지만 달라진 건 없다."라고 단언한다. 소위 문명이 발달한 현대라고 하지만 국가 이익을 추구하는 국제정치와 생존 방식은 수천 년 전과 변함이 없다.

춘추전국시대를 배경으로 쓴 사마천 『사기』가 오늘날에 읽어도 생생한 건 인간 생존의 모습은 표면적 양상이 변했을 뿐 심층적 본질은 그대로이기 때문이다. 명분론에 근거한 평화론자들의 비현실적 주장은 예전이나 지금이나 존재하지만 분명한 한계를 가진다.

국가의 무력을 기업에 비유하면 경쟁력이다. 기업 경쟁력은 인체의 산소와 같이 생존의 기본 조건이다. 경쟁력이 있는 제품을 생산하지 못하는 기업은 소비자의 선택을 받지 못해 시장에서 퇴출된다. 사회적 책임, 공생 발전도 좋지만 핵심인 경쟁력을 상실하면 모든 건 허탕이다. 21세기는 다르다고 하지만 역시 달라질 건 없다. 무력이 없는 국가가 풍전등화의 운명이듯 경쟁력을 상실한 기업도 마찬가지다.

경쟁력은 개인 차원에서도 마찬가지 의미를 가진다. 개인도 자신의 영역에서 먹고 살 수 있어야 자존감을 확보할 수 있다. 단순히 잘살고 못살고의 문제가 아니다. 자신의 능력으로 벌어먹는 사람들은 기본적으로 당당하다.

반면 타인에 의존해 사는 사람들은 겉모습과 상관없이 본질적으로 비굴하다. 좋은 차를 타고 높은 위치에 있다고 해도, 그 자리가 자신의 역량이 아니라 타인의 호의로 주어진 경우 남의 눈치를 보고 산다. 그런 사람들일수록 현재의 위치가 모래성이라는 걸 알고 있기에, 자신의 삶에 당당하지 못하고 타인에 대한 태도도 굴신 아니면 오만의 양극단을 달린다.

●

로마와 스파르타는 몇백 년 동안 군비가 잘 갖춰진 덕분에 독립을 유지했다. 스위스도 충분한 무력을 지니고 있었으므로 완전한 독립을 유지했다.

_『군주론』 12장

●

어떤 국가든 자신의 군대를 갖지 못하면 안전할 수 없다. 그런 국가는 위기에 자신을 방어할 힘이 없기에 전적으로 운에 의존해야 할 뿐이다. 현명한 사람들은 항상 '자신의 무력에 근거하지 않는 권력의 명성처럼 취약하고 불안한 건 없다'라는 격언을 마음에 새긴다.

_『군주론』 13장

훌륭하지 않아도
훌륭한 것처럼 보여야 한다

○○

군주는 여러 가지 좋은 기질을 모두 갖출 필요는 없더라도 갖추고 있는 것처럼 보일 필요는 있다. 아니 더 대담하게 말하면, 그런 훌륭한 기질을 갖추고 항상 존중하는 건 오히려 해로우며 갖추고 있는 것처럼 보이는 게 더 유익하다. 즉 자비심이 많다든가, 신의가 두텁다든가, 인정이 있다든가, 겉과 속이 같다든가, 경건하다든가 하는 걸 믿게 하는 게 필요하다.

_『군주론』 18장

나폴레옹이 영웅의 이미지로 남은 건 자크 루이 다비드가 그린 〈생 베르나르 고개의 나폴레옹〉(1801) 영향이 컸다. 이 그림은 나폴레옹을 두고 알프스를 넘는 투철한 의지의 영웅으로 표현했지만,

실제로는 농부가 끄는 노새를 타고 초라한 몰골로 힘겹게 산맥을 넘었다.

마르쿠스 아우렐리우스의 기마상은 로마 황제들의 기마상 중에서 유일하게 파괴되지 않고 후세에 남았다. 파괴되지 않은 기마상과 현재까지 전하는 『명상록』은 오늘날 그의 이미지를 문무 겸비의 군주로 만들었다.

이처럼 사물은 실체와 함께 이미지도 중요하다. 특히 사회적 관계 속에 있는 인간들은 더욱 그러하다.

아리스토텔레스는 대중을 설득할 수 있는 세 가지 요소로 에토스ethos, 파토스pathos, 로고스logos를 들었다. 에토스는 연사의 인격과 매력, 청중에의 영향력으로 설득 과정에서 60%를 차지한다. 파토스는 청중의 심리 상태로 설득에 미치는 영향은 30% 수준이다. 주장에 대한 논리적 근거인 로고스는 10%다. 즉 사람들은 논리에 설득되어 동조하는 게 아니라 감정에 동화되어 추종하는 것이다.

정치는 물론 민간 기업의 마케팅에서도 가장 강력한 무기는 이미지다, 논리가 아니다. 물론 논리 기반 없이 이미지만으로는 환상이나 속임수를 벗어나지 못한다. 그러나 정연한 논리가 강력한 이미지로 뒷받침되지 못하면 찻잔 속의 태풍으로 그치고 만다.

마키아벨리는 리더의 경우에도 이미지 관리에 유념하라고 충고한다. 리더의 실제 모습과는 별개로 바람직한 이미지를 만드는 게 중요하다는 관점이다. 실제로 대중은 복잡한 논리보다 호감 가는 이미지에 동질감을 느끼고 공감한다.

마키아벨리는 매스미디어의 개념도 없던 500년 전에 브랜드와 이미지의 본질을 통찰한 셈이다. 많은 사람이 쳐다보는 리더는 실체도 중요하지만 이미지가 더욱 중요하다는 점을 지적했다. 실제로 멀리서 보기만 하는 사람과 가까이서 직접 접한 사람들의 이야기는 다른 경우가 많다. 멀리서 보면 고결한 인품의 교양인으로 보이는데 막상 가까이 접하면 전혀 반대인 경우도 흔하다.

물론 리더가 훌륭한 인품의 소유자이고 그런 부분을 조직원들이 같이 느끼고 따른다면 금상첨화다. 이와 같은 맥락에서 마키아벨리는 설사 리더가 훌륭하지 않아도 훌륭하도록 비치는 게 중요하다는 점을 역설한다. 어차피 실체를 알 수 있는 사람이 제한되어 있다면, 긍정적이고 우호적 이미지를 형성하는 게 리더십을 확보하는 자산이 된다는 관점이다.

최악은 훌륭한 리더의 덕성이 조직원들과 소통되지 않아 난폭하고 사악한 리더로 인식되는 경우다. 마키아벨리는 최소한 그런 경우는 피해야 한다고 봤다.

문화예술 마케팅 이미지로 군주에 오른 경우

이탈리아반도 중부의 도시국가 피렌체 공화국은 르네상스 시기 메디치 가문이 실질적으로 지배하면서 발전했다. 문화-예술 애호가로 유명했던 메디치 가문은 유명한 예술가를 초대해 수준 높은 작품을 제작하고 상당수를 도시에 기부했다. 막대한 부를 시민을 위한 예술품의 형태로 환원해 지금까지도 칭송받는다. 하지만 부유한 예술 애호가의 단순한 기부 차원만은 아니었다.

고차원의 마케팅을 활용한 우호적 이미지 형성과 권력 기반 강화라는 의도는 커다란 효과를 봤다. 13세기 환전 사업으로 큰돈을 번 평민 출신 메디치가 16세기에는 피렌체와 주변 지역을 포함한 토스카나 지방을 지배하는 고위 귀족인 대공Grand Duchy of Tuscany의 지위까지 상승한다.

동서고금을 막론하고 한 시절 부와 권력으로 전성기를 누린 가문은 비일비재하다. 하지만 메디치처럼 평민층에서 출발해 권력을 획득하고 문화와 예술을 연계해 형성한 훌륭한 이미지를 자산으로 활용해 귀족층으로 상승하고 오랫동안 유지한 가문은 찾기 어렵다.

메디치 가문은 13세기 피렌체에서 조반니 디 비치 데 메디치가 환전업으로 막대한 부를 축적하면서 시작된다.

그의 아들 코시모가 피렌체 공화국의 사실상 통치자로 군림하면서 가장 강력한 가문으로 발전했다. 그는 문화와 예술, 학문을 후원해 르네상스 운동을 이끌었다.

손자 로렌초는 '위대한 로렌초Lorenzo il Magnifico'라고 불리며 메디치 가문의 전성기를 이끌었다. 로렌초는 최고권력자로 정치를 주도하면서 미켈란젤로 부오나로티, 산드로 보티첼리, 레오나르도 다 빈치 등 당대 최고의 예술가들을 후원해 피렌체를 르네상스 문화의 중심지로 만들었다. 그러나 로렌초 사후 후손들의 무능과 정국 혼란으로 메디치 가문은 위기를 맞으면서 정치 권력을 상실했다.

1512년 메디치 가문 출신이 가톨릭 교황 레오 10세로 즉위하면서 메디치 가문은 권력을 회복했다. 이후 1523년 줄리오 데 메디치가 교황 클레멘스 7세로 즉위하면서 가문의 위상은 더욱 올라갔다. 급기야 1537년에는 메디치 가문의 코시모 1세가 피렌체 공국의 군주로 즉위했고 1569년에는 신성로마제국 황제에 의해 토스카나 대공으로 임명되었다. 메디치 가문은 후계자가 단절되는 1737년까지 168년간 토스카나를 통치했다.

부유한 평민에서 출발해 공화국 도시국가의 최고통치자 지위를 확보하고 교황을 두 명이나 배출하면서 고위 귀족인 대공까지 신분이 상승한 메디치 가문은 문화-예술 마케팅으로 형성한 이미지와 평판이 수백 년에 걸쳐 긍정적 영향을 발휘했다.

정교한 이미지 활용 덕분에 한 것들

동유럽 변방의 제후국 프로이센은 1701년 왕국으로 승격되면서 유럽 역사의 전면에 등장했다. 3대 군주인 프리드리히 2세는 오스트리아 왕위계승전쟁(1740~1748)과 7년전쟁(1756~1763)에서 연이어 승리했지만 국토는 황폐해지고 일반인의 삶은 궁핍해졌다.

1774년에는 극심한 흉년까지 겹치며 심각한 식량 부족을 고민하던 프리드리히는 신대륙에서 전래된 감자에 주목했다. 당시 감자는 독성 때문에 사람이 먹지 못하는 '악마의 식물'로 간주되어 가축 사료용이나 장식용으로 재배했다.

하지만 실제로 감자는 영양가 높고 척박한 토양에서도 잘 자라는 최적의 작물이었다. 프리드리히는 감자 재배를 명령했지만 농민들이 기피했다. 그는 우회적 방법을 도입했다.

왕의 정원에 감자를 심고 경비병들을 배치해 귀중한 감자를 보호한다는 인상을 줬다. 그리고 '감자는 귀족만 먹어야 한다'라고 선언해 호기심을 불러일으켰다. 농민들은 왕과 귀족만 먹는 귀중한 감자에 관심을 보이며 일부는 밤에 정원으로 몰래 들어와 훔쳐 가기까지 했다. 왕은 낮에는 삼엄하게 경계를 서되 밤에는 사실상 방치하면서 완급을 조절했다.

이러한 접근은 성공적이어서 감자는 급속히 보급되었고 프로이센의 식량난은 해결되었다. 현재 감자는 독일인의 주요 식재료가 되었고 그는 '감자왕Kartoffelkönig'이라는 별명까지 얻었다.

15세기 후반 콜럼버스의 신대륙 발견, 바스쿠 다 가마의 인도항로 개척으로 대항해시대가 개막했다. 유럽 국가들이 앞다퉈 탐험과 식민지 개척에 나서면서 장기간 항해가 시작되었다. 그러나 항해 도중 잇몸 출혈, 근육통에 사망까지 이르는 괴혈병scurvy이라는 치명적 질병이 무더기로 발생했다.

현재는 비타민C 부족으로 원인이 밝혀졌지만 당시에는 원인불명에 치료법도 없는 공포의 질환이었다. 항해 도중에 심하면 절반 이상의 선원들이 사망하면서 심지어는 사망률을 감안해 여유 인원을 탑승시키는 정도로 사태는 심각했다.

200여 년이 지난 18세기 중반 영국 해군 군의관 제임스 린드가 치료법을 찾아냈다. 그는 영국 해군 수병들에게 레몬, 오렌지 등 감귤류를 섭취하게 했더니 괴혈병이 발생하지 않았다는 논문을 1753년 발표했다.

영국의 탐험가 제임스 쿡은 괴혈병 대처에 중요한 역할을 했다. 그는 평생 3차에 걸친 항해를 통해 호주, 뉴질랜드, 알래스카, 베링 해협, 하와이 제도, 남극해를 탐험했다. 1차 항해(1768~1771)를 떠나면서 신선한 과일과 채소, 레몬 주스, 사우어크라우트(식초에 절인 양배추)를 선원들에게 식사로 제공했다. 선원들은 특히 동유럽 음식으로 생소한 사우어크라우트에 크게 거부감을 보였다. 쿡 선장은 강제로 먹이는 대신 다른 방법을 취했다.

간부 사관의 식사에만 사우어크라우트를 올리고 일반 선원들에겐 공급을 중단했다. 며칠 지나자 선원들이 자기들도 먹겠다고 아우성이었다. 일반 식당에도 공급되면서 사우어크라우트는 성공적으로 정착되었다. 이후 1795년 영국 해군성이 영국 해군 표준 식단에 신선한 과일과 라임 주스를 포함시키면서 19세기에는 괴혈병이 완전히 사라졌다.

신분제 사회에선 일상소비재를 왕, 귀족, 평민, 천민 등 소속된 계층에 따라 구분하고 제한했다. 심지어 음식도 마찬가지였다. 18세기 후반 프랑스 혁명기의 정치인 앙텔름 브리야사바랭은 『미식 예찬』(1848)에서 "당신이 먹은 음식을 말해 달라. 그러면 당신이 누구인지 말해주겠다."라고 언급했다. '누군가 먹는 음식을 보면 그가 소속된 신분을 알 수 있다'라는 의미였다.

1789년 프랑스 혁명 이후 신분제는 약화되었다. 하지만 우월한 자신을 열등한 타인과 구분지으려는 인간의 본능은 변하지 않았다. 미국의 사회학자 소스타인 베블런은 『유한계급론』(1899)에서 상류층의 소비 패턴과 경제적 행동을 '과시적 소비conspicuous consumption'라고 표현했다.

일하지 않고도 풍족한 생활이 가능한 유한계급Leisure Class들에게 고가 사치품이 신분제 상징물의 대안으로 등장했다. 나아가 상류층의 과시 소비는 하위층의 모방 소비consumption emulation로 연결된다. 이러한 모방 행동은 전체 사회의 소비문화를 형성하는 메커니즘으로 작용한다.

1960년대 이후 본격화된 고도 소비사회에서 고가 사치품들은 구매력이 높아진 일반 소비자에게 침투하기 시작했다. 다양한 스토리로 포장해 고급스러운 이미지를 형성하고 명품이란 이름으로 시장을 확장했다. 실질적 사용 가치, 가격 대비 효용은 낮지만 심리적 만족감과 사용 시 타인에게 보이는 우월한 이미지를 마케팅 포인트로 성공을 거뒀다. 훌륭하게 보이는 이미지가 현대 소비사회에서 가진 영향력을 보여주는 전형적 사례다.

대통령도 이미지로 당선되는 매스미디어 시대

미국 역사상 가장 '대통령다운 외모'라고 평가받는 워런 G. 하딩은 동시에 최악의 대통령으로 손꼽힌다. 큰 키의 미남에 좋은 목소리로 인기가 높아 60% 이상의 지지율로 당선되었다. 1920년 공화당 대통령 후보 지명전의 핵심인물인 해리 도허티는 "하딩이 대통령처럼 생겼기 때문에 추대했다"라고 회고했다.

그러나 취임 후 무능하고 우유부단한 성격이 드러나고 '오하이오 갱'으로 알려진 측근들의 부정부패까지 겹쳐 나라는 혼란에 빠졌다. 미래를 만드는 능력이 아니라 과거의 친분으로 공직을 나눠주는 퇴행적 국정 운영이 초래한 결과였다. 후일 심리학에서 외양으로 가려지는 실체를 지칭하는 '하딩의 오류The Warren Harding Error'라는 단어가 생겨날 정도의 참상이었다.

사람은 감정의 동물이다. 복잡한 논리보다 단순한 이미지에 강하게 반응한다. 역량 있는 리더가 좋은 이미지를 구축하면 성과가 증폭된다. 반면 매력적 이미지의 용렬한 리더는 공동체를 수렁에 빠뜨린다.

자질은 우수하지만 부정적 이미지로 각인된 리더의 성과도 제한적일 수밖에 없다. 리더의 실제적 역량과 가상적 이미지의 일치와 불일치가 인간사의 수많은 변주곡과 희비극을 만든다.

소집단에선 리더와 구성원 간에 일상생활의 실제 스킨십에서 형성되는 감정과 신뢰가 리더십의 기반이고 실제와 이미지의 간극이 크지 않다. 그러나 문명이 발달하고 국가, 군대, 기업 등 사회를 구성하는 조직 규모가 커지면 구전口傳 등으로 전파되는 이미지와 평판이 중요해진다.

특히 거대하고 복잡한 조직들이 중첩되고 글로벌 차원에서 실시간으로 정보 유통이 진행되는 디지털 시대에는 정치와 연예계는 물론 기업인, 체육인, 학자 등에 이르는 다양한 분야로 현상이 확산되고 있다.

1960년 9월 26일 미국 역사상 최초로 진행된 대통령 후보 간 텔레비전 토론이 전형적 사례다. 민주당의 대통령 후보는 존 F. 케네디 상원의원이었고 공화당 후보는 리처드 닉슨 부통령이었다.

닉슨과 케네디는 토론 준비 과정에서 대조적이었다. 닉슨은 병원에 입원한 상태에서 토론을 준비했다. 그는 텔레비전이라는 매체를 특별히 의식하지 않았다. 그러나 케네디는 달랐다. 선거 판세에서 열세였던 그는 텔레비전 토론에 모든 걸 걸었다. 사전에 스튜디오의 상황을 꼼꼼히 점검하고 화면에 비치는 이미지를 위해 검은색 정장과 파란색 셔츠를 골라 입었다.

텔레비전 토론이 시작하자, 케네디는 자신에 찬 모습으로 모든 질문에 단호하게 답변했지만 닉슨은 불안한 표정으로 계속 땀을 흘렸다. 케네디가 젊고 활기차 보였다면 닉슨은 노쇠하고 지쳐 보였다. 토론에서 케네디는 미국이 가져야 할 새로운 국가 비전에 초점을 맞췄다. 반면 닉슨은 커다란 비전을 제시하기보다 세부적인 공약 소개에 주력했다.

미국 인구의 1/3인 7천만 명이 텔레비전 토론을 지켜봤다. 시청자들은 젊고 활기차면서도 거침없이 국가의 미래를 논하는 케네디의 모습에 신선한 느낌을 받았다. 한 시간의 텔레비전 토론으로 케네디는 미국인들의 꿈과 희망을 표상하는 인물로 우뚝 섰다. 흥미롭게도 라디오 청취자들은 닉슨이 좋았다는 반응이었다. 결국 닉슨을 패배시킨 건 텔레비전이라는 매체였다.

지식인은 논리를 만들지만 리더는 사람을 움직인다

리더십을 '수신제가修身齊家'의 도덕론으로 접근하는 견지에선 이미지가 허상이지만 현실의 사람들은 논리적 설득보다 감정에 동화되어 추종한다. 하지만 리더도 인간인 만큼 장단점이 교차하기에 장점이 부각되고 단점이 보완되는 우호적 이미지의 형성은 리더십 확보의 요체다.

마키아벨리는 매스미디어의 개념도 없던 500년 전에 '군주는 여러 가지 좋은 기질virtues을 모두 갖출 필요는 없어도 그렇게 보일 필요는 있다'라고 통찰했다.

코카콜라와 펩시는 미국 청량음료 시장을 양분한다. 선두 주자 코카콜라에 항상 밀리던 펩시는 블라인드 테스트를 응용한 '펩시 챌린지 프로그램'으로 열세를 회복했지만 시장의 판세를 뒤집진 못했다. 혀끝에서 느끼는 맛조차도 이미지의 지배를 받고 있기 때문이었다.

인지과학자 리드 몬터규는 상표가 붙지 않은 두 개의 컵에 각각 코카콜라와 펩시를 담아 실험 참가자에게 맛있다고 생각하는 컵을 들게 했는데, 펩시가 담긴 컵을 든 사람들이 많았다. 그러나 상표를 밝히고 실험을 이어가자 결과는 역전되었다. '코카콜라'라는 친숙한 브랜드가 혀로 느끼는 맛에 영향을 주고 있었다.

결국 맛이란 다른 지각과 마찬가지로 브랜드를 비롯한 갖가지 정보의 혼합물이며 이미지에 종속된다고 결론 내렸다. 그래서 브랜드 이미지는 사람의 신경계에서 구별되어 영향을 미치며 광고는 지극히 생물학적 게임이라고, 그는 이야기한다.

사람을 지배하는 건 논리가 아니라 감정이다. 자신의 정당성을 주장하고자 논리적 근거를 내세우지만, 실제로는 감정을 합리화하고자 논리를 동원하는 경우가 일반적이다. 사람들은 사실이기 때문에 믿는 게 아니라 믿고 싶기 때문에 믿는다.

감정은 직관적 이미지의 지배를 받는다. 이런 배경에서 계몽시대의 프랑스 사상가 몽테뉴는 『수상록』에 "우리는 가장 모르는 걸 가장 잘 믿는다"라는 말을 남겼다.

지식인과 리더의 차이점은, 지식인은 논리를 만들지만 리더는 사람을 움직인다는 점에 있다. 따라서 리더는 사물을 논리적으로 판단할 수 있는 능력과 함께 사람의 감정을 불러일으키고 공감대를 형성하고 이미지를 만들어 소통하는 능력이 중요하다. 이 과정에서 사람들이 믿고 싶어 하는 걸 정확히 파악하고, 그에 맞도록 메시지를 구성해 소통하고 전파하는 역량을 갖춰야 한다.

특히 최근에는 리더는 물론 개인 자체가 브랜드화되는 경향이 강하다. 대중매체가 발달하고 스마트폰 보급으로 SNS 등 새로운 소통 수단이 제공되면서, 소통의 범위가 전지구적이면서 개인 차원으로 분화되었다.

이제는 개인들도 PC나 스마트폰 등과 같은 기본 장비를 구비해 인터넷으로 글로벌 차원의 1인 방송국, 1인 영화사, 1인 출판사로 기능할 수 있다. 다수의 개인이 다양한 미디어를 통해 다수와 소통하는 추세가 확산될수록 실체보다 이미지를 형성하고 전파하는 능력이 중요해진다.

국내외 경영 관련 잡지들에 각 회사의 로고보다 최고경영자CEO의 모습이 나오는 경우가 더욱 많은 건 최고경영자가 기업의 로고보다 더 강력한 상징이 되고 있기 때문이다. 테슬라의 일론 머스크, 메타의 마크 저커버그, 엔비디아의 젠슨 황, 마이크로소프트의 빌 게이츠, 애플의 스티브 잡스 등은 그 자체가 하나의 브랜드다.

오늘날 기업은 제품의 품질이 아니라 이미지의 다발인 브랜드로 인식되고 있으며, 브랜드의 포인트는 리더의 이미지다. 개인들도 과거와는 달리 온라인상에서 만나 교류하고 나름의 이미지를 구축한다. 개인들의 브랜드 시대가 본격적으로 전개되고 있다.

●

군주가 성실하고, 신의가 두텁고, 겉과 속이 같고, 인정미가 넘
치고, 신실한 인물이라고 생각하게끔 마음을 써야 한다. 그중에
서도 마지막 요소인 종교심이 몸에 배어 있게끔 보이는 것만큼
중요한 건 없다. … 모든 사람이 겉으로 당신을 볼 뿐 실제로 당
신을 속속들이 알고 있는 사람은 극소수에 불과하다.

_『군주론』 18장

●

미움을 받는 일은 타인에게 떠넘기고 인기를 얻는 일은 자신이
친히 해야 한다. 군주는 귀족을 존중하는 한편 대중의 미움도
받지 않도록 해야 한다.

_『군주론』 19장

IL PRINCIPE

IL PRINCIPE

2부

내 삶의 리더가 되는
획기적인 비법

숭고한 목적과 효과적 수단이
영광을 부른다

○○

배신하고 신의 없이 무자비하게 종교심을 저버린 일을 덕이라
고 부를 순 없다. 그런 수단으로는 지배권을 잡을 순 있어도 영
광을 차지할 순 없다.

『군주론』 8장

마키아벨리는 숭고한 목적과 효과적 수단이 결합할 때 리더는
진정한 영광을 얻을 수 있다고 봤다. 근대 정치학에서 권력은 정당
성과 효율성이라는 두 축으로 유지된다는 관점과 동일하다. 목적과
수단은 별개가 아니라 상호보완적이다. 목적이 정당하다고 효과적
인 수단이 확보되는 건 아니며, 효과적인 수단이 목적을 정당화하
지도 못한다.

따라서 리더의 기본 임무는 공동체Public를 위해 숭고한 목적을 세우고 효과적인 수단으로 실현하는 것이다. 리더가 자신과 당파를 위한 권력 획득과 유지에만 집착하고 숭고한 목적 없이 음모와 술수에만 의존한다면, 권력은 획득할 수 있지만 영광을 얻진 못한다.

리더는 공동체의 목표를 추구하고자 조직을 이끄는 사람이다. 리더가 이끄는 조직의 특성에 따라 목표는 다양하게 변주되지만 근본 성격은 '생존과 번영'으로 동일하다. 군주의 목표는 국가를 방어하고 경제적으로 풍요롭게 하고 공정한 법치를 확립해 백성들이 편안하게 살아가게 하는 것이다. 국가의 목표로 회자되는 '홍익인간' '부국강병' '국태민안' 등이 모두 같은 맥락이다.

기업의 최고경영자는 경쟁자로부터 고객과 시장을 지켜내고, 신규 사업을 발굴해 성장 기반을 확충하고, 사회적 규율을 준수해 직원들이 역량을 발휘하는 삶의 터전을 만드는 일이다. 회사마다 다양한 비전과 목표를 제시하지만 결국 '고객 만족으로 종업원을 행복하게 해 공동체를 발전시키는 것'으로 귀결된다.

마키아벨리는 시칠리아 시라쿠사 왕국에서 미천한 평민으로 태어나 왕위에 오른 아가토클레스를 불명예의 대상으로 지목했다. 그는 권력을 쟁취하고자 효과적인 수단을 사용했으나 목적이 천박했다. 젊은 시절 방탕하게 생활하던 아가토클레스는 군대에 들어가 시라쿠사 군대의 사령관이 되었다. 이후 시라쿠사의 권력을 장악하기로 결심하고 시칠리아에 주둔하고 있던 카르타고 군사령관 하밀카르 바르카와 은밀히 내통한다.

그는 중대 사항이 발생한 것처럼 위장해 유력자들을 소집한 뒤 병사들을 동원해 모조리 살해했다. 이후 시라쿠사의 왕이 되었고 카르타고와의 전쟁에서도 이겨 권력 기반을 견고히 다졌다. 그러나 그는 권력욕에 눈이 멀어 군주가 된 사람이었을 뿐 '진정한 덕성을 갖춘 통치자'라는 평가를 당대에도 그리고 후대에도 얻지 못했다.

탁월한 역량을 지녔으나 사리사욕으로 파멸하다

진시황의 사랑을 한몸에 받았던 이사의 인생은 극적이었다. 그는 중국 최초의 통일 제국을 이루는 데 큰 공을 세우고 재상의 자리에 올랐지만 결국 형장의 이슬로 사라졌다.

이사의 인생을 바꾼 건 다름 아닌 '쥐'였다. 젊은 시절 말단 관리로 일하던 그는 뒷간에 사는 쥐와 곳간에 사는 쥐의 행태가 다른 걸 발견하고 충격을 받았다. 뒷간 쥐는 사람을 보면 두려워했지만 곳간 쥐는 전혀 그렇지 않았다. 환경에 따라 처신이 달라지는 장면을 보고, 성공하지 못하면 뒷간의 쥐처럼 평생을 두려움 속에서 살아야 한다고 느꼈다.

초나라 출신으로 순자에게 학문을 배운 이사는 고국을 떠나 강대국 진나라로 갔으며, 그곳에서 훗날 진시황으로 불리는 진나라 왕 '정'을 만나 왕의 자문역을 맡는다. 이후 '천하를 얻기 위해선 널리 인재를 구하고 타국 출신의 인재들을 쫓아내면 안 된다'라는 내용을 담은 상소, '간축객서諫逐客書'로 왕의 마음을 사로잡았다.

중국 통일 후 진시황이 된 정은 이사를 재상으로 삼아 제국 안정의 역할을 맡겼다. 진시황 치세의 정책들은 대부분 이사의 손에서 나온 것들이다. 그는 순자에게서 익힌 법가적 지식을 새로운 통일 국가에 적용했는데 분서갱유焚書坑儒, 황제 순시, 중앙집권제 수립 등이 대표적이다.

그러나 개인적 출세 의지는 강했지만 공동체에 대한 책임감은 결여되었던 이사는 성공을 거둘수록 오히려 사악함이 심해졌다. 대표적 사례가 순자의 제자로 동문수학했던 당대의 사상가 한비자를 죽인 것이다.

한비는 전국칠웅戰國七雄 중에서 가장 힘이 약했던 한나라 사람이다. 약소국의 현실을 안타까워한 한비는 부국강병의 길은 군주가 공허한 유학을 탈피하고 '법'을 세워 강력하게 지켜 나가는 데 있다는 '법가 사상'을 주장했다. 스승인 순자의 성악설은 받아들였으나 '예'로 정의를 이뤄야 한다는 막연한 방식에는 동조하지 않았다. 그는 현실성 없는 모든 추상적 사상을 공론空論이라고 비판하고 현실에 기반한 정치사상을 설파했다.

한비의 사상은 모국 한나라에선 외면당했지만 진나라의 진시황이 관심을 갖고 그를 중용하려 했다. 하지만 그의 중용을 막은 자가 있었는데 바로 순자 밑에서 함께 동문수학한 이사였다. 나아가 그는 진시황에게 한나라 귀족인 한비를 중용하면 후환이 있을 거라고 모함해 한비를 체포하고 사약을 내려 죽인다.

그러나 확고부동했던 이사의 위치는 진시황의 갑작스러운 죽음으로 위기를 맞는다. 환관 조고는 유언을 조작해 진시황의 장남 부소가 아닌 차남 호해를 황제에 앉히려는 음모를 꾸몄다. 이사는 개인적 안위를 위해 부소를 배신하고 조고의 편에 선다.

이사의 변절은 일찍이 예견된 것이기도 했다. 순자에게서 학업을 마치고 떠나면서 비천함보다 큰 부끄러움은 없다는 말을 남겼다. 정연한 이론과 풍부한 지식으로 무장한 이사에게 고매한 원리와 공공의 정치는 사리사욕을 추구하기 위한 수단에 불과했다.

이사는 조고의 손을 들어줬으나 조고의 사악함은 이사를 능가했다. 자신의 입지가 축소되는 것에 분개한 이사는 황제에게 조고의 문제점을 일일이 고발하기에 이른다. 그냥 두면 결국 조고가 호해를 시해하고 황제에 오를 거라는 말까지 남겼다.

하지만 냉정함을 잃은 이사는 호해와 조고가 임금과 신하 사이가 권력의 동반자 관계라는 사실을 망각했다. 아둔했던 호해는 조고에게 이사의 고발 사실을 알렸고, 조고는 이사의 아들이 반란군과 손을 잡았다는 혐의를 만들어 이사와 아들을 감옥에 넣는다.

이사는 어리석은 호해를 원망했지만 정작 어리석은 건 그 자신이었다. 그는 탐욕에 사로잡혀 필요한 냉정을 잃어버린 것이다. 결국 이사는 허리가 잘려 죽었다. 그에겐 진정한 영광으로 남을 기회가 여러 번 있었다. 그러나 내면의 사악함과 이기심을 이겨 내지 못했다. 그는 유능했지만 사악함 때문에 개인적으로 파멸하고 공동체를 붕괴시킨 인물의 상징이 되었다.

한몸 던져 나라 번영의 기반을 마련하다

사악했던 이사에 대비되는 인물이 상앙이다. 위나라 서족 출신의 상앙은 위나라 공숙좌 휘하에 있다가 그가 죽자 진나라 효공에게로 갔다. 효공 밑에서 상앙은 변법 담당관, 요즘 표현으로 체제 개혁 책임자 역할을 맡았다.

그는 호적을 정리하고, 연좌제를 실시했으며, 신분의 귀천을 가리지 않고 토지를 나눠주는 파격 정책을 실시했다. 또한 엄격한 형벌 제도를 도입해 진나라를 일사불란한 국가로 개조해 나갔다. 상앙의 변법에 힘입어 부강해진 진나라는 위나라를 공격해 승리를 거뒀다. 상앙은 그 대가로 상 지방을 봉토로 받았다. 위앙 혹은 공손앙이라 불렸던 상앙은 이때부터 상앙이 되었다.

그러나 상앙의 변법은 기득권층의 반대도 극심했다. 결국 상앙은 후원자 효공이 죽고 아들인 혜문왕이 즉위하자 궁지에 몰렸다. 법을 어겼다는 이유로 상앙에게 처벌받은 경험이 있었던 혜문왕으로선 상앙이 달갑지 않았다.

상앙은 결국 사지를 수레에 매달아 찢어 죽이는 거열형으로 죽었다. 그러나 공동체를 위한 개혁에 혼신의 힘을 다했던 상앙의 사상은 『상군서商君書』에 기록되어 오늘에 이르고 있다.

정치적 격변에 휘말린 상앙은 개인적으로는 비참한 최후를 맞았지만, 그의 개혁 정책으로 변방의 약체 진나라는 후일 진시황 대에 이르러 중국을 통일하는 기초 체력을 다졌다.

탁월한 작전과 기민한 외교로 나라를 수호하다

핀란드는 1155년 스웨덴에 정복되었고 1809년부턴 러시아제국의 영토로 편입되었다. 그럼에도 오랜 기간 언어와 문화를 보존하며 정체성을 유지하다가 1917년 러시아혁명 후 독립을 선언했고 제1차 세계대전 직후 혼란기인 1918년에 독립국가를 수립했다.

공산주의 소련은 체제가 안정되자 예전 러시아 영토였던 핀란드를 병합할 기회를 노리다가, 1939년 9월 1일 나치 독일이 폴란드를 침공하자 뒤이어 11월 30일 핀란드를 침략해 '겨울전쟁'이 시작되었다.

소련군은 스물다섯 개 사단의 55만 병력, 전차 2,500대, 야포 2천 문, 항공기 500여 기의 대부대를 동원했고, 인구 350만 명의 신생 약소국 핀란드는 총동원령을 내려 소집한 15만 병력으로 국가 존망의 결전에 나섰다. 그러나 개인 화기도 부족했고 전차 30대, 항공기 100대에 불과해 객관적 전력에서 상대가 되지 않았다.

핀란드는 과거 제정 러시아 군대의 장군 출신으로 소련군 전술에 밝고 실전 경험이 풍부한 72세의 칼 구스타프 에밀 만네르하임 장군을 총사령관으로 복귀시켰다. 그는 홈그라운드의 지형지물 활용, 겨울 혹한기 전투능력 확충 전술로 대응했다.

핀란드가 설정한 만네르하임 방어선의 라도가 호수 근방에서 12월 6일부터 전투가 시작되었다. 하얀 설상복으로 위장하고 스키를 신어 기동력을 높인 핀란드군은 길게 늘어선 소련군 부대의 곳곳을 기습하고 신속히 탈출했다. 약 한 달간의 전투에서 소련군은 두 개 사단이 궤멸한 반면 핀란드군은 사상자 350명에 불과한 대승을 거뒀다.

12월 14일부턴 소련군 두 개 사단과 한 개 전차여단으로 구성된 5만여 병력을 핀란드군 1만 명이 맞아 싸웠다. 중화기에 기갑부대까지 편제된 소련군을 개인 화기로 무장한 소규모 핀란드군이 야습과 탈출, 매복과 저격으로 끈질기게 물고 늘어졌다. 이듬해 1월 8일까지 한 달 동안 소련군은 5만 명 중에서 무려 3만 명이 사상되거나 포로로 잡히면서 부대 전체가 붕괴되었다.

예상 외로 참패한 소련은 이듬해 90만 병력으로 다시 침공했다. 영국, 프랑스 등 우방국들이 외교적으로만 소련 침략을 비난할 뿐 실질적 지원은 없는 고립무원의 상태에서 전쟁을 지속하긴 어렵다고 판단하고 3월 국토의 일부를 넘겨주며 강화조약을 체결했다.

절치부심한 핀란드는 1년 뒤인 1941년 6월 나치 독일의 소련 공격에 참가했다. 그렇게 '계속전쟁'이 시작되었다. 핀란드 군대가 소련으로 진격해 실지를 회복하자 독일의 강력한 요구에도 과거 영토 이외 지역으로는 진출하지 않았다. 그러나 1944년 중반 나치 독일의 패전이 분명해지면서 독일 동맹군으로 연합군 진영의 소련을 공격했던 핀란드는 패전국 전락의 위기에 빠졌다.

핀란드는 8월 리스토 뤼티 대통령이 사임하고 만네르하임 총사령관이 대통령으로 취임한다. 만네르하임 대통령은 9월 소련과 종전하고 영국, 미국 등 연합국에도 상황을 설명하는 치밀한 외교를 펼쳤다. 결국 핀란드는 제2차 세계대전이 끝나고 서방 국가들의 지원 덕분에 중립국으로 남았다.

국가적 위기를 맞은 약소국 핀란드에서 총사령관, 대통령으로 난국에 대처한 만네르하임의 명확한 목표는 독립국 핀란드 수호였고 이를 추구하는 수단은 탁월한 전술과 기민한 외교였다. 그는 오늘날 핀란드 국민에게 국부로 추앙받는다.

효과적 수단 없는 숭고한 목적은 허상이다

목적이 아무리 숭고해도 효과적 수단이 뒷받침되지 못하면 백일몽으로 끝날 수밖에 없다. 목적이 천박하면 효과적 수단은 사리사욕을 채우는 폭력 조직의 완력에 불과하다. 숭고한 목적은 효과적 수단과 결합해야 현실에서 생명력을 갖고 실질적 성과를 가져온다.

고 박태준 포스코 명예회장은 6.25 전쟁 초기부터 중대장으로 최전선에서 싸웠다. 전쟁 초기 포천에서 한강 이남으로 후퇴하고 포항을 거쳐 청진, 흥남으로 북진하고 다시 속초로 퇴각하는 과정에서 전략적 인간형으로서 면모를 발휘했다.

소속 부대였던 1연대 중대장 열두 명 중 그를 제외한 열한 명이 전사 혹은 실종되는 극단적 상황 속에서 그의 목표는 '부대의 생존'이었고 수단은 '냉철한 생각'이었다. 목표와 수단만이 그의 행동을 지배했고 분노나 공포심, 영웅주의 같은 개인적 감상은 끼어들지 않았다고 한다.

"부대의 생존을 가능케 한 힘은 하늘의 도움 말고도 인간의 전술이 70~80%다. 전술적 행동을 하지 못하는 사람을 하늘이 어떻게 돕나"라고 회고한 그는 포항제철 건설에서도 '숭고한 목표와 효과적 수단'을 결합해 불가능하다는 대역사를 이뤘다. 2011년 12월 세상을 떠나면서 글로벌 일류 기업 포스코를 후세에 남겼지만 정작 그 자신은 포스코 주식을 단 한 주도 보유하지 않았다.

고대 중국의 사상인 역성혁명易姓革命은 천명天命에 의해 통치자를 바꾸는 변화다. 1차적으로 혁명과 역모의 갈림길은 성공과 실패에 있고, 성공 이후 2차석으로 혁명과 정변의 분기점은 거사의 목적에 있다. 새로운 시대를 열고 공동체를 발전시켰다면 '혁명'이고 개인과 당파 이익에 매몰되었다면 '정변'이다.

기업에서도 경영자의 시대적 사명이 있다. 환경 변화에 따라 새로운 시대에 걸맞도록 사업 구조를 재편하고 내부를 정비하는 것이다. 이러한 사명을 인식하지 못하면 경영은 방향을 상실하고 조직에 고통과 갈등만 불러일으킨다. 경영자가 자신의 숭고한 사명을 인식해야 조직이 재편 과정에서 감수해야 하는 불가피한 진통이 조직 재탄생의 에너지로 승화할 수 있다.

개인 차원에서도 마찬가지다. 인생에서 기본적인 목적 의식을 갖추지 못한 채 단지 생존에 필요한 능력만 발달하면, 하루하루 바쁜 일상은 밥벌이에 파묻히고 그때그때의 작은 이익에 휩쓸리면서 방향성 없이 표류한다.

반면 목적은 숭고한데 현실적 수단이 없으면 막연한 몽상에 빠져들거나 무분별한 불만 의식만 커지게 마련이다. 숭고한 목적과 효과적 수단의 결합은 국가는 물론 개인과 조직이 항상 추구해야 하는 실질적 방향성이다.

선한 의지를 갖되
악을 이해하고 활용하라

○○

완벽한 선을 추구하지 말고 악해지는 법도 배워야 한다. 모든
면에서 완벽한 선을 추구하는 사람은 악한 사람들 속에서 파멸
하기 쉽기 때문이다. 그러므로 자신을 지키려는 군주는 악해지
는 법을 배워야 한다.

_『군주론』 15장

마키아벨리는 군주라면 선한 의지를 가져야 한다고 분명히 전
제한다. 단 군주가 선함을 유지하려면 악함을 이해하고 때로는 이
용할 줄도 알아야 한다는 점에서 보통의 선악 개념을 초월해야 한
다고 통찰한다.

실제로 악함이 겉으로 드러나는 악인은 악인이라기보다 차라리

바보에 가깝다. 진짜 악인은 선함을 가장하는 교활함이 있다. 선과 악이 세상의 두 가지 측면이라고 할 때 선으로만 상대하는 건 무기의 절반만 사용하는 것과 마찬가지다.

선으로 포장할 수 있는 공간이 있는 한 악인은 자신의 정체를 드러내지 않고 선인으로 위장해 상대, 즉 선인을 공격하고 파멸시키는 일이 현실에서 드물지 않다. 따라서 리더는 악에 대처하기 위해서라도 악을 이해하고 이용할 줄 알아야 한다. 즉 선을 바탕으로 하되 악덕을 이해하고 활용할 수 있어야 한다. 선과 악이라는 두 가지 무기를 모두 사용할 때 목적을 달성할 수 있다.

마키아벨리가 활동하던 시대의 유럽에서 교회는 종교적 권위임과 동시에 세속 권력이었다. 교황은 세속 군주로서 교황령을 통치했고 추기경이나 주교 등 고위 성직자들도 관할 교구의 정치 행정 지도자인 경우가 많았다. 마키아벨리는 신의 대리인으로 존중받는 교황조차도 현실 통치에선 피상적 선악 개념을 넘어서는 사례를 생생하게 체험하면서 선과 악에 대한 견해를 정립했다.

아녀자의 관대함과 필부의 용맹으로 파멸하다

초나라 패왕 항우는 단 한 차례를 제외하고 매번 유방에게 승리를 거뒀다. 항우는 뛰어난 전사였을 뿐만 아니라 카리스마도 대단했다. 필요하면 상대를 모조리 죽이는 잔인성도 갖추고 있었다. 그러나 그는 정작 유방을 제거할 수 있는 기회를 살리지 않았다. 전사의 명예에 집착한 나머지 유방을 살려준 것이다.

항우의 목표는 천하를 제패하고 권력을 잡는 것이었음에도 결정적 순간에 허울 좋은 명예와 겉치레의 평판에 사로잡혀 본분을 망각했다. 그 결과 항우는 유방에게 패권을 넘겨주고 자살로 생을 마감했다.

훗날 한신은 항우를 '아녀자의 관대함과 필부의 용맹을 지닌 사람'이라고 평했다. 항우는 사면초가의 막바지 위기를 맞아 "내가 지금 곤궁한 지경에 몰린 건 내가 잘못해서가 아니라 하늘이 나를 망하게 하려는 것이다"라고 통탄했다. 그는 '자신을 망하게 한 이는 바로 자신'이라는 사실을 죽는 순간까지도 받아들이지 않았다.

관대함은 생사를 다투는 전쟁터에서 필요한 미덕이 아니다. 항우는 선이라는 허상에 사로잡혀 자신의 목숨과 세상의 흐름을 경쟁자에게 넘겨주고 말았다. 사마천은 항우에게 호의적이지만 냉정한 평가를 내렸다.

"자신의 공을 자랑하고 사사로운 지혜만 앞세워 과거를 교훈으로 삼지 않았다. … 끝까지 하늘이 나를 망하게 하려 하는 것이지 내가 싸움을 못해서가 아니라고 핑계를 댔으니 어찌 잘못이 아니겠는가."

프랑스 혁명정부를 지킨 청년 지도자의 과단성

1789년 발발한 프랑스 혁명은 근대 시민사회의 출발점이었다. 막시밀리앙 드 로베스피에르, 조르주 당통, 장 폴 마라, 카미유 데물랭 및 나폴레옹이 혁명파의 대표적 인물들이다. 그리고 상대적으로 덜 알려졌지만 20대 청년 루이 앙투안 드 생쥐스트는 실질적으로 혁명을 수호했다는 평가를 받는다.

그는 로베스피에르 정부의 실세로, 행정 사무를 효과적으로 처리하고 동부 알자스 지방을 침공한 반혁명 오스트리아군과의 전투에서 승리해 혁명정부를 지키는 결정적 역할을 수행했다. 비록 같은 배를 탔던 정부 수반 로베스피에르의 경직성과 완고함 때문에 정치적으로 함께 몰락하고 27세에 처형되었으나, 프랑스 혁명정부가 반혁명 왕당파와 외부 세력을 제압하는 과정의 핵심인물이었다.

생쥐스트는 로베스피에르의 가까운 동지로 공안위원회에서 활동하며 탁월한 업무처리 능력으로 정부의 실세가 되었다. 당시 로베스피에르는 내란에는 공포정치로 대처했지만 외부 세력에는 한계가 있었다. 프랑스 혁명 이후 루이 16세를 처형하자 주변의 모든 군주국이 반혁명으로 결집해 프랑스를 공격하기 시작했다. 특히 동부 알자스 지방을 침공한 오스트리아-프로이센 주축의 강력한 신성로마제국 군대는 프랑스 혁명정부를 최대의 위기에 빠뜨렸다. 알자스 주도인 스트라스부르에서 벌어진 전투는 패색이 완연했고 중앙정부는 여러 명의 지도자를 파견했지만 속수무책이었다. 로베스피에르는 최후의 희망으로 생쥐스트에게 전권을 주고 파견했다.

1793년 당시 알자스 지방의 프랑스군은 오합지졸이었다. 부패한 지휘관들은 식량과 무기 등 군수물자를 빼돌려 착복했고, 헐벗고 굶주려 사기가 바닥에 떨어진 병사들의 주민 약탈은 일상이었으며, 탈영도 연이어 발생했다. 수도 파리에서 멀리 떨어진데다 독일계 인구가 많아 반혁명 분위기가 강한 가운데, 자발적으로 적군인 오스트리아의 간첩 노릇을 하는 유력자도 부지기수였다.

생쥐스트가 도착하는 날 오스트리아군의 공세가 시작되었고 프랑스군은 참패했다. 주요 원인은 기병대장 베릴이 적군과 내통해 아군 기병대의 위치를 알려주곤 고의적으로 함정에 빠뜨려 기병대 전체를 몰살시켰기 때문이었다. 이런 상황에서도 지휘관들은 각자의 변명에만 급급하자 생쥐스트는 전장에서 싸운 병사들과 직접 소통하며 상황을 신속히 파악했다. 기병대장의 자택을 수색해 적과 내통한 증거인 편지들을 발견하자 즉시 연루된 지휘관 전원을 체포하고 중심부 광장의 단두대에서 처형했다. 군 지휘부 공백이 우려될 정도였으나 그는 주저함이 없었다.

기강을 잡은 후 보급 문제 해결에 나섰다. 지역 유력자들에게 기부금을 요청했고 동참하지 않으면 단두대에서 처벌하겠다고 공언했다. 그동안 중앙정부의 보급을 빼돌려 번 돈을 내놓으라는 이야기였다. 단 하루 만에 거둬들인 막대한 자금으로 병사들의 식량과 의복, 무기를 갖췄다. 부패하고 무능한 장교와 나태한 병사를 처벌하고 기강을 잡으면서 훈련을 강화하자 프랑스군의 전투력과 사기는 단시간에 급상승했다.

생쥐스트는 라인강 방면 공격에 나섰다. 그는 후방에서 명령만 내리지 않고 최전선에서 병사들과 함께 싸웠다. 생쥐스트의 과감한 공격과 신속한 대응으로 스트라스부르에서 적군을 몰아내고 라인 강 유역을 장악했다. 이 승리는 라인강 전선은 물론 외부 세력과의 전투 전반에서 주도권을 회복하는 중요한 계기가 되었다. 생쥐스트 는 프랑스의 혁명적 이상과 군사적 성공을 결합한 최초의 사례로 평가받는다.

동맹국 함대를 공격한 위대한 결정

1940년 5월 10일 독일군은 프랑스와의 전쟁을 시작했다. 독일군의 주력은 방어가 취약했던 아르덴 숲을 통과하고 후방으로 우회해 프 랑스-영국 연합군 주력을 포위하고 붕괴시켰다.

한 달 만인 6월 14일 파리를 점령하고 6월 22일 프랑스는 항복 했다. 프랑스 북부는 독일이 직접 지배하고 남부에는 독일의 괴뢰 정부인 비시 정부가 들어섰다.

프랑스 육군은 붕괴되었지만 세계 5위권의 해군은 비시 정부의 통제하에 건재했다. 영국은 세계 최강의 해군력을 보유했고 적국인 독일과 이탈리아의 해군을 합친 전력보다 소폭 우위였다. 하지만 프랑스 해군이 독일로 넘어가면 지중해 제해권이 상실되는 상황이었다.

그렇게 되면 식민지인 이집트-인도로 가는 항로가 막혀 전쟁 수행 자체가 어려워진다. 영국은 프랑스 해군에게 영국군으로 편입, 중립국 항구로 이동해 무장해제, 스스로 자침의 세 가지 선택을 요구했고 프랑스는 거절했다.

윈스턴 처칠 수상은 프랑스 해군을 공격해야 한다고 판단하고 내각을 소집해 논의했지만 대다수가 반대했다. 영국 해군의 지휘부도 회의적이었다. 고심 끝에 처칠 수상은 대규모 함대를 동원한 공격을 명령했다.

당시 프랑스 해군은 본토의 항구 툴롱과 식민지였던 리비아의 메르엘케비르에 분산되어 있었다. 영국 해군은 메르엘케비르에 항공모함 및 전함 세 척, 순향함 두 척으로 구성된 기동함대를 1940년 7월 파견했다.

현지에서 프랑스군과 마지막 교섭을 벌였지만 성과는 없었고 결국 함포 사격을 시작했다. 정박해 있던 프랑스 해군 전함 열 척 중 일곱 척이 침몰했고 1,300명이 전사했다. 역사적으로 나폴레옹 황제 시절 양국 해군이 1805년 트라팔가 해전을 벌인 이후 135년 만의 전투였다. 분노한 프랑스 비시 정부는 영국과의 외교 관계를 단절했고, 독일은 영국이 프랑스를 공격했다고 대대적으로 선전했다. 역설적으로 프랑스의 반발과 독일의 선전은 영국 국민을 단결시키는 효과를 가져왔다.

처칠은 내각은 물론 군부의 반대와 비난에도 정치 생명을 걸고 단독 명령으로 공격을 지시했다. 프랑스 해군을 독일이 접수하는 최악의 사태를 막고자 차악을 선택했다. 결과적으로 영국은 지중해 제해권을 유지했고 이후 벌어지는 북아프리카 전선에서 독일-이탈리아의 보급선을 단절시키며 승전의 발판을 마련할 수 있었다.

리더의 책무는 공동체의 유지다

통상 거짓말, 기만, 책략 등은 비난받아야 할 악덕으로 간주되나 리더의 관점에서 봤을 땐 다르다. 리더는 도덕을 외치는 종교인도 아니고 윤리를 가르치는 선생도 아니다. 리더의 임무는 공동체를 안전하게 유지하고 번영으로 이끄는 것이다. 이런 점에서 개인 차원의 윤리와 지도자의 덕목은 별개다.

예를 들어 거짓말은 악덕이다. 개인적으로는 물론이고 조직 차원에서도 악덕으로 간주한다. 그러나 거짓과 기만은 현실 세계에서 조직의 생존을 위한 기본 방식 중 하나로 작용하는 경우가 많다. 다만 공개적으로 인정하지 않을 뿐이다. 이러한 이중성의 변주를 이해하고 구사하는 게 리더에겐 필수적 덕목이자 역량이다.

미국의 로버트 게이츠 국방장관은 2011년 6월 퇴임을 앞두고 의회에 출석했다. 오사마 빈 라덴의 사살을 둘러싸고 미국의 동맹국으로 간주한 파키스탄과의 갈등이 심해지는 상황에서 솔직한 견해를 밝혔다.

"중앙정보국CIA 27년, 국방장관 4년 해보니 동맹끼리도 서로 스파이를 보내고 거짓말하는 게 현실이다. 상대국의 이중적 처신에 국익을 위해 냉정하게 대처해야지 감정적으로 대응하면 안 된다. 그게 우리가 헤쳐가야 하는 현실이다."

2002년 미국은 다국적군을 이끌고 이라크를 공격했다. 당시 영국 잡지 〈이코노미스트〉는 미국 대통령 조지 W. 부시와 영국 수상 토니 블레어를 '진지한 기만자Sincere deceivers'라고 표현했다. 이라크 대통령 사담 후세인을 제거하기 위한 공격이었지만 세계에 내세운 명분은 대량살상용 무기의 제거였다. 그러나 뒷받침할 근거가 부족했고 그와 같은 상황을 비유한 것이다.

리더가 조직을 이끌어가기 위해선 선한 명분과 실리를 확보해야 한다. 조직원은 명분에 대해 심리적 공감대를 형성하고 이익을 위해 구체적 행동에 나설 것이다. 하지만 현실에선 선한 명분이 항상 선한 결과만 낳는 건 아니다. 선한 명분을 추구했으나 결국 파멸하는 리더가 현실에선 흔하다.

기업 경영도 마찬가지다. 고객에게 좋은 제품과 서비스를 제공해 종업원과 함께 번영하겠다는 기업가의 선한 의지는 좋은 기업의 출발점이다. 그러나 선한 의지만으로 생존이 보장되는 기업은 없다. 무한경쟁 속에서 기업 조직은 대내외적으로 다양한 형태의 도전에 직면한다. 내부의 질서를 유지하고 외부의 경쟁에 대처하는 건 결코 쉬운 일이 아니다.

이러한 현실에서 리더는 선을 실현하기 위해서라도 악과 싸워 이기는 방법과 능력을 갖고 있어야 하고, 단기적 비난을 감수하고라도 장기적 관점에서 공동체를 유지하고 번영시킬 수 있어야 한다. 물론 리더가 역할을 수행하기 위해 반드시 악할 필요는 없다. 다만 '착한 사람'과 '역량 있는 리더'는 완전히 별개의 개념임을 인지하는 게 필요하다.

●

악덕을 행사하지 않으면 나라를 유지하기 힘든 어쩔 수 없는 경우라면 오명 따위는 생각하지 말고 행사하는 게 좋다. 미덕처럼 보이는 것도 실행했을 때는 파멸로 이어질 수 있고 반면 악덕처럼 보이더라도 행하면 안전과 번영을 가져올 수 있기 때문이다.

_『군주론』15장

●

스페인 보르자 가문 출신 교황 알렉산데르 6세는 매번 손쉽게 사람들을 속였다. 너무도 확고하게 서약하기 때문에 모두 믿지만 실상 그는 그러한 약속을 거의 지키지 않았다. 군주는 모름지기 알렉산데르 6세처럼 해야 한다. 군주는 운명의 풍향과 변모하는 상황이 그를 제약할 때 자유자재로 자신을 바꿀 태세가 되어 있어야 한다.

_『군주론』18장

여우의 지략과 사자의 용맹이야말로 리더의 덕목

○○

싸움을 이기려면 두 가지 방법이 있다는 걸 알아야 한다. 하나는 법에 의한 것이고 다른 하나는 힘에 의한 것이다. 전자는 인간의 수단이고 후자는 짐승의 수단이다. 그러나 대개의 경우 전자의 방법만으로 불충분하므로 후자의 도움을 받아야 한다. 즉 군주는 짐승의 수단과 인간의 수단을 교묘히 구사할 줄 알아야 한다.

『군주론』18장

아프리카 초원은 평화로운 겉모습과 달리 포식자를 경계하고 위험에 대비하는 치열한 생존경쟁의 장場이다. 그들에게 전략은 죽느냐 사느냐 하는 문제와 직결된다. 잘못된 전략은 자신뿐만 아니라 종의 멸종까지 가져올 수 있다. 그래서 기업들은 생태계를 벤치마킹하고 경영자들은 〈동물의 왕국〉을 즐겨본다. 마키아벨리는 수많은 동물 가운데 '여우의 지략'과 '사자의 용맹'을 리더의 가장 중요한 덕목으로 뽑았다.

마키아벨리가 "인간이란 어떤 악이든 예사로 범할 수 있는 게 아닐 뿐만 아니라 또 그렇다고 해 완전무결한 성인일 수도 없다(『로마사 논고』 1-27)"라고 지적한 것처럼 인간은 신처럼 성스럽기도 하고 야수처럼 잔인하기도 한 양면성을 갖고 있다. 신의 속성을 가진 성스러운 인간을 통치하는 건 법이고 야수의 속성을 가진 흉포한 인간을 통제하는 건 힘이다. 법으로만 야수를 통제할 수 없고 힘으로만 인간에게 인정받기 어렵다.

이런 점에서 마키아벨리는 국가 번영의 핵심 요건을 '좋은 법률과 강한 군대'로 규정했다. 강력한 국가의 소프트웨어는 법률로 이해하고 하드웨어는 군대로 이해한 것이다.

그는 타국과의 싸움은 외교와 무력으로 전개된다고 봤다. 외교는 상대국을 원칙과 법률에 기반해 말로 설득하고 동의를 얻는 과정이고 무력은 군대를 동원한 전쟁이다.

마키아벨리는 부유했으나 자체 군사력이 없었던 약소국 피렌체 공화국의 외교관으로 활동한 경험을 바탕으로 군사력이 뒷받침되지 못하는 외교력의 한계를 분명히 알고 있었다. 이런 배경에서 현명한 군주는 법률과 무력을 동시에 활용할 수 있어야 한다고 주장한다.

살아남고자 오랜 시간 전략을 가다듬는 동물들

과거 별개로 간주한 영역들이 서로 모이고 섞여 새로운 개념을 형성하고 새로운 제품과 서비스를 만들어 내는 융·복합 트렌드의 영향으로 기업 경영에도 진화론과 생태계의 관점을 접목하는 시도가 늘고 있다.

수억 년 동안 진화해 온 생물체는 그 자체로 효율성이 극대화된 개체다. 단위 생물체가 모여 형성된 생태계 역시 높은 수준의 상호 관련성과 합리성을 담고 있다. '잔인한' 포식자가 '선량한' 초식동물을 잡아먹는 살풍경이 비극만은 아니다.

먹히는 당사자에겐 불행이지만 약하고 병든 개체를 포식자가 처리해줌으로써 생태계 전체의 건강을 유지한다. 자연 생태계가 진화할수록 먹이사슬이 정교해지듯 기업 생태계가 진화하면 다양한 상호작용 구조가 형성된다.

스티븐 베리는 초원에 서식하는 야생동물들의 생존 방식을 비즈니스에 적용한 『세렝게티 전략Strategie of Serengeti』을 썼다. 세렝게티는 아프리카 케냐와 탄자니아를 뒤덮은 3만 km^2의 광대한 초원 지대로, 300만 마리에 달하는 야생동물들이 각자의 방식으로 살아가는 공간이다.

그곳에서 치타의 생존 전략은 속도다. 순간 최대 속도로 시속 120km를 달리는 치타는 주로 가젤을 사냥해 살아간다. 악어의 전략은 힘이다. 악어는 최대 13톤에 이르는 가공할 만한 턱의 힘으로 사낭감을 깊은 물속으로 끌고 들어가 익사시킨다. 사자는 한 번에 달릴 수 있는 거리가 100여 미터에 불과해 단독 사냥에 성공하긴 쉽지 않다. 그래서 조직력을 발달시켰다. 사자는 역할을 분담해 협동하는 팀 사냥 방식으로 아프리카 최강의 육상 포식동물 지위를 확보했다. 기린은 큰 키와 큰 눈 덕택에 $1km$ 앞까지 내다볼 수 있고 큰 귀로 작은 소리도 잘 듣는다.

서광원이 쓴 『사자도 굶어 죽는다』에서도 유사한 맥락을 찾을 수 있다. 초원에 사는 맹수들의 사냥 성공률은 대개 30% 미만이다. 한 번 사냥에 실패하면 급격한 체력 소모를 겪는다. 체력 소모는 성공률을 더 낮추고 굶어 죽을 확률을 높인다.

이 과정을 본능적으로 인지하고 있는 맹수들은 사냥감을 선정하고 공격하는 단계까지 극도의 신중함을 보인다. 공격 자체는 순식간이지만 사전 준비에 많은 시간과 노력을 투자한다. 끈질긴 관찰과 인내로 사냥감의 무리 중에서 가장 약하거나 병든 먹잇감을 골라내고 집중적으로 따라붙어 사냥 성공률을 높인다. 살아남고자 오랜 시간 전략을 가다듬은 것이다.

개인적 의리와 리더의 덕목을 구분하다

오규 소라이는 이토 진사이, 모토오리 노리나가와 함께 일본 에도 시대를 대표하는 사상가로 손꼽힌다. 소라이의 유학은 우리에게도 익숙한 송나라 주희의 주자학이 아니라 순자에 가까운 독창적인 반^反주자학이었다. 그는 관직에 있던 시절 주자학적 도덕보다 막부의 정치적 상황을 먼저 고려했다.

1702년 에도에서 '46인 사무라이 사건'이 일어났다. 주군을 잃은 낭인 마흔여섯 명이 주군의 원수인 기라 요시나카의 저택을 습격해 그의 목을 벤 뒤 막부의 처분을 기다렸다.

가신家臣의 충성이라는 봉건적 주종관계와 에도 막부의 정치적 지배가 충돌하는 사건이었다. 전통적 관념으로 보면 이들은 주군을 위해 복수를 한 충신이었다. 그러나 당시 쇼군의 정치고문이었던 소라이는 정치적 질서를 사적 도덕으로 판단해선 안 된다고 조언했다. 천하의 법도가 훨씬 중요하다는 소라이의 주장대로 사무라이들에게 할복자살을 명하는 것으로 사건은 종결되었다.

위의 태도에서 볼 수 있듯 소라이는 현실 정치의 원리를 중요시했다. 주자는 공자의 '인仁'을 '사랑의 이치이며 마음의 덕'이라고 풀이했지만 소라이는 '백성을 편안하게 하는 것'이라는 현실 원리로 해석했다.

소라이의 학설은 개인적 의리와 리더의 덕목을 분리시켰다는 점에서 마키아벨리와 일맥상통한다. 주자학의 도덕관념에서 벗어나 정치 자체를 발견한 오규 소라이의 사상은 근대 일본으로 이어졌다. 인간의 본성에 대한 명분론과 현실론의 차이는 훗날 조선과 일본의 운명을 가른 여러 요인 중 하나가 되었다.

정글의 사자보다 도시의 사람이 더 잔혹하다

도널드 트럼프는 뉴욕을 기반으로 뛰어난 사업 능력을 앞세워 부동산 개발 사업에 성공해 억만장자가 되었다. 대중매체에 출연해 타고난 감각과 유머를 선보이며 유명세를 얻었다. 정상급 연예인을 능가하는 인기를 바탕으로 2016년 대통령 선거에 출마해 당선되었다. 2020년 대선에선 재선에 실패했으나, 2024년 대선에서 미국 47대 대통령으로 당선되었다. 미국 역사상 1892년 그로버 클리블랜드 이후 최초로 비연속 임기를 수행하는 대통령이 되었다. 특히 2024년 대선에서 트럼프는 공화당이 대통령, 상원, 하원을 모두 석권하는 주역으로 정치인으로서도 대성공을 거뒀다.

그가 1987년 출간한 『거래의 기술The Art of the Deal』은 큰 인기를 끌었는데 특유의 생각과 행동 방식이 잘 나타나 있다. 자신에게 가장 영향을 많이 준 책으로 『군주론』과 『손자병법』을 지목한 그는 사업도 다양한 상대와의 다양한 승부의 연속으로 이해한다.

그의 사업 방식은 초원에서 포식자가 행하는 전략을 빼닮았다. 1995년 트럼프 그룹의 기반이 된 맨해튼 월가 40번지에 있는 건물을 매입할 때의 일이다. 그의 레이더망에 매각 정보가 포착되었을 때 섣불리 나서지 않았다.

초원의 포식자가 그러하듯 최대한 몸을 낮추고 기회가 찾아올 때까지 기다렸다. 여러 건의 협상이 진행되었지만 참을성 있게 기다렸다. 이윽고 독일의 힌네베르크 가문이 건물을 인수하자 움직이기 시작했다.

물론 마냥 기다리기만 한 건 아니었다. 매입자에 대한 정보를 입수했다. 사소한 정보도 빠뜨리지 않았다. 사업 방식은 물론 대리인이 건물의 실제 관리를 맡고 있으며 그의 권한이 크다는 것까지 파악했다. 트럼프는 경쟁자들이 대리인과 협상하는 동안 독일로 가서 직접 힌네베르크 가문 사람들을 만났다. 움츠리고 있다가 기회가 왔을 때 곧바로 먹이로 돌진하는 방식이었다.

그는 빌딩 리노베이션에 대한 계획을 설명했고 계약을 체결하는 데 성공했다. 130만 달러에 구입한 이 건물의 현재 가치는 3억 달러에 이른다. 트럼프는 자신이 체험한 비즈니스의 본질을 다음과 같이 정리한다.

"사업이나 투자 분야는 사악한 상어들이 우글거리는 위험한 바다와도 같다. 그 상어들은 매일같이 순진하고 경험 없는 먹잇감을 찾아다닌다."

"세상은 험한 곳이고 사악한 사람들은 도처에 널려 있다. 많은 이가 지금은 문명화된 시대라고 말하지만, 실상은 여전히 잔혹한 시대일 뿐이다. 물론 사람들이 당신의 면전에선 웃음을 보일 것이다. 하지만 그들이 마음속으로는 무슨 생각을 할지 알 수 없는 일이다. 당신은 먼저 자기 자신을 보호할 줄 알아야 한다."

"정글의 사자는 오직 배가 고플 때만 다른 생명을 죽이지만, 인간은 재미를 위해 다른 생명을 죽이는 존재라는 점을 기억하라. 사업가로서의 내 원칙은, 최고의 사람들을 채용하되 절대로 그들을 믿지는 말자."

신의 속성과 야수의 속성을 겸비해야

저명한 과학저술가 칼 세이건은 인류의 진화를 다룬 대표작 『에덴의 용The Dragons of Eden』에서 단세포 생물에서 시작된 진화의 여정이 호모사피엔스로 진화해 오늘날 우리가 존재하고, 그러한 진화의 역사는 우리의 뇌 구조에 축적되어 있다고 설명한다.

태아의 뇌는 임신 7주까진 어류나 양서류의 뇌와 유사하며 4개월이 되면 포유류의 뇌와 유사하다. 인간의 뇌로 발전해야 비로소 엄마의 뱃속에서 나올 수 있다.

고대 그리스 철학자 플로티노스는 인간을 '신과 야수의 중간적 존재'로 규정했다. 뇌는 본능을 지배하는 림계와 지능·감정을 담당하는 신피질·전두엽으로 구분된다. 해부학적으로도 인간은 신과 야수의 중간이다. 개인과 집단의 행동도 신의 속성과 야수의 속성을 모두 나타낸다.

실제로 동일한 개인과 집단이 여건에 따라 성스러운 신과 흉포한 야수의 속성을 동시에 표출하는 경우는 흔히 볼 수 있다. 따라서 인간이 모인 조직을 이끌어가는 리더도 이러한 두 가지 측면을 본질적으로 이해해야 한다.

순자는 "인간의 본성은 악한데 선이라 하는 건 인위적 노력에 의한 것이다. 사람은 태어나면서부터 본능적으로 이익을 좋아하는 성질이 있기 때문에 타인과 싸워 빼앗으려는 마음이 생기고 사양하는 마음이 없어지는 것이다"라고 주장하며 인간의 본성을 동물에 가까운 것으로 파악했다.

인간이 신과 야수의 중간적 존재라면 인간을 통치하기 위해선 신의 속성도 필요하고 야수의 속성도 필요하다. 리더십의 측면에서도 크게 다르지 않다. 인간을 이끄는 리더는 성스러운 신이기도 하고 흉포한 야수이기도 해야 한다. 그래서 리더는 '사자의 용맹'과 '여우의 지략'을 겸비해야만 양면적 존재인 인간이 모인 조직을 이끌 수 있다.

●

그리스 신화에서 아킬레우스를 비롯한 많은 고대의 군주가 반인반마半人半馬 케이론에게 맡겨져 교육을 받았다고 적었다. 여기서 케이론의 지도를 받았다는 이야기는 군주는 반드시 양쪽의 기질을 구사할 줄 알아야 한다는 뜻이다. 그중 어느 한쪽이 결여되어도 군주의 자리를 오래 유지할 수 없음을 말하고 있는 것이다.

_『군주론』 18장

●

군주는 여우와 사자의 기질을 배워야 한다. 둘 중 하나만 배워
선 안 된다. 반드시 둘 모두를 배워야 한다. 사자의 기질에만 의
존하면 힘은 갖추나 사태를 제대로 이해하지 못한다. … 여우의
기질은 사태를 제대로 이해할 수 있는 지적인 힘을 준다. 여우
의 기질은 잘 숨겨 사용해야 한다. 능숙한 기만자이며 위장자여
야 성공을 거둘 수 있다.

『군주론』18장

전쟁에 대비하는 게
리더의 유일무이한 임무

○○

군주는 전투, 군사조직, 훈련 이외에 어떤 목적도, 배려도, 직무
도 가져선 안 된다. 그것이 통치자에 속하는 유일한 임무다. 원
래 군주 자리에 있는 자에게 나라를 보전하는 힘이 될 뿐 아니
라 한낱 평민에서 군주의 자리까지 올라가게 하는 원동력이 되
기도 한다. 그에 반해 군주가 무력 이외의 사치스러운 취미에
마음을 쏟으면 나라를 잃는 건 분명한 일이다.

_『군주론』14장

전쟁은 가급적 없어야 하지만 전쟁이 불가피한 경우도 생기게
마련이다. 집단 상호 간 발생하는 갈등과 모순을 단기간에 해결하
는 과정이 전쟁이기도 하다. 군주에게 가장 중요한 임무는 평상시

전쟁에 대비하고 유사시 전쟁에서 이겨 공동체를 수호하는 것이다.

유사 이래 지금까지 모든 국가지도자는 동시에 군사지도자였다. 귀족과 평민의 연합으로 출발한 고대 로마에서 지도층의 리더십은 그들이 다른 누구보다 전장에서 솔선수범해 싸웠기 때문에 생길 수 있었다.

그런 까닭에 미래의 지도자가 될 젊은이들은 군대에서 경력을 시작했다. 로마에선 만 17세의 성인이 된 명문가 자제는 군대에 입대해 장교로 보통 10년, 최소한 3~4년 동안 복무하는 게 관례였다. 또한 명문가의 자제라고 복무하는 동안 후방의 안전한 곳에서 세월만 보내지 않았다. 로마의 최전방에서 고급장교로 역할을 수행하며 리더십을 키우고 역량을 검증받았다. 이 과정에서 인정받지 못하면 공동체에서 의사결정권을 가진 지도자로 성장할 수 없었다.

변방의 제후국을 강대국으로 도약시킨 대왕

오늘날 독일은 독일제국(1871~1918)이 전신이다. 독일제국은 1701년 제후국에서 왕국으로 승격된 프로이센 왕국이 중심이 되어 중부유럽 게르만 계열 중소국가들을 통합해 출범했다.

프로이센은 16세기 동쪽 변방의 슬라브 세력을 견제하는 전방부대 성격의 튜턴 기사단국이 신성로마제국 소속의 제후국인 프로이센 공국으로 출발했다. 스페인 왕위계승전쟁에서 프로이센은 신성로마제국에 군사적 지원을 제공하는 대가로 프로이센 공국이 왕국으로 승격되도록 허락받았다.

프로이센 왕국의 2대 군주로 즉위한 프리드리히 빌헬름 1세는 변방의 후발주자로서 강대국과 격차를 좁히려면 단기간에 군사 강국이 되어야 한다고 방향을 세웠다. 그는 군대 규모를 4만 명 수준에서 8만 명 이상으로 늘렸고, 병사들의 훈련 수준과 군대의 기동성을 크게 향상시켰다. 상공업 장려, 세금 제도 개혁으로 재정을 튼튼하게 만들었다. 그의 통치하에 프로이센군은 유럽에서 가장 효율적이고 강력한 군대로 성장했다.

3대 군주인 프리드리히 2세는 선대에 양성한 군사력을 바탕으로 강대국으로 발돋움했다. 젊은 시절 예술과 철학을 사랑하는 감수성 풍부한 문학 청년이었던 그에게 엄격한 부왕은 군대식 규율과 가혹한 훈련을 강요했다. 갈등의 탈출구였던 해외 도피에 실패해 동행한 친구는 참수되고 자신은 유폐되기까지 했다.

그러나 성장기의 고난은 역설적으로 주어진 운명을 자각하는 계기가 되었다. 1740년 왕위를 계승한 28세의 젊은 군주는 정치와 군사라는 책무에 충실해 탁월한 역량을 발휘했다. 즉위하자 당시의 시대정신인 계몽주의에 기반한 개혁 정책을 시행해 고문 폐지, 언론 검열 폐지, 종교적 차별 금지를 추진했다. 그리고 강한 군사력을 바탕으로 적극적 대외 정책을 펼쳤다.

오스트리아 왕이자 신성로마제국 황제인 카를 6세가 사망하고 마리아 테레지아 공주가 승계하자 여성의 왕위계승을 금지하는 '살리카법' 위반을 명분으로 오스트리아의 노른자위 슐레지엔 지방을 점령했다. 이후 절치부심하던 오스트리아가 프랑스, 러시아와 동맹을 맺고 프로이센을 침공해 3대 1로 맞붙은 7년전쟁에서도 극적으로 승리했다.

이로써 변방의 제후국으로 출발했던 프로이센 왕국은 기존의 프랑스, 영국, 오스트리아, 러시아의 4대 강국과 어깨를 나란히 하는 5대 강국의 반열에 올랐다.

자유로운 영혼이었던 청년기의 개인적 성향을 갈무리해 군주의 역량으로 승화시킨 그는 프로이센-독일제국 역사를 통틀어 유일하게 '대왕The Great'으로 불린다.

해군사관학교에서 시작된 후계자 교육

스웨덴의 발렌베리 가문은 통신 기업 에릭슨, 발전 설비 기업 아시아 브라운 보베리, 가전 기업 일렉트로룩스, 제약 기업 아스트라, 스웨덴 최대 은행 스칸디나비스카엔실다은행 등 스웨덴의 대표 기업들을 소유하고 있다. 공익재단을 설립해 학교와 도서관의 건립, 과학 기술 분야 후원 등 다양한 활동으로 스웨덴 국민의 존경을 받고 있다.

발렌베리 가문에 대한 스웨덴 국민의 호감은 역사가 깊다. 경제 체제의 근간이 흔들리던 1938년 스웨덴에서 노사정 합의에 의해

'살트셰바덴 협약'이 체결된다. 차등의결권을 도입해 기업 지배권을 보장하는 대신 회사 이익의 최대 85%를 법인세로 납부한다는 혁신적인 내용을 가진 이 협약을 이끌어 낸 핵심 주체가 바로 발렌베리 가문이었다.

발렌베리 가문은 경영자 후보에 오른 후손들을 해군사관학교에서 교육시키는 전통으로 유명하다. 150년간 다섯 세대에 걸친 전통의 시작은 창업자인 안드레 발렌베리부터였다. 해군사관학교를 졸업한 후 해군 장교로 복무하던 안드레는 40세인 1856년 스웨덴 최초의 민간 은행인 스톡홀름앤스킬다은행(현재 SEB은행)을 설립한다.

이 은행은 당시 산업 발전 초기 단계에 있던 스웨덴의 자금 공급원으로 스웨덴의 경제 발전에 큰 역할을 담당했다. 안드레는 이후 제조업에도 진출해 오늘날의 발렌베리 가문을 이룩했다. 해군장교로 복무했던 창업주의 뜻은 그대로 이어져 5대까지 배출된 경영자 열 명 중 아홉 명이 해군사관학교를 졸업했다.

발렌베리 가문은 제2차 세계대전에서 스웨덴의 국민 영웅을 탄생시키기도 했다. 1917년에 태어난 라울 발렌베리는 제2차 세계대전 당시 헝가리 부다페스트 주재 스웨덴 대사관 참사관으로 근무하면서, 유대인 3만 명을 탈출시키고 나치 강제수용소 가스실로 향하는 7만여 명의 목숨을 구했다.

〈쉰들러 리스트〉라는 영화로 유명해진 오스카 쉰들러가 구한 유대인이 1,200여 명이었으니 라울의 활약은 대단한 것이었다. 그러나 라울은 전쟁이 끝난 직후 행방불명이 되었는데, 소련에 의해 처형되었다는 설이 유력하다. 지금까지 라울은 스웨덴 국민 전체의 자부심으로 남아 있다.

창업자가 해군사관학교를 후계자 교육의 현장으로 택한 건 올바른 국가관과 더불어 자기 절제와 극기력, 리더십과 위기관리 능력을 키우기 위해서였다. 또한 군대 지휘관의 리더십은 승리를 전제로 한다는 점에서 총성 없는 전쟁인 사업을 이끄는 리더와 일맥상통한다고 봤기 때문이다.

길거리 마약상과 대중문화산업의 본질은 전쟁

『전쟁의 기술The 33 Strategies of War』『권력의 법칙The 48 Laws of Power』 등으로 유명한 로버트 그린은 흑인 래퍼 '피프티 센트'에게서 승부의 본질을 발견했다. 그린은 뉴욕 뒷골목의 길거리 마약상에서 출발해 오늘날 미국의 최정상급 래퍼이자 음악 사업가로 성장한 피프티 센트가 보여준, 마치 전쟁을 치르듯 삶을 개척하는 과정이 역사적 위인들의 살아 있는 표본이라고 평가했다.

그린은 피프티 센트가 불량배 친구들과 어울리고 할리우드 스타들이나 유럽 왕족, 유명 정치인과 교제하는 걸 보면서, 그가 파워 게임의 거장이자 힙합계의 나폴레옹이라는 생각이 들었다고 한다.

본명이 커티스 잭슨인 피프티 센트는 뉴욕의 흑인 빈민가에서 태어났다. 아버지는 태어났을 때부터 없었고 어머니는 어린 시절 살해당했다. 그는 '정해진 수순대로' 학교에서 퇴학당했고 거리에서 마약을 팔았으며 소년원을 들락거렸다. 그렇게 기약 없이 하루하루를 살아가는 어린 마약상의 인생은 그 끝이 분명했다.

하지만 피프티 센트는 자신을 둘러싼 전쟁과 같은 상황을 현실로 받아들였다는 점에서 다른 소년 마약상들과 달랐다. 살아남고자 '자기 자신에 대한 믿음과 성공에의 열망'을 키우면서 '전쟁'에서 버텼다. 총을 들고 자신을 위협하는 사람을 처음 만났을 때는 두려움에 떨었지만 두 번, 세 번 반복되면서 두려움에 대처하는 법을 배웠다. 항상 '믿음과 열망'을 가슴 속에 지녔던 그는 마약상으로 자리를 잡았지만 마약상으로 인생을 끝내는 걸 원하지 않았다. 그는 길거리에서 탈출했다.

피프티 센트는 인생의 전환점을 음악에서 찾았다. 나이는 어려도 산전수전 겪은 그의 랩에는 진심이 담겨 있었고 사람들은 주목했다. 희망을 얻은 그는 첫 음반 작업을 준비했다. 그러나 앨범 발매를 앞두고 살인 청부업자가 쏜 총알이 그의 턱을 관통했다. 죽지 않은 건 다행이었으나 래퍼로서 그의 삶은 거의 끝이 났다.

그가 길거리 마약상이었다는 사실을 안 컬럼비아 레코드사는 그의 음반 발매 계획을 취소했고, 길거리의 갱들은 계속 그를 죽이려 했다. 하지만 절망적 상황에서도 피프티 센트는 '믿음과 열망'을 잃지 않았다. 피프티 센트는 음악을 전면적으로 수정했다. 기존 음반 시장의 요구에 맞추고자 부드럽게 썼던 가사를 강렬하게 바꾸고 길거리에서 경험한 삶의 진실을 음악에 담았다.

그러나 여전히 심각한 문제가 남아 있었다. 총알이 턱을 관통해 특유의 빠른 랩이 불가능했다. 하지만 그는 그마저도 자산으로 재탄생시켰다. 피프티 센트의 느린 랩과 쉿소리 나는 목소리는 사람들에게 그가 당한 총격 사건까지 떠올리게 했다.

갱단이 목숨을 노리는 상황에서 피프티 센트는 죽음을 각오하고 나섰다. 과거 마약을 팔던 길거리로 나가 이번에는 자신의 음악을 담은 카세트 테이프를 무료로 나눠줬다. 카세트 테이프를 만들 돈이 부족하자 해적 테이프 제작업체에 음원을 넘기는 최후의 승부수를 던졌다.

공식적 음악 활동은 하지 않았지만 피프티 센트의 음악은 뉴욕의 뒷골목 어디서나 들을 수 있었다. 그러자 최정상급 백인 래퍼이자 음악 사업가인 에미넴이 거칠고 과감한 그의 음악에 주목했다. 에미넴이 피프티 센트와 계약을 맺으면서 정상급 래퍼로 도약했다.

그는 어린 시절에 들은 나이 든 마약상의 조언처럼, 지금 길거리에서 떠도는 환경이 어렵다고 불평하지 않았으며 직면하는 가장 큰 위험은 단속하는 경찰이나 경쟁자가 아니라 약해지는 마음이라고 생각했다. 더불어 위험한 길거리 마약상과 화려한 대중음악산업이 본질적으로 동일하다는 걸 체험으로 깨달았다.

다른 사람들이 MBA 학위, 돈, 연줄에 의존할 때 피프티 센트는 마약상 생활에서 터득한 눈에 의존했다. 밑바닥 인생에서 정상급 래퍼로 변신할 수 있었던 건 전쟁을 치르는 마약상의 눈과 전쟁의 과정에서 얻은 '완전한 대담성utter fearlessness' 덕분이었다.

군주는 전쟁 지도자, 최고경영자는 경쟁 지도자

현대 경영학의 아버지로 추앙받는 피터 드러커는 1954년에 발간한 첫 번째 저서 『경영 관행The Practice of Management』에서 크세노폰이 저술한 『카이로파이다이아Cyropaedia』를 리더십에 관한 최초의 체계적 저서이자 최고의 책으로 평가했다.

『카이로파이다이아』는 2천 년 전 그리스 장군 크세노폰이 페르시아 원정에서 접한 키루스 대왕의 일대기를 기록한 책으로, 드러커는 "군은 다른 모든 조직에서 배출하는 걸 합친 것보다 더 많은 지도자를 교육하고 배출한다. 그리고 사고율도 낮다."라고 언급하면서 군대 리더십 모델에는 현대 조직의 리더들이 배워야 할 요소가 있다고 봤다.

스위스 군대는 2006년 군대의 장교들이 기지에서 기업 간부들에게 의사 결정, 리더십, 전략을 가르치는 교육 프로그램을 개설했다. 기업 간부들은 군대의 벙커에 머물면서 군대 작전을 전제로 상황을 장악하고 목표를 달성하는 방식을 배운다. 군대의 전쟁과 기업의 경쟁은 성격이 비슷하기에 가능한 프로그램이다.

실제로 경영학에서 널리 사용되는 '전략Strategy'이란 단어의 어원인 고대 그리스 단어 'Strategos'는 전쟁터에 나간 장군이 자원을 적절하게 관리하면서 병사를 격려하고 사기를 북돋아 목표를 향해 이끄는 사람을 뜻한다. 현대 기업 리더의 임무와 같은 개념이다.

마키아벨리의 관점에서 전쟁이 군주의 직업이라면 현대 기업에서 경쟁은 최고경영자의 직업이다. 군주는 전쟁에서 이겨 영토를 수호하며 국가를 지키고, 최고경영자는 경쟁에서 이겨 이익을 내고 기업을 지킨다. 전쟁에서 지면 나라를 보전하지 못하듯 경쟁에서 지면 기업을 유지하지 못한다.

●

군주가 나라를 잃는 첫째 원인은 이 직무를 소홀히 하는 데 있으며, 군주가 되는 기초도 이 직무에 정통한가 여부에 달렸다. 프란체스코 1세 스포르차는 무력을 지니고 있었으므로 평민에서 밀라노 군주가 되었다. 그러나 그의 아들들은 군사를 귀찮아하고 피했기 때문에 평민으로 전락하고 말았다.

『군주론』 14장

개인적 취향과 리더의 사명을
분명히 구별하라

○○
나라의 힘을 키우는 일보다 자신의 욕구를 좇는 왕이 결국에는
나라를 잃어버리는 예도 심심찮게 있다. 따라서 전술을 소홀히
하는 건 나라를 잃는 주된 원인이 되는 반면 효율적인 전술은
종종 나라를 차지할 수 있게 한다.

『군주론』 14장

사람이 살아가면서 좋아하는 것만 하면 고통이 없을 것이다. 그
러나 때로는 좋아하지 않는 것도 해야 하는 게 인간의 삶이다. 조직
의 리더가 자신의 취향에 맞는 일을 하면서 성과도 좋다면 더할 나
위 없다. 그러나 현실은 다르다. 리더가 자신의 취향과 리더로서의
사명을 분명히 구분하지 못하면 조직의 미래는 어둡다.

취미로 하는 사업을 일명 '애완 비즈니스Pet Business'라고 한다. 여유 있는 사람이 관심 있는 분야의 애완 비즈니스를 하는 것도 일종의 자유다. 그러나 애완 비즈니스가 자영업 수준을 넘어 본격 사업이 되면 오히려 성공하기 어렵다.

취미가 있는 분야는 관련 지식이 많다는 장점도 있지만 냉정한 사업적 판단보다 개인적 취향에 이끌려 중요한 의사 결정을 그르치기 쉽기 때문이다. 가진 돈으로 취미를 즐기면 아무런 문제가 없지만, 취미를 사업으로 하다가 쪽박 차는 사람이 많다는 데 문제의 심각성이 있다.

공동체의 리더는 하고 싶은 것과 해야 하는 걸 구분할 줄 알아야 한다. 리더로서 필요한 역량을 키우고 조직 운영에 전력을 기울여야 리더의 자격이 있다. 반면 개인적 관심이나 취미를 조직에 무리하게 접목시키는 건 조직 기반의 와해로 이어지기 쉽다.

개인적 관용과 리더의 책무를 혼돈해 패망하다

중국 춘추시대 송나라 양공은 춘추 5패五覇 중 한 사람으로 강력한 군주였다. 정나라가 초나라와 가깝게 지내는 사실을 괘씸하게 여긴 양공은 기원전 638년 정나라를 공격한다. 초나라가 정나라를 구하러 원군을 보냈고, 양공은 이를 맞아 홍수에서 결전을 벌이기로 하고 강변에 먼저 도착해 진용을 갖췄다.

초나라 군대가 강을 건너기 시작하자 참모들은 '적군이 강을 절반쯤 건넜을 때가 승기를 잡을 절호의 기회니 공격합시다'라고 건의했다. 그러나 양공은 받아들이지 않았다. 상대의 약점을 노리는 건 군자인 자신이 취할 바가 아니라는 이유였다.

마침내 초나라 군대가 강을 다 건넜다. 이번에는 태자까지 직접 나서서 참모들과 함께 적군이 대형을 갖추기 전에 공격해야지 더 늦추면 위험하다고 간곡히 진언했다. 양공은 이 또한 군자인 자신의 취향에 맞지 않는다고 물리치고 한참을 더 기다렸다가 초나라 군대가 전투 태세를 갖춘 후에야 비로소 씨움을 시작했다.

결과는 송나라의 패배와 양공의 부상이었다. 부상을 입은 양공은 2년 후 목숨을 잃었다. 후세 사람들은 어설픈 도덕률에 빠져 전쟁에서 지고 목숨까지 잃은 양공의 필요 없는 정, 어리석은 관용을 일컬어 '송양지인宋襄之仁'이라 하며 교훈으로 삼았다.

몽상적 자존심으로 패망하다

리더십은 구성원들에게 동기를 부여해 에너지를 결집하고 분출시켜 목적을 달성하는 수단이다. 도덕론적 리더십의 함정은 그 자체를 목적으로 삼아 성인의 반열에 이르는 자기 수양의 과정으로 착각한다는 점이다.

리더십이란 군인은 승리, 종교인은 포교, 기업은 성장, 국가지도

자는 번영이라는 목적을 달성하기 위한 수단이다. 군대 지휘관이 훌륭한 인품에 신망도 높은데 정작 전투에서 연이어 패배한다면 리더십은 무의미하다. 국가지도자가 숭고한 명분과 정의를 추구했지만 막상 나라가 패망하는 경우도 마찬가지다.

고대 그리스의 폴리스들은 기원전 5세기에 에게해로 세력을 확장하면서 당대 강대국 페르시아와 갈등이 커졌다. 페르시아는 신흥 그리스 세력을 제압하고자 두 차례의 원정(기원전 492년, 기원전 490년)에 나섰지만 패전하고 물러났다.

페르시아와 맞선 그리스 폴리스 연합군에서 육군은 스파르타, 해군은 아테네가 주축이었다. 외부 세력인 페르시아의 침략을 막아내자 이번에는 내부 주도권 경쟁이 본격화되었다. 해양 세력 아테네의 델로스 동맹과 육상 맹주 스파르타의 펠로폰네소스 동맹이 맞선 구도가 형성되었다. 아테네는 에게해의 중립도시 멜로스에 사절단을 파견해 델로스 동맹 합류를 권유했다.

멜로스의 지도자들은 답변했다. 1) 합류 거부로 아테네가 침략하면 그리스 세계에 나쁜 선례가 된다. 2) 유사시 스파르타가 우리를 도울 것이다. 3) 중립국에 대한 강권은 정의가 아니다. 4) 정의로운 신은 우리를 도울 것이다. 5) 우리는 명예를 걸고 싸울 것이다.

아테네 대표단은 응답했다. 1) 정중한 요청이 거부당하면 아테네는 우유부단한 약체로 낙인찍히는 나쁜 선례가 된다. 2) 육지 세력 스파르타는 섬나라인 멜로스에 관심이 없다. 3) 동맹 합류는 추상적 정의가 아니라 현실적 이익에 관련된 문제다. 4) 인간들의 동맹은 신들이 관여할 영역이 아니다. 5) 명예는 존중하지만 오만과 구분할 필요가 있다.

멜로스인들은 최종적으로 제안을 거절했다. 아테네는 이듬해 기원전 416년 멜로스를 공격해 패망시켰다. 아테네 장군 출신의 참전 용사 투키티데스는 『펠로폰네소스 전쟁사』에 관련한 기록을 남겼다. '인간의 본성에 따라 비슷한 형태로 반복될 미래에 관해 명확한 진실을 알고 싶어 하는 사람은 내 역사 기술을 유용하게 여길 것이다'라고 설파했다. 실제로 국제 정세에 어둡고 자기 세계에 빠진 리더들의 오판으로 패망한 멜로스의 비극은 이후의 세계사에서 다양한 형태로 변주되고 반복된다.

국가지도자의 책무는 공동체를 유지하고 구성원들에게 자유와 번영의 기회를 주는 데 있다. 멜로스의 지도자들은 비현실적 희망과 몽상적 자존심을 내세우다 국가를 패망하게 했다.

공동체를 위해 사재를 사용하다

카이사르가 사망한 기원전 44년 이후 로마는 극심한 혼란에 휩쓸렸다. 제국 전역은 내란에 휩쓸렸고 그 문제를 해결해야 하는 아우구스투스의 권력 기반은 취약했다. 그러나 아우구스투스는 삼두정치로 위기를 관리하면서 통치자가 되었고 탁월한 행정 능력으로 제국을 안정시켰다.

아우구스투스는 정복으로 영토를 넓히는 극적 삶을 살진 않았다. 하지만 카이사르가 남긴 로마의 정치 사회적 개혁의 마스터플랜을 착실하게 구현했다.

훗날 "제국 건설에서 가장 쉽고 매력적인 부분은 정복이다. 가장 어려운 건 제국을 통합하고 유지해나가는 것이다."라는 말을 남겼을 정도로 제국의 통합과 안정에 전력했다.

아우구스투스는 현실적이고 신중한 사람이었다. 그의 모토인 '천천히 서두른다Festina lente'에서 신중하면서도 착실한 성과를 쌓은 면모가 잘 드러난다. 무엇보다 그는 사리사욕보다 공동체에 대한 책임감에 충실했다는 점에서 귀감이 되었다.

아우구스투스 치세에서 가장 큰 두통거리는 '이민족 침입'과 병사들의 급료 지급이 어려울 정도로 부족한 '국가 재정'이었다. 화폐경제가 발달한 로마에선 급료를 동전으로 지급했다. 금고는 로마에 있었으며 아우구스투스는 원로원의 인가를 받아 제국 운영에 필요한 자금을 가져갔다. 그러나 국가의 재정 부족이 심화되자 아우구스투스는 먼저 자신의 개인 재산을 사용했다.

아우구스투스는 카이사르의 재산을 상속받았으며 황제 속주였던 이집트의 세금은 황제 개인의 수입이었다. 그는 필요할 때마다 국가를 위해 개인 재산을 썼는데 가장 많은 비용을 지출한 건 병사들의 급료였다. 그는 권력을 이용해 개인의 재산을 모으는 타락한 통치자들과 달랐다.

주인정신과 책임의식은 리더에서 출발한다

"일반 조직원에서 조직원 전체의 대변자 입장에 서면서 전체 관점에서 생각을 많이 하게 되었다. 조직 전체가 공유하고 조직원 개개인이 내면화해야 할 기본적 가치를 생각해보니 결국 두 가지로 귀착되었다. 바로 주인정신과 책임의식이다."

노조 활동을 경험한 지인의 체험적 회고다. 자주 들어 식상하다는 느낌까지 들 정도로 너무나 당연한 말로 들리지만, 곰곰이 생각해보면 시공간을 초월하는 강력한 메시지가 담겨 있다.

평범한 인간들의 독립적 삶도 자신이 주인이고 책임진다는 자각에서 출발한다. 사람들이 모여 형성한 조직도 마찬가지다. 조직의 운명은 조직 자체에서 만들어 간다는 자각이 출발점이다. 또한 조직의 주인은 조직원 자신이라는 자각에서 책임의식이 생겨난다. 주인의식은 자연히 책임의식을 만든다. 무책임은 자신이 주인이 아니라 잠시 머물다 떠나는 나그네로 생각하는 데서 비롯한다.

리더도 결국 사람이기에 개인의 취향과 리더로서의 역할이 같을 수만은 없다. 운명적으로 리더의 역할을 맡게 되었으나 역할과 개인적 소망 사이에서 갈등하는 경우는 현실에서 흔히 보는 일이다. 결국 리더 자신이 극복해야 할 문제다.

문제는 이 두 가지를 혼동할 때 발생한다. 리더의 자리에 있다고 자연스레 주인정신이 생기는 게 아니다. 현실에선 운명의 흐름에 따라 리더는 되었으나, 최소한의 책임의식도 없이 개인적 취향과 이익만 추구하는 사람들도 드물지 않다. 리더 자신의 주인정신과 책임의식이 실종된 상황에서 조직원들에게 헌신을 요구하면 조직원들이 리더를 따를 리가 없다.

사람들은 자신의 이익과 관련된 문제에선 똑똑하다. 리더의 이중성을 금세 알아차리고 모두 각자의 입장에서 개인적 이익을 추구하게 마련이다. 결국 리더의 자리에 있을 뿐 리더로서의 기본 의식이 결여된 부류들은 공동체를 불행에 빠트린다.

다양한 리더의 유형이 존재하지만 최악은 '개인 이익을 위해 조직의 미래를 희생시키는 리더'다. 이런 리더는 조직을 개인 이익을 추구하는 도구로 사용하면서 조직원들에게 책임감을 강조하는 모순적 행태를 보인다. 주인정신은 모든 조직원에게 요구되는 개념이다. 특히 리더에겐 자신의 운명을 공동체와 일치시켜야 할 정도로 중요하다. 리더가 공동체와 자신을 구분해 생각하기 시작하면 조직의 구성원들 모두가 똑같이 따라 한다.

이런 조직에서 공동체에 대한 구성원들의 책임감은 물론 구성원들 간의 결속을 기대하기란 쉽지 않다. 또한 구성원들 모두 조직의 외피 속에서 개인의 이익만 추구한다. 리더 주변에는 자연히 아첨으로 환심을 얻고 개인적 탐욕을 추구하는 무리만 남는다. 평상시에는 드러나지 않지만 위기가 닥치면 공동체는 결속하지 못하고 이내 파멸한다.

마키아벨리는 군주는 운명인 '포르투나fortuna'를 자신의 역량인 '비르투virtu'로 극복하면서 시대정신인 '네체시타necessita'를 항시 염두에 두고 책무를 수행해야 한다고 봤다. 개인적 취향과는 구분되는 리더로서의 운명을 자각하는 포르투나에서 출발해 종합적 역량인 비르투로 상황을 극복하되 항상 시대와 호흡하는 네체시타로 공동체를 미래로 이끌어야 한다는 관점이다.

●

군주는 실력 있는 자를 아끼고 재능이 뛰어난 자를 칭찬할 줄 알아야 한다. 아울러 시민들이 상업·농업 및 기타 모든 업무에 대해 안심하고 본분을 다 할 수 있도록 권장해야 한다. 또한 군주에게 재산을 빼앗길까 두려워 재산을 늘리는 데 게을리하고 세금이 무서워 상거래를 꺼리는 일이 없도록 세심한 주의를 기울여야 한다.

『군주론』 21장

IL PRINCIPE

IL PRINCIPE

3부

사람이 보이기 시작할 때
필요한 것들

평면적 자애심 아닌
현명한 엄격함이 진정한 자비다

○○

군주들은 잔인하다기보다 인자하다는 평판을 받길 원한다. 그
러나 이런 온정도 역시 서투르게 사용하는 일이 없도록 주의해
야 할 것이다. 체사레 보르자는 잔인한 인간으로 알려져 왔지
만, 그의 잔인함은 로마냐의 질서를 회복하고 그 지방을 통일해
평화와 충성을 지키는 결과를 가져왔다. 따라서 군주는 시민을
단결시키고 충성을 지키게 하려면 잔인하다는 악평쯤은 개의
치 말아야 한다.

『군주론』 17장

켄 블랜차드의 『칭찬은 고래도 춤추게 한다Whale Done』가 한때
인기를 끈 적이 있다. 이 책은 해양동물원에서 공연하는 범고래를

조련사가 칭찬으로 훈련하는 과정을 통해 칭찬이 갖는 힘을 역설했다. 동물도 이 정도인데 하물며 사람이 칭찬을 갈구하는 건 당연하다. 하지만 모든 일에서 칭찬이 능사가 아닌 건 분명하다.

사람과의 관계에서도 마찬가지다. 특히 자연인과 리더는 이 점에서 분명히 구분된다. 똑같은 칭찬과 비난, 관용과 엄격함이라 해도 자연인과 리더가 인식하는 차이는 근본적으로 다르다.

리더의 엄격함은 개인적 성향이 아니라 공동체를 위한 리더의 역할이라는 관점에서 바라봐야 한다. 국가지도자는 영토를 지켜야 하고, 군대 지휘관은 규율을 유지해 적군에게 승리해야 하며, 경영자는 경쟁력을 확보해 기업을 생존시켜야 하는 임무가 있다. 엄격함이 개인 차원의 감정이 아니라 공동체를 위한 공인의식에 기반하고 있다면 리더에겐 오히려 바람직하다.

이런 점에서 마키아벨리는 평면적 자애심이 아닌 '현명한 엄격함'이 조직 전체를 살리는 진정한 자비가 될 수 있는 리더의 역설을 꿰뚫고 있다.

궁녀 무리를 정예 병사로 만든 훈련법

손무는 『손자병법』으로 이름을 드높였다. 많은 군주가 손무에게 관심을 보였지만 전쟁 경험이 없는 손무의 경력에 반신반의하고 있었다. 오나라의 왕 합려 또한 마찬가지였다. 합려는 손무를 초빙한 후 그에게 군사 대신 궁녀 180명을 내줬다. 그들을 지휘해보라는 뜻이었다. 합려의 의도는 명확했다. 장수에겐 불합리하다고 말할 수 있을 정도의 상황에서 손무가 어떻게 대처하는지 보려고 했다. 하지만 합려조차도 이후의 사태를 전혀 예상하지 못했다.

손무는 조금도 당황하지 않고 궁녀들을 두 편으로 나눴다. 각 편의 대장은 합려가 가장 총애하는 궁녀를 내세웠다. 손무는 궁녀들에게 창을 들게 한 뒤 자신의 가슴과 오른손, 왼손을 아느냐고 물었다. 궁녀들은 웃음을 터뜨렸지만 손무는 개의치 않고 다시 물었고 궁녀들은 웃음기 섞인 대답을 했다. 손무는 여전히 동요하지 않고 앞과 뒤, 좌와 우라는 명령을 내렸을 때의 동작을 가르쳤다.

마침내 훈련이 시작되었다. 궁녀들은 가슴과 좌, 우를 안다고 했지만 손무의 명령에 따라 움직이진 않았다. 그러면서도 웃음과 잡담은 끊이지 않았다. 손무는 말없이 그 광경을 지켜봤고 그런 손무를 합려는 무심하게 바라봤다. 그 순간 손무는 군법을 따르지 않는 병사들을 처형할 때 쓰는 도끼, 부월斧鉞을 손에 쥐며 말했다. "군령이 지켜지지 않는 건 장수의 잘못 때문이다."

손무는 그렇게 자신의 잘못을 책한 뒤 궁녀들로 해금 군령을 되풀이해 동작을 익히도록 했다. 그런 노력 덕분이었을까? 궁녀들의 동작은 어느덧 손무의 지시에 맞고 있었다. 그러나 궁녀들은 여전히 웃음과 잡담을 버리지 않았다. 손무가 다시 말했다. "군령이 정확해졌는데도 규정에 따르지 않는 건 사졸들의 죄다."

그런 뒤 손무는 대장으로 임명한 두 궁녀의 목을 베겠다고 했다.

지켜보던 합려는 깜짝 놀라 다가왔다. 합려는 손무의 능력은 이미 충분히 파악했으니 궁녀들의 목숨은 살려달라고 했다. 손무는 고개를 저으며 무섭게 말했다. "저는 왕명을 받아 장수가 되었습니다. 장수가 군에 있을 땐 왕명을 거역할 수도 있습니다."

손무는 지체하지 않고 궁녀들의 목을 벴다. 그 뒤에 벌어진 일은 자명하다. 궁녀들은 그 어떤 병사들보다도 더 일사불란한 모습을 보여줬다. 애첩 두 명을 잃은 합려는 슬픔에 빠졌지만 손무를 처벌하지 않고 장수로 삼았다.

성웅도 군율에선 일벌백계였다

임진왜란에서 고립무원의 입장에서 나라를 지켜 낸 이순신 장군은 성웅聖雄으로 추앙받는다. 조선의 육군이 사실상 전멸한 상태에서 홀로 수군을 이끌고 23전 23승이라는 신화와 같은 승리를 거뒀다. 부하들에게 깊은 존경을 받은 장수였지만 군율에선 엄격했다. 그가 남긴 『난중일기亂中日記』에는 120여 회에 걸쳐 처벌 기록이 나온다.

중죄의 경우에는 처형하고 효시까지 했다. 고위 참모들이 형벌이 너무 엄하다고 진언할 정도로 엄격하게 집행했다. 처벌 대상은 명백한 목적과 이유가 있었다. 처벌 이유는 명령 위반, 탈영, 민심 교란 등이었고 군율을 어기면 직속 부하는 물론 지위고하를 가리지 않고 처벌했다.

전사한 부하들을 누구보다 가슴 아파했던 인간적인 면모를 가진 리더였지만, 임무를 수행하기 위한 원칙을 시행에 옮기고자 처형과 효수도 불사할 정도로 엄정했던 이순신은 역사에 명장으로 남았다.

해가 되는 인물을 조직에서 솎아내는 게 대상자에겐 고통이고 잔인한 일이지만 조직 전체로선 분명 축복이다. 리더의 역할 중 하나다. 공동체를 이끌어 가는 리더는 선악의 개념이 필부와는 다르듯 잔인함도 마찬가지다. 개개인에 대한 감정이 아니라 조직 전체를 위해 내리는 결정을 피상적 도덕률로 재단할 수는 없는 법이다.

디지털 시대를 견인한 사람

브랜드 또는 상표의 최고 경지는 보통명사가 되는 것이다. 예전에는 '복사한다'를 '제록스한다', '조미료 넣는다'를 '미원 넣는다'라고 표현했다. 최근에는 '검색한다'를 '구글한다', 휴대폰 메시지 보낸다'를 '카톡 보낸다', '이미지 보정한다'를 '포토샵한다'라고 말한다.

개인 차원에선 이름이나 호칭이 보통명사 또는 아이콘이 되기도 한다. 고대 로마의 공화정 말기 정치가였던 율리우스 카이사르는 이름이 황제, 제왕을 의미하는 보통명사가 되었다. 초대 황제 아우구스투스 이후 로마 황제들이 '카이사르'를 칭호로 사용하면서 사실상 '황제'를 의미하게 되었다. 러시아제국 황제의 칭호인 '차르

Tsar', 독일제국 황제를 일컫는 '카이저Kaiser'의 연원이 모두 카이사르에 있다.

스티브 잡스는 20세기 후반부터 본격화된 정보화 사회-디지털 혁명의 아이콘이 되었다. 1980년대 개인용 컴퓨터인 애플로 시작해 픽사, 아이팟, 아이튠즈, 아이폰, 아이패드, 앱스토어로 이어지는 혁신적 제품-서비스 라인은 세상을 바꿨다.

그는 정보화 시대를 맞아 개인용 디바이스와 관련 소프트웨어 및 서비스 시장 자체를 격변시키는 주역이었다. 56세에 세상을 떠나면서 영웅적 신화도 완성되었다.

스티브 잡스에 대한 갖가지 종류의 일화와 전설들은 무궁무진하고 지금도 확대 재생산되고 있다. 혜안과 통찰, 집념과 투지, 결단성과 추진력 등 그의 성공을 뒷받침하는 이야기들이다. 하지만 쏟아지는 수많은 찬사 중에 '착한 CEO'라는 단어는 없다.

그는 직원들의 아이디어를 도용하고 마음에 안 드는 직원은 즉시 해고하는 것으로 악명 높았다. 사후에도 아이들이 자신을 정확히 알길 원해 말년에 월터 아이작슨에게 직접 의뢰하고 인터뷰해 2011년 평전『스티브 잡스Steve Jobs』를 출간했다.

죽음을 앞두고 자신의 삶을 돌아보는 솔직한 회고에서 성장기와 활동기의 그는 변덕스럽고 고집이 세서 상대하기 어려운 까다로운 인간이었다. 심지어 사업 초창기 스타트업 시절 동료 중에서 그의 등쌀에 못 이겨 자살한 경우도 있을 정도였다.

그야말로 사회생활에서 마주치기가 겁나는 수준의 유형으로 실제로 개인적 관계에선 어려움이 많았다. 하지만 그는 자신의 비전과 목표를 이루는 열정이 넘쳤고 완벽을 추구했다. 그리고 세상을 바꿨다.

조직 전체를 오염시키는 썩은 사과 하나

식물 호르몬의 일종인 에틸렌ethylene을 많이 분비하는 바나나와 사과는 쉽게 상한다. 썩은 과일을 두면 나머지도 금방 썩는다. 생활 상식을 조직론에 접목한 '썩은 사과 증후군'은 조직 내 썩은 사과가 조직 전체를 오염시킨다고 본다.

타인에 대한 비난과 부정적 발언을 즐기는 사람, 자신만의 실적 챙기기에 급급한 사람 등이 바로 썩은 사과인데, 썩은 사과가 조직 내에 끼어 있으면 조직 전체가 오염되는 현상이 바로 '썩은 사과 증후군'이다.

조직 생활에서 문제가 없는 성숙한 사람 두 명과 썩은 사과로 분류할 수 있는 사람 두 명을 팀으로 묶어 업무를 시키는 실험을 한 결과, 감정적으로 성숙한 사람들의 업무 수행 능력이 큰 폭으로 떨어졌다. 성숙한 사람의 에너지가 불안한 사람의 에너지를 상승시키는 게 아니라 반대 현상이 일어났다. 악화가 양화를 구축하는 것과 같다. 썩은 사과 한 명은 다섯 명의 새로운 썩은 사과를 만든다.

썩은 사과들은 조직의 사기를 떨어뜨리고 우수한 사람들에게

열패감을 줘서 조직을 떠나게 만든다. 미묘한 언행으로 공개적으로 창피를 주고 제3자에게 험담을 하거나 업무에서 쓸데없는 꼬투리를 잡는 게 썩은 사과들의 행태다.

조직 내 썩은 사과들은 자신도 모르게 주변을 괴롭히고 분열을 조장한다. 그 과정에서 주변인들의 에너지가 상당 부분 고갈되면서 해악은 조직으로 확산된다. 따라서 개선의 여지가 없는 썩은 사과는 서둘러 제거하는 게 가장 좋은 방법이다.

리더는 조직을 유지하고 이끌어가는 사람이지 인간성을 개조하는 사람이 아니다. 조직을 이끌고자 인간에 대한 통찰은 필요하지만 인간 자체를 개선하는 건 다른 영역이다. 기업 경영자의 임무도 가치를 창출하고 돈을 버는 사람이며 필요하면 썩은 사과를 제거해 조직 전체를 보호하는 사람이다.

●

군주는 시민을 단결시키고 충성을 지키게 하려면 잔인하다는 악평쯤은 개의치 말아야 한다. 자애심이 너무 깊어 혼란을 초래해 급기야 시민들을 죽거나 약탈당하게 하는 군주에 비하면, 소수의 몇몇을 시범적으로 처벌해 질서를 바로잡는 잔인한 군주가 훨씬 인자한 셈이 되기 때문이다. 또한 후자의 경우 군주가 명령한 처형이 한 개인을 다치는 것으로 그치지만 전자의 경우에는 국민 전체를 다치게 하기 때문이다.

_『군주론』 17장

●

한니발은 수많은 인종이 뒤섞인 대부대를 이끌고 이국 땅에서 전쟁을 일으켰지만, 전세와 상관없이 병사끼리의 내분이나 지휘관에 대한 반란이 없었다. 한니발의 잔인함 덕분이었다. 부하 병사들의 눈에는 덕성과 잔인함을 함께 가진 한니발이 항상 숭고하고 두려운 인물로 비쳤던 것이다. 잔인함 없이 덕성만 지녔더라면 그만한 성과를 올릴 수 없었을 것이다.

_『군주론』 17장

리더는 사랑받는 동시에
두려움의 대상이다

○○

군주가 사랑을 받는 것과 두려움의 대상이 되는 것 중 어느 쪽
이 좋은가 하는 논쟁이 있다. 누구나 양쪽을 갖추길 원하겠지만
어려운 일이다. 하나를 선택해야 한다면 사랑받는 것보다 두려
움의 대상이 되는 편이 훨씬 안전하다.

『군주론』 17장

학창 시절 정치학 강의 때 들은 '정치학 이론은 정치학자의 숫자
만큼 많다'라는 말이 생각난다. 마찬가지로 리더십에 대해 여러 가
지 이론이 있지만, 리더십이란 분명히 규정하기 어려운 개념이다.
정치학과 마찬가지로 리더십 이론도 리더십 전문가만큼 많다고 느
낀다.

그러나 리더십의 개념을 정의하기 어렵다고 해서 리더십의 실체까지 부인할 순 없다. 조직의 리더가 누구냐에 따라 결과가 완전히 다르게 나타나는 경우를 현실에서 자주 접한다.

따라서 리더는 '당근과 채찍'이 조직과 사람을 이끄는 필요조건이라면 '존경과 사랑'은 조직과 사람을 이끄는 충분조건이라는 점을 인지하고 있어야 한다.

실체가 있는 리더십이지만 명확히 정의하긴 어렵기 때문에 각종 주장이 난무한다. 그중에서 '선행을 베풀고 사랑받는 리더가 조직을 성공시킨다'라는 류의 주장은 항상 인기를 끌게 마련이다. 리더가 조직원들을 친절히 대하고 물질적으로 베풀면 자연스럽게 사랑받고 조직은 성공한다고 믿고 싶어 하기 때문이다.

그러나 현실은 다르다. 리더가 사랑받는 건 중요하지만 사랑받는 리더가 자신의 역할을 성공적으로 수행하는 건 별개의 문제다. 또한 사람들의 마음만큼 변덕스러운 것도 없다. 연인에게 철석같이 약속한 평생의 사랑도 금세 변하는 게 사람들의 마음이다.

리더는 연예인이 아니라 문제 해결사다. 리더가 착한 사람으로 사랑만 받길 원하면 팬들의 환호로 먹고사는 연예인들과 다를 바가 없다.

리더가 성공하려면 '사랑도 받지만 동시에 두려움의 대상'이기도 해야 한다. 사랑이나 두려움, 어느 하나만으로는 조직 에너지를 이끌어 내는 데 한계가 있다. 리더십은 감정적 친밀감을 유지하면서도 원칙에 따른 명확한 질서를 확보하는 두 가지 축에서 생긴다.

부족한 정당성을 두려움으로 제압하다

당나라 태종 이세민의 후궁이었던 측천무후는 비상한 수완가였다. 그는 태종의 사망과 함께 유폐된 삶을 살 운명이었으나 태종의 아들 고종의 황후가 되는 능력을 발휘했다. 그뿐이 아니었다. 자신의 권력을 유지하고자 아들들을 폐위시키거나 죽였다.

압박과 위협의 대가였던 측천무후는 반란의 주동자를 잡아들인 후 그 목을 잘라 신하들로 하여금 참배하게 했다. 반란을 일으킬 경우 어떻게 되는지 보여준 것이었다.

자신의 소생이 아니었던 황태자 이충에 대한 괴롭힘은 집요했다. 결국 측천무후는 이충을 황태자에서 폐위시키고 자신의 소생인 이홍을 황태자로 즉위시켰다. 황태자에서 폐위된 이충은 두려움을 이기지 못해 여장을 하고 지냈을 정도였다.

측천무후가 정권을 장악한 후에도 공포 정치의 본질은 변하지 않았다. 그녀는 자신의 통치에 불만을 품은 자들을 고발하도록 했고 고발한 사람들을 관리로 발탁했다. 그렇게 관리가 된 사람들은 혹리酷吏라 불렸다. 신하들은 측천무후가 보이는 곳에서나 보이지 않는 곳에서나 늘 공포에 떨어야 했다. 혹리 제도로 측천무후는 자신의 손에 피 한 방울 묻히지 않고서도 반대파를 제거하고 남은 신하들을 꼼짝 못하게 했다.

측천무후는 반대파를 매우 엄격히 감시하고 통제하는 공포정치를 실시했지만, 과거제도를 정비해 인재를 등용하고 행정체계를 효율적으로 개편해 백성들의 생활은 안정되었다.

그녀의 통치기는 태종이 통치하던 '정관貞觀의 치治'에 버금간다는 평가를 받아 '무주武周의 치'라고 불린다. 또한 이후 당나라의 전성기인 현종 때의 '개원開元의 치'의 기초를 마련했다는 평가도 받는다. 중국에서 여성으로 유일하게 황제가 된 측천무후는 후궁 출신여자가 군주가 되는 정당성을 확보하기 어려운 상황에서 두려움을 무기로 반대 세력을 제압해 권력의 기반을 확보하고 안정된 치세를 펼칠 수 있었다.

냉혹함과 두려움으로 평화를 가져오다

『군주론』의 모델은 발렌티노 공작 체사레 보르자다. 1502년 33세의 젊은 외교관 마키아벨리는 27세의 신흥 실력자 발렌티노 공작을 처음으로 대면하고 이후 3년 동안 모두 세 번을 만나면서 깊은 인상을 받는다.

당시 이탈리아는 교황령을 비롯해 도시국가들이 각축을 벌이고 있었던 반면 주변에선 정치적 통합이 진행되어 프랑스, 스페인 등 강대국이 등장하는 국제 정치경제 질서의 패러다임 변환기였다. 정치적으로 통합된 강력한 이탈리아의 등장을 염원했던 마키아벨리는 후일 『군주론』에서 체사레 보르자를 '빛' '신이 보낸 인물'로까지 표현하면서 희망을 걸었다.

이탈리아인들은 지도자도 없고 체계도 없으며 더없이 황폐한 상황에 처해 있다. 그런데 최근 한 인물을 통해 그들에게도 빛이 비쳤다. 그는 이탈리아인들의 구원을 위해 신이 보낸 인물이 아닌가 생각되었다. 그런데 인생의 정점에 있을 때 운명은 그에게서 등을 돌렸다.

_『군주론』26장

체사레 보르자는 에스파니아 출신 로드리고 보르자 추기경(후일 교황 알렉산데르 6세)과 애인 반노차 사이에서 태어났다. 1492년 아버지인 보르자 추기경이 교황 알렉산데르 6세로 선출되면서 추기경으로 서품되었다. 교황은 교황군을 창설해 확보한 무력으로 교황령이면서도 통치력이 미치지 못했던 이탈리아 중부 로마냐 지방을 정복하고 '보르자 왕조'를 세우려 한다.

1498년 체사레를 추기경에서 사퇴시키고 교황군 총사령관에 임명한 후 프랑스 왕으로 하여금 발렌티노 공작의 작위를 수여하게 한다. 부친인 교황과 인접 강대국 프랑스의 지원 아래 체사레는 계획대로 로마냐 지방을 정복하고 1501년 로마냐 공국을 세우면서 이탈리아의 신흥 강자로 급부상했다.

체사레의 로마냐 정복 과정은 냉혹했다. 도시와 영주들에게 회유를 시도하고 반발하면 무자비하게 짓밟았다. 정복지의 배반자, 반란자는 가차 없이 응징했다. 공포정치로 반감이 고조되자 측근에게 책임을 물어 처형하는 책략도 동원했다. 가혹한 방법을 동원했지만 단기간에 정복지의 질서를 회복했다.

마키아벨리는 '비록 잔인한 인물로 악명이 높았지만, 그의 잔인함은 로마냐를 진정시켰고 통일했으며 그곳을 평화롭고 충성스러운 곳으로 만들었다.'(『군주론』 17장)라고 평가했다.

마키아벨리가 보기에 체사레는 탁월한 군주였다. 허를 찌르는 전술, 기회를 잡았을 때 놓치지 않고 끝까지 밀어붙이는 과단성, 우아하고 신비롭게 자신을 인식시키는 기술 등을 높이 평가했다.

그러나 체사레의 부상은 마키아벨리의 조국 피렌체에겐 악몽이었다. 1502년 속국인 피사가 자발적으로 체사레에게 보호를 청원했고 인근의 아레초도 동조했다. 절체절명의 위기에 몰린 피렌체가 체사레에게 보낸 사절단에 포함된 마키아벨리는 직접 대면 후 강한 인상을 받았다.

그러나 체사레의 황금기는 짧았다. 1503년 부친인 교황 알렉산데르 6세가 말라리아로 사망했고, 운명의 장난으로 체사레도 말라리아로 한 달간 병석에서 일어나지 못한다. 우호적인 후임 교황 비오 3세는 불과 26일간 재임하고 세상을 떠났다.

보르자 집안의 숙적인 줄리아노 델라 로베레 추기경이 교황 율리오 2세로 선출되면서 급속한 몰락의 길로 들어선다. 곧 산탄젤로 성에 투옥된 후 1504년 스페인으로 추방당해 연금 상태로 지내다 2년만에 탈출에 성공하지만 1507년 국지 전투에서 사망한다.

마키아벨리는 일선 외교관으로 주변 강대국 등장, 이탈리아 내부 분열 등의 상황에서 체사레 보르자 같은 역량 있는 인물이 이탈리아를 정치적으로 통합해야 미래가 있다고 생각했다. 그래서 비록 적국의 군주였지만 희망을 봤다.

그러나 체사레는 인생의 정점에서 몰락해 버렸다. 서양 근대사의 주역이 될 수도 있었던 인물이 르네상스 시기 이탈리아 지역의 에피소드로 마무리되어 버렸다. 하지만 마키아벨리는 체사레가 보여준 과단성, 결단력, 냉혹함, 시대정신을 높이 평가하고 『군주론』의 모델로 삼았다.

과묵함이 가져온 공포로 신하를 장악하다

프랑스 부르봉 왕조의 전성기를 연 태양왕 루이 14세는 '생각해보겠다'라는 말을 자주 사용했다. 그는 신료들의 토론과 논쟁에 결코 관여하지 않았다. 한참 동안 듣고 있다가 자신이 의견을 말할 차례가 되면 "생각해보겠네"라고 말하는 게 고작이었다. 그러나 생각의 결과는 얼마 후 나타났다.

루이 14세는 항상 독자적으로 판단을 내렸는데 신료들은 그런 루이 14세를 무척 두려워했다. 말을 많이 하는 군주의 속내는 짐작하기 쉬웠지만 이렇다 저렇다 말이 없으니 도무지 속내를 알 수가 없었기 때문이다.

그런 까닭에 신료들은 루이 14세가 어떤 반응을 보일 경우 그 반응을 무척이나 중요하게 여겼다. 짧은 문장이나 표정 하나에 나름대로의 추측을 더했다. 그렇게 루이 14세는 과묵이 가져오는 공포로 신료들을 완전히 장악해 나갔다.

과묵과 함께 루이 14세는 또 하나의 무기를 갖고 있었다. 바로 '외면'이었다. 그는 마음에 들지 않는 신료에겐 눈길조차 주지 않았다. 그 신료의 당황스러움은 능히 짐작할 수 있을 것이다. 두려움을 온몸으로 직감하는 신료들은 결국 루이 14세에게 복종할 수밖에 없었다.

루이 14세는 "짐이 곧 국가다"라는 유명한 말을 남겼는데 그의 말은 결코 허언이 아니었다. 그는 자신만의 방식으로 신료들에게 긴장의 끈을 놓지 못하게 하고 자신에게 복종하게 함으로써 국정의 주도권을 유지해 나갔다.

조직 운영의 두 축, 어머니의 사랑과 아버지의 엄격함

우리나라 부모의 전통적 역할 분담 개념은 엄격한 아버지와 자상한 어머니인 '엄부자모嚴父慈母'였다. 어린 자식조차도 부모의 엄격함이 없으면 올바른 인격이 형성되지 않는 법이다. 하물며 각종 이해관계가 얽혀 있는 조직을 이끄는 리더는 말할 나위가 없다. 어떤 조직이든 어머니의 자상함과 아버지의 엄격함은 리더십의 요체다.

리더는 '좋은 사람' '착한 사람'이 아니라 '문제를 해결하는 사람'이다. 문제를 해결하는 에너지의 원천은 결국 '존경 아니면 두려움'

이다. 사람들은 리더를 존경하기 때문에 움직이거나 움직이지 않으면 벌을 받기 때문에 움직인다. 물론 자발적 동기가 가장 강력하지만, 이익과 직결되지 않는 사안에 많은 사람의 자발적이고 지속적인 동참을 기대하는 것도 비현실적이다.

사람들을 움직이는 1차적 동기는 결국 '이익과 손실'이기 때문이다. 소위 자비롭고 착하기만 한 리더는 태평성대에 초등학교 반장 역할은 무리가 없겠지만, 미래를 위한 변화를 이끌거나 난세를 돌파하는 역할은 수행할 수 없다.

목표를 갖고 성과를 내야 하는 조직에서 리더가 원칙을 지키고 잘못을 지적하는 두려움의 대상이 되어야 조직에 적절한 긴장감이 유지되고 질서가 잡힌다. 물론 두려움은 공포와는 다르다. 공포가 근거 없는 막연한 불안감이라면 마키아벨리가 말하는 두려움은 일정한 원칙과 질서에서 발생하는 긴장감으로 해석된다. 중간 간부 이상이 되어 실제 조직을 이끌어 가는 입장에 있다면 '사랑과 두려움' '존경과 긴장감'이라는 대칭적 요소가 주는 의미를 분명히 이해하고 적절히 구사할 수 있어야 한다.

조지프 나이는 자신의 '하드파워와 소프트파워' 개념을 마키아벨리 『군주론』의 '사랑과 두려움' 프레임으로 설명한다. 군사력이나 경제력 같은 '하드 파워'를 이용해 두려움을 이끌어 낼 수 있고 비전과 소통, 동기부여 등의 '소프트파워'로 사랑받는 리더가 될 수 있다고 본다.

사랑만 받으면 하찮아 보이기 쉽고 두려움만 주면 동기부여가 되지 않는다. 조직의 생존과 발전이 현실론과 이상론의 합주곡이듯 리더십도 사람과 두려움의 합주임을 마키아벨리는 통찰했다.

●

두려움의 대상이 되는 것과 원한을 사지 않는 일은 얼마든지 양립할 수 있다. 군주가 시민의 재산이나 부녀자에게 손을 대지 않으면 항상 성취할 수 있는 일이다.

_『군주론』 17장

●

인간은 두려워하던 자보다도 애정을 느끼던 자에게 더 가차 없이 해를 입힌다. 원래 사람은 이해타산적이어서 단순히 은혜로 맺어진 애정쯤은 이해관계가 부딪히는 기회가 생기면 즉시 끊어 버리기 때문이다. 그러나 두려워하는 자에 대해선 처벌이라는 공포로 묶여 있기에 결코 모르는 척할 수 없다.

_『군주론』 17장

명분의 깃발을 올리고
질서의 채찍을 들어라

○○

군주가 경멸당하는 일이나 미움 사는 일은 피해야 한다. 군주
가 가장 큰 미움을 사는 일은 신하의 재산을 강탈하거나 부녀자
에게 손을 대는 일이다. 인간이란 재산과 명예만 빼앗지 않으면
그럭저럭 만족하고 살아간다.

『군주론』 17장

두려움과 인센티브는 사람을 움직이는 두 가지 핵심 동인이다.
손실을 피하기 위한 동기는 두려움에서 나오고 이익을 취하기 위한
동기는 인센티브에서 발생한다. 이런 관점에서 보면 사회적 관계에
서 사람들끼리 만나 관계를 맺고 의사소통하는 건 결국 '협박 또는
굽신거림'이다.

정치인들이 무리를 짓는 것, 사업가들끼리 거래하는 것, 시민 단체들의 주장, 교수들의 사회적 발언 등이 상대가 자신의 의사를 받아주도록 굽신거리거나 받아들이지 않으면 좋지 않다는 협박의 두 가지 범주로 대별할 수 있다. 다시 말해 모든 사회적 관계 속의 의사소통은 상대에게 두려움을 암시하거나 이익을 주고받는 구조다.

경멸과 미움은 다른 문제다. 하찮아 보이는 건 더는 두려움을 주지도 못하고 이익을 주고받을 가능성도 없게 인식된다는 뜻이다. 달리 말해 더 이상 기대할 게 없다는 의미다. 힘없고 하찮아 보이는 존재로 경멸당하는 리더는 사람을 움직이는 기본적 힘을 모두 상실한 것이다. 마키아벨리가 어떤 경우에도 리더가 경멸당하거나 하찮아 보여선 안 된다고 강조하는 배경은 바로 여기에 있다.

개국공신 숙청으로 신생 국가를 안정시키다

고려의 정몽주와 조선 태조 이성계의 참모 정도전을 제거하고 정권을 장악한 이방원은 왕위에 오른 뒤에도 숙청을 계속했다. 태종은 자신이 즉위하는 데 공을 세웠으나 사병 해산을 반대하는 매부 이거이 부자를 처형했다. 정도전이 주도한 사병 해산에 반대해 그를 제거했던 태종이 즉위하자 입장을 바꾼 것이었다.

왕에게 사병을 지닌 신하란 위협일 뿐이다. 태종은 처남인 민무구, 민무질 형제도 처단했다. 외가가 후대 임금에게 영향력을 발휘하는 걸 사전에 막고자 한 것이다. 그 뒤로도 공신 이숙번, 이무 등도 숙청했다. 그러다 보니 태종 말년에 세종에게 왕위를 넘길 때 살아남은 공신은 조영무뿐이었다.

상왕이 된 태종은 숙청을 멈추지 않았다. 당시 영의정 심온이 사신으로 명나라로 떠나는 길에 수많은 사람이 배웅하러 나온 점이 태종의 심기를 건드렸다. 태종은 명나라에서 돌아온 심온에게 사약을 내렸다. 태종의 숙청은 결과적으로 신생 국가 조선의 왕권을 확고하게 했으며, 태종이 확립한 왕권을 계승한 세종은 500년 동안 지속될 조선 왕조의 토대를 마련했다.

한편 고려의 네 번째 왕 광종도 개국공신에 대한 잔인한 숙청으로 왕권을 강화하고 왕조의 기틀을 잡았다. 고려 태조 왕건이 개창한 고려는 지방 호족의 연합 정권이었다. 3,200명에 이르는 개국공신은 이후 왕권을 위협하는 강력한 세력이 되었다.

왕위에 오른 광종은 7년간 절치부심하며 준비해 귀족들의 사병 해산을 목적으로 하는 노비안검법을 공포했다. 또한 후주後周에서 사신으로 온 쌍기를 중용하고 과거제도를 실시해 호족이 아닌 집안 출신의 엘리트 관료를 육성했다. 특권을 박탈당한 공신 세력들의 반발에 광종은 대대적인 숙청으로 대응해 호족 세력을 약화시키고 왕권을 확립했다.

고려 광종과 조선 태종의 숙청은 잔혹했지만 개인의 부귀나 안위가 아니라 신생 국가의 안정을 위한 목적이었고, 이후 고려와 조선은 500년의 역사를 열었다.

초반에 만만하게 보이면 먹잇감이 될 뿐

1977년에 태어난 라이언 블레어는 30대 초반에 컴퓨터 지원 회사인 24/7테크, 컨설팅 회사인 바이샐러스 사이언스 등 여섯 개 기업의 경영자가 되었다. 그러나 그의 이력은 여느 성공한 기업인들에 비해 특별하다.

갱단의 멤버로 도둑질을 하고 마약에 손을 댔으며 열 번 넘게 경찰에 체포되어 두 번이나 소년원에 수감되었다. 보통은 숨기고 싶어 하는 소년원 수감 경력을 블레어는 오히려 떳떳하게 드러낸다. 그뿐만 아니라 소년원에서의 경험 하나가 인생을 바꾼 원동력이었다고 고백했다.

소년원에 들어간 첫날 그는 빠르게 분위기를 파악했다. '초반에 만만하게 보여선 안 된다'라는 걸 알았다. 소년원 내부 역학관계의 시금석은 다름 아닌 '우유'였다. 소년원에 들어간 첫날 누군가 자신의 우유를 뺏어가도록 내버려두면 다음 날부턴 다른 사람들도 매일 자신의 우유를 빼앗는다는 걸 배웠다. 그래서 그는 우유를 지켰다.

물러나지 않으려는 그의 기세를 읽은 다른 수감자들은 그의 우유를 빼앗지 않았다. 보통 같으면 우유를 지킨 것에 만족했을 것이다. 그러나 라이언 블레어는 달랐다. 그는 그 단순한 사실에서 삶의 교훈, 후일 전개할 비즈니스의 교훈을 얻었다.

감옥에선 아무도 믿을 수 없다. 오늘의 강자가 내일도 강자가 되는 건 아니었다. 그런 환경에서 살아남으려면 자신을 지키면서 주위 정세에 빠르게 적응해야 했다.

소년원에서 출소한 블레어는 양아버지의 도움을 받아 대학 공부를 시작할 수 있었다. 비즈니스 경력은 시급 6달러가 시작이었다. 그러나 그는 좌절하지 않았다.

2년의 직장생활을 거쳐 사업을 시작했다. 21세 때 컴퓨터 지원 회사인 24/7테크를 창업한 뒤 인터넷통신망 회사 스카이파이프라인을 인수해 100만 달러에 매각했다.

그는 성공 비결로 소년원에서 우유로 배운 교훈을 들었다. 자신을 믿으면서 새로운 사업에 뛰어들 때면 늘 초반의 기선 잡기에 주력했다. 어려운 상황에서도 타인이 만만하게 보지 않도록 위협에 맞선 태도였다.

하찮게 보이는 순간 리더로서 생명력은 사라진다

『손자병법』에선 장수를 용장勇將, 지장智將, 덕장德將으로 구분하고 용장은 지장만 못하고 지장은 덕장만 못하다고 했다. 이외에도 맹장猛將, 인장仁將, 의장義將, 예장禮將 등 장수를 지칭하는 명칭은 다양하다.

이러한 명칭은 장수 개인의 장점에 따라 부하들을 통솔하는 방식을 잘 나타내고 있지만, 어차피 전쟁은 결과로 말하는 것이기에 어떤 유형의 장수가 유능한지에 대해선 분명한 결론이 있을 수 없다. 다만 분명한 건 이러한 명칭을 가진 장수들은 부하들에게 하찮게 보이거나 경멸받진 않는다는 점이다.

리더십에 대한 근본적 질문이 두 가지 있다. '실체인가, 허상인가' '타고나는 것인가, 길러질 수 있는 것인가.' 물론 리더십이 실체임은 분명하다. 또한 타고나는 것이지만 경험을 통해 길러지는 것도 분명하다. 그러나 리더십은 특정한 유형이 없다.

흔히 리더십에 대해 사람들은 원론적 이야기들을 다양한 사례를 근거로 해 늘어놓지만, 그중 대다수는 성인군자와 같은 경지를 요구하는 비현실적인 것이다.

사실 인간이 인간을 다루는 섬세하고 복잡한 사항을 대상으로 일정한 유형을 만드는 게 쉽지 않다. 리더로서 외향적 사람이 적절하지만, 내성적 사람도 리더로서 훌륭히 활약하는 사례를 쉽게 찾을 수 있다. 착하고 덕이 있는 사람이 리더로 바람직하겠지만, 스티브 잡스 같은 악동도 탁월한 리더였다. 소통을 잘하는 리더가 무난하지만, 고독한 철학자 유형도 무방하다.

리더로서 사람들에게 두려움을 주든, 용기를 주든, 신비감을 주든, 이익을 주든 어떠한 유형도 가능하다. 하지만 어떠한 경우에도 경멸과 미움을 받는 자는 리더가 될 수 없다. 하찮아 보이는 순간 리더로서 생명력은 상실한다.

공자의 모자를 쓰고 한비자의 채찍을 들어라

단순하게 모여 있는 무리와 구조를 가진 조직은 다른 차원으로 존재한다. 무리에는 위계, 질서, 동기도 없이 동일한 공간에 같이 있을 뿐이다. 그러나 조직은 위계적 질서로 상호 동기를 부여하며 방향성을 가진다. 군집 생활을 하는 동물들도 내부적으로는 조직의 질서가 있다. 대평원의 사자, 하이에나, 늑대들은 각자의 역할에 따른 분업 구조를 형성하고 유지한다. 인간들도 마찬가지로 처한 환경에 따라 조직의 특징을 발달시킨다.

혈연, 종교, 기업, 국가 등 인간이 만든 모든 조직은 나름대로의 명분과 질서를 가진다. 명분은 정당성을 부여하고 엄정함은 질서를 가져온다. 가족 단위에도 정체성을 확인하고 명분을 확보하는 가훈, 족보 등의 기제가 있다. 혈연의 범위를 벗어나면 이러한 경향은 더욱 강해진다. 타인들끼리 모인 집단이 조직적으로 행동하려면 각자의 특성에 따른 다양한 기제가 필요하다. 공통적으로는 명분, 질서, 상호 이익의 구조까지 세 가지가 기본이다.

명분은 정당성을 부여한다. 지능을 가진 인간들은 항상 정체성을 고민하고 고차원적 가치를 지향한다. 그래서 집단은 명분을 가져야 구성원들을 결집하는 구심점이 형성되고 조직으로 발전한다. 명분은 깃발이다. 대내외적으로 높이 내걸고 보여주면서 정체성, 우월성, 지향성을 과시한다. 그래서 종교, 사회, 정치, 경제의 모든 영역에서 만들어지는 수많은 조직이 각자의 명분을 내걸고 있는 것이다.

엄정함은 질서를 가져온다. 엄정함의 근거는 특정인의 자의적 기분이 아니라 법령, 규칙 등에 객관적으로 기반해야 한다. 엄정함이 없으면 겉으로는 조직일지라도 실질적으로는 무질서한 무리에 불과하다.

상호 이익의 구조는 구성원이 조직에 소속됨으로써 자신의 생존에 지속적인 이익이 되어야 함을 의미한다. 개인 단위, 가족 단위에서 생존에 전혀 지장이 없으면 조직에 소속될 이유가 없다. 조직에 소속되고 부담을 감수하는 이유는 생존에 도움이 되기 때문이다. 장기적으로 조직이 구성원에게 이익이 되어야 지속가능하다.

군주, 리더의 조직 운영은 기본적으로 명분을 내걸고 질서를 만들어 이끄는 것이다. 명분이 없으면 조직의 구심점이 없고, 질서가 없으면 조직으로서 의미가 없다. 수사적으로 표현하면 '공자의 모자를 쓰고 한비자의 채찍을 들어라'다. 공자의 모자는 명분의 깃발이고 한비자의 채찍은 질서를 유지하는 엄정함이다.

성리학적 정서가 강한 우리나라에선 특히 명분이 중요하다. 명분이 설사 비현실적이고 실체가 불분명하더라도 소위 '정신승리'를 위해서라도 필요하다. 폭력 조직들조차 나름대로 조직의 형태를 갖추면 인의仁義, 의리義理 등을 표방하는 이유다.

리더가 현실적으로 조직을 운영하는 두 개의 도구는 공자의 모자와 한비자의 채찍이다. 즉 명분의 깃발을 올리고 엄정한 질서의 채찍을 들고 있어야 한다.

●

군주가 경멸을 당하는 이유는 변덕이 심하고 경박하며 무기력
하고 결단력이 없다고 보일 때이므로 군주는 크게 경계해야 한
다. 그와 동시에 자기 행동 속에는 위대함, 용맹심, 신중함, 강
직함이 엿보이도록 노력해야 한다. 그리고 신하들에 대한 개개
인의 취급에 있어서도 한번 내린 결단은 절대로 철회하지 않도
록 하며 또 누구를 막론하고 군주를 속인다거나 농락하는 일은
감히 생각도 하지 못하게 해야 한다.

『군주론』 19장

●

막시미누스는 군인들에 의해 황제로 추대되었다. 그러나 그는
이내 조롱을 받았다. 원래의 신분이 미천했던 게 한 이유였고
로마에 가서 제위에 오르는 대신 악행을 저지른 게 다른 이유였
다. 사람들은 그의 미천한 신분에 대해 분노했고 그의 잔인한
행동에 두려움을 느꼈다. 결국 군인들은 그를 살해하는 것으로
복수했다.

『군주론』 19장

돈이 필요조건이라면
가치관은 충분조건이다

○○
군주는 대신들에게 충성심을 갖게 하고자 명예를 주고 생활을
풍족하게 해주고 은혜를 베풀어 명예와 관직을 함께 안겨주는
등 신상에 대한 일을 배려해야 한다.

_『군주론』 22장

한비자는 군주를 세 가지 등급으로 나눴다. "하군은 자신의 능력
을 사용하고 중군은 남의 힘을 사용하며 상군은 남의 능력을 사용
한다." 리더가 타인의 능력을 활용하는 것에는 두 가지 조건이 충족
되어야 한다. 물질적 이해관계와 정신적 공감대의 일치다.

물질적 관계만으로 맺어지면 이해관계 변화에 따라 쉽게 무너
진다. 정신적 공감대만으로는 현실의 인간들을 장기적으로 이끄는

데 한계가 있다. 이런 점에서 리더가 조직원들과 물질적 이해관계를 일치시키는 걸 성공의 필요조건이라고 한다면, 정신적 가치를 공유하는 건 충분조건이다.

진화심리학자 로빈 던바 옥스퍼드대학교 교수는 종種이 이루는 집단의 크기는 대뇌 신피질의 크기와 비례한다는 이론을 정립하고, 호모사피엔스 1인이 1차적 관계를 맺을 수 있는 숫자는 150명 내외라고 분석했다.

실제로 정치, 군사, 종교 등 다양한 조직에서 하부 조직 단위는 대략 던바 숫자인 150에 근접하고, 조직이 커지면 단계별로 층위를 두고 역할을 분담하는 구조가 자연스럽게 형성된다.

이런 형태로 조직 규모에 맞는 관리 구조가 형성되면서 수천수만 명의 조직도 한 사람의 리더가 이끌어 갈 수 있는 구조가 만들어진다. 또한 조직이 커지면 필요한 역량 역시 그만큼 확대되어야 하기 때문에 아무리 능력이 뛰어난 리더도 혼자서 조직을 이끌어 갈 수 없다.

군대도 전투, 병참, 병기, 수송, 탄약 등 다양한 기능이 유기적으로 결합되어야 임무를 수행할 수 있고 기업도 조달, 물류, 생산, 연구 개발, 재무, 판매 등 분야별 기능이 조직되어야 굴러간다. 자연히 리더는 각 부문의 책임자들과 팀을 구성해 조직을 이끌어야 한다.

군주와 대신의 관계는 지휘관과 참모, 최고경영자와 임원의 관계에 비유된다. 영역은 다르지만 의사 결정을 내리고 수행하는 구조는 마찬가지기 때문이다. 리더와 핵심 참모들과의 관계 구조가 조직 역량의 핵심이다. 그러나 리더가 핵심 참모를 능력과 충성심을 갖춘 자들로 구성하는 게 쉬운 일은 아니다.

능력은 있는데 충성심이 부족하면 모반을 일으킬 위험성이 항상 존재하고, 충성심은 있는데 능력이 부족하면 조직을 유지하기 어렵다. 일단 참모진이 구성되면 충성심을 유지하면서 능력을 발휘하도록 지속적으로 관심을 가져야 한다. 이런 관점에서 마키아벨리는 핵심 참모들에게 그에 걸맞은 돈과 명예로 보상을 줘야 한다고 지적한다.

『마피아 경영학The Mafia Manager』의 저자 V는 부하의 이익과 리더의 이익을 일치하게 만드는 게 경영의 핵심이라고 주장하는 점에서 마키아벨리와 맥락을 같이 한다. V는 계속해서 부하의 이익과 리더의 이익을 일치시키기 위해선 "맡은 임무에 실패할 때는 벌을 주고, 성공을 거둘 때는 상을 내려라"고 조언한다. 즉 리더의 이익이 있는 곳에 부하의 이익이 있다는 걸 보여줌으로써 그들의 충성심을 유발하고 지속시키는 것이다.

마음이 통해야 충성심을 얻는다

'종기를 빨아준 사랑'이라는 의미의 연저지인吮疽之仁이라는 고사가 있다. 고사의 주인공은 전쟁에서 연전연승해 상승장군이라 불리며 『오자병법吳子兵法』의 저자로 알려져 있는 오기다.

오기는 원래 거친 사람이었으나 어머니가 나무라자 대오각성했고 재상이 되기 전에는 어머니를 찾지 않으리라 다짐하며 증자의 휘하로 들어간다. 그러나 증자가 강조하는 '예'의 철학은 오기에게 맞지 않았다. 증자는 어머니의 죽음에도 공부를 멈추지 않는 오기를 문하에서 쫓아낸다.

이후 오기는 병법을 배워 장수가 된다. 증자는 그를 파문했으나 오기는 그에게서 '인'의 정신만은 제대로 배웠다. 오기는 병사들을 진심으로 아꼈다. 식사도 그들과 함께 먹었고 잠도 함께 잤다. 장수라고 특혜를 누리지 않았다.

한 번은 종기로 고생하는 병사의 상처 부위를 입으로 빨아주기도 했다. 그것이 바로 '연저지인'이라는 사자성어의 유래다. 병사는 감격했지만 그 소식을 들은 병사의 어미는 절망했다. 장수의 사랑을 받은 아들이 목숨을 아끼지 않고 싸울 것이기 때문이었다.

중요한 건 오기의 '인'이다. 부하들을 진정으로 대할 때 부하들도 장수를 위해 목숨을 바치는 법이다. 오기의 병법은 날카롭지만 오기의 마음에는 따뜻한 '인'이 있었던 것이다.

명령이 아닌 선택권으로 문제를 해결하는 지혜

리더의 힘은 명령과 지시에 있다. 하지만 명령과 지시를 남발하면 오히려 값어치가 떨어진다. 가능하면 명령이 아니라 자발적 선택으로 원하는 결과를 얻어 내는 방법이 반감이 적고 효과도 크다. 행동경제학에서 주장하는 '넛지'의 개념이다.

1950년대에 태동한 행동경제학은 인간 행동의 경제적 동기와 심리적 기제를 융합해 경제학의 새로운 지평을 열었고, 2017년 리처드 세일러 교수가 노벨경제학상을 수상하며 다시금 세간의 관심을 모았다. 베스트셀러 『넛지』로 일반인에게도 친숙한 그는 '자유주의적 개입주의'를 설파한다.

더 나은 선택을 유도하고자 금지와 명령이 아니라 팔꿈치로 옆구리를 툭 치는 듯한 부드러운 권유로 사람들의 행동을 변화시키는 접근이다. 행동경제학은 20세기 후반에 합리적 인간에게서 관찰되는 감성적이고 비합리적 선택의 배경을 이론적으로 규명했지만 역사는 길다. 동서고금을 막론하고 인간의 행동이란 경제적 인센티브와 감성적 심리의 결합으로 표출되기 때문이다.

중국 춘추시대 남방의 후진국이던 초나라는 기원전 7세기 장왕대에 패권국으로 부상했다. 양쯔강 유역의 광대한 습지를 대규모 토목공사로 농지 전환해 경제적 기반을 확보하고 북방의 선진 문물을 받아들여 제도를 정비한 결과였다.

장왕을 도와 부국강병을 이룬 재상 손숙오는 유능하고 지혜로운 인물로, 순리를 따르면서 백성들에게 규율을 강요하지 않는 정책 추진으로 많은 일화를 남겼다.

당시 수레는 전시에 전차로 전환되는 전략물자였다. 전투에 적합하지 않은 낮은 수레의 유행을 우려한 장왕은 높이를 올리라는 명령을 내리려 했다. 그러자 손숙오가 건의했다. "아래로 영을 너무 자주 내리면 백성들이 무엇을 따라야 할지 모르니 안 될 일입니다. 왕께서 꼭 수레를 높이고 싶다면 마을 앞의 문지방을 높이시지요." 손숙오의 의견을 따르자 반년 만에 수레의 높이가 모두 올라갔다.

그는 사안의 본질을 이해하고 있었다. 오르내리기 편해 선호하는 낮은 수레는 말에게 부담을 주고 야전에서 전차로 사용하기도 어렵다. 그런데 편함을 추구하는 인간의 본성을 왕의 명령만으로 변화시키긴 어렵기에 강제로 수레를 높이려 하지 않고 낮은 수레를 타고 다니기 불편하게 만들었다. 마을 문지방을 높이긴 쉽기에 쉬운 일로 어려운 일을 처리한 소위 '넛지'다.

행동경제학의 '넛지'를 한의학에 비유하자면 평범해 보이지만 실제로는 급소에 해당하는 혈穴이다. 인간과 사회의 바람직한 변화를 위해 혈을 정확하고 부드럽게 자극하되 자유로운 선택을 방해하지 말라는 접근이다.

백면서생이 책을 읽고 이해하는 단순한 기법이 아니라 생동하는 현장에서 실질적 경험을 쌓으면서 체득하는 세상살이의 본질에 대한 통찰력에 기반한다. 춘추시대 초나라 토목기술자 출신 손숙오는 이런 측면을 정확하게 이해하고 있었다. 현실 경험이 없으면 '넛지'를 이해하지도 구사하지도 못한다.

평범한 사람들이 특별한 방식으로 일해 얻은 것

역사적으로 군대는 체계적 조직의 원형이었다. 당대 최고의 인재와 기술로 무장한 군대는 민간조직 발달의 모델이자 리더십의 원천이었다. 동서고금 역사에 기록된 이순신, 을지문덕, 카이사르, 한니발, 나폴레옹 등이 오늘날에도 벤치마킹 대상인 배경이다.

저명한 경영학자 피터 드러커는 리더십 훈련을 위한 최적의 장소를 '미국 군대'로 평가했다. 군대의 리더십, 혁신 사례가 민간에도 전파되고 학습되는 이유다.

미국 해군 구축함 USS 벤폴드는 1990년대 후반 혁신과 리더십의 아이콘으로 주목받았다. 함대의 최하위 골칫덩어리가 신임 함장 부임 후 1년 만에 최우수 함정으로 변모했고, 그 창의적 아이디어는 미 해군 전체로 전파되어 전투력을 높이고 운영 비용을 절감하는 성과를 거뒀기 때문이다.

마이클 에브라소프 중령은 1997년 7월 장병 310명인 벤폴드의 함장으로 부임해 20개월을 근무했다. 단기간에 무기력한 병사들을 투지 충만한 전사로 변모시킨 리더십은 '평범한 사람들이 특별한 방식으로 함께 일한다'로 압축된다.

아날로그 시대 구식 군함의 함장은 배의 모든 걸 이해하고 판단했다. 그러나 디지털 시대의 이지스함은 병사 개개인의 역량을 발휘하고 잠재력을 이끌어 내야 했다. 최첨단 하이테크 장비를 다루는 병사들의 전문성이 높아졌기 때문이다.

우수한 병사가 해군을 떠나는 이유도 급여보다 자신의 의사가 반영되지 않고 책임감 없이 일하는 불만이 컸다. 신임 함장은 상하 관계를 유기적으로 연결해 위계질서를 지키면서도 서로 협조하고 자발적으로 참여하는 리더십을 발휘했다.

병사들의 활기찬 일상생활을 위한 프로그램도 실시했다. 출발은 식당이었다. 규정된 예산 범위 내에서 맛을 더하는 민간 식료품을 구입하고 취사병 전원을 민간 요리학원에서 실습시켰다. 식사 시간은 맛집 탐방처럼 되었고, 소문이 나면서 기지에 정박하면 다른 군함 승조원들이 벤폴드 식당으로 몰려들었다. 항해 중에는 금요일 저녁에 비행갑판에서 병사들이 선곡한 음악을 같이 듣는 시간을 가졌다. 병사 부모의 생일에는 함장이 서명한 축하카드를 보내 가족과의 유대감도 높였다.

함정의 성과는 획기적으로 향상되었다. 장비 고장이 1997년 75건에서 1998년 24건으로 감소했고 유지비 예산 2,400만 달러 중 60만 달러, 수리비 예산 300만 달러 중 80만 달러를 남겼다. 이외 다양한 혁신 사례로 모범이 되면서 1998년 미 해군에서 가장 우수한 함정에 수여하는 스포캔 트로피Spokane Trophy를 받았다.

구축함장의 권한은 제한적이다. 상명하복과 규율 준수라는 상황에서 주어진 인력과 제한된 예산으로 임무를 수행해야 한다. 이러한 제약 조건에서 에브라소프 함장은 꼴찌를 단기간에 챔피언으로 변모시켰다. 장병들은 더 많은 책임이 부여될수록 더 많이 배워나갔고 더 많은 자유가 주어질수록 더 많은 성취를 이뤄냈다.

1996년 미 해군 태평양 함대로 배치된 USS 벤폴드의 함명과 함급은 우리나라와 깊은 인연이 있다. 함명은 6.25 전쟁에 미국 해군 위생병으로 참전한 에드워드 벤폴드 상병에서 유래했다. 중공군과 맞붙은 1952년 서부전선 벙커힐 전투에서 부상병들을 돌보다가 21세에 전사했고 명예훈장Medal of Honor이 추서되었다.

알레이 버크는 제2차 세계대전 태평양 전선에서 구축함 전대장으로 명성을 날렸다. 제독으로 6.25 전쟁에 참전 후 해군 참모총장을 역임했다. 총장 재직 시절 함정 서른두 척을 공여하는 등 대한민국 해군 발전에 공로가 크다. 미 해군은 그의 공헌을 기려 이지스 구축함을 알레이 버크급으로 명명했다.

현장 지휘관의 리더십은 '동고동락同苦同樂'과 '솔선수범率先垂範'으로 압축된다. 서경석 장군은 1960년대 베트남 전쟁에 맹호부대 중대장으로 참전해 충무무공훈장 등을 수훈하고 후일 6군단장을 역임했다. 실전 경험을 담아 펴낸 「전투감각」은 미 보병학교와 참모대학에서 교재로 선정되었다.

그는 회고했다. '전장에서 병사들이 존경하는 사람은 맛있는 음식을 주고 멋있는 차림으로 찾아와 칭찬이나 늘어놓는 상급자가 아니다. 백 마디의 달변보다 고통과 아픔을 참고 버티면서 죽음과 직면한 상황에서 솔선수범을 행동으로 보일 때 부하를 감동시키고 강한 전투력을 발휘하게 된다.'

물질은 필요조건이고 가치관은 충분조건이다

원시시대의 자연발생적인 가족 단위의 공동체가 씨족과 부족을 거쳐 국가로 발달하는 이유는 조직을 만들고 소속되는 게 모두의 생존에 도움이 되기 때문이다. 그러나 조직이 커지고 구조가 복잡해지면서 이른바 '주인·대리인 문제Principal & Agent Problem'가 발생한다.

주인(군주, 리더)이 대리인(신하, 조직원)에게 업무를 맡겼을 때, 대리인이 주인이 원하는 만큼 노력하지 않고 오히려 자신의 이익을 추구하는 문제다.

경제학의 게임이론 가운데 하나인 '주인·대리인 문제'를 해결하기 위해선 주인과 대리인의 이해관계를 가능한 일치시키고, 주인이 대리인의 투명하게 관찰할 수 있는 방법을 강구하거나 상호간 장기적 신뢰 관계를 쌓아야 한다. 또한 대리인의 도덕적 해이에는 벌칙을 가하는 방식으로 문제를 줄인다.

조직, 특히 기업을 구성하고 운영하는 기본 원리는 명확하다. 개인이 조직에 포함되는 동기 역시 분명하다. 경제적 이익은 기업의 구성과 운영을 가능하게 하는, 그리고 개인이 조직에 포함되게 하는 1차적 동기다. 2차적 동기는 경제 외적 보상이다.

감정과 도덕 관념을 가진 인간은 가치에도 반응한다. 금전적 이익이 많아도 자부심을 주지 못하면 오래 지속될 수 없다. 따라서 경제적 인센티브가 조직 운영의 필요조건이라면 적절한 가치체계와 자부심을 부여하는 경제 외적 동기는 충분조건이다.

고급 인력 부족이 심화되면서 경영자들은 좋은 인력을 확보하고 유지하는 데 큰 노력을 기울인다. 특히 산업의 지식화가 급진전하면서 고급 인력이 적극적으로 일할 수 있는 분위기를 만드는 게 더욱 중요해지고 있다. 이런 분위기와 문화를 만들고자 한다면 경영자는 '가치관'과 '돈'을 기억할 필요가 있다.

조직의 가치관과 자신의 가치관이 일치할 때 사람들은 적극성을 띤다. 그리고 돈을 많이 준다고 하면 역시 적극성을 띤다.

가치관이 주는 열정의 사례는 종교활동, 봉사활동, 사회운동을 하는 사람들을 보면 된다. 소위 '돈 안 되는 일'을 하는 이들의 헌신적 노력과 적극적 태도의 출발점은 가치관의 일치다. 특별한 경제적 보상을 기대할 수 없는 상황에서도 열정을 갖고 어려움을 헤쳐나가는 힘은 여기서 나온다.

물론 앞에서 언급한 것처럼 돈은 사람들을 적극적으로 만드는 근본적 힘이다. 물질적 보상은 대부분의 사람에게 즉각적이고 강력한 동기유발이 되는 법이다.

정리하면 사람들은 조직의 가치관에 공감하고 돈을 많이 받을 수 있는 상황에서 가장 적극성을 띤다.

조직의 가치관은 비전, 경영전략에서 나타나고 기업문화에 스며 있다. 개인이 조직의 가치관에 공감할 때 열정이 생겨나고 헌신적이 된다. 따라서 올바른 가치관과 기업문화를 구축하는 건 기업이 발전하기 위해서 대단히 중요하다.

그러나 기업은 기본적으로 경제적 집단이다. 돈이라는 경제적 보상체계가 깔려 있어야 한다. 조직의 가치관에 대한 헌신만 강조하는 조직은 정치적 결사 단체는 될 수 있을지언정 정상적 기업으로 발전할 수 없다.

따라서 기업이 존립하기 위해선 조직원들에게 돈이라는 인센티브가 합리적으로 주어져야 한다. 그러나 돈만 많이 줄 뿐 가치관이 없는 조직도 정상적 기업으로 발전할 수 없다.

수레가 두 바퀴로 굴러가듯, 조직 속의 사람들은 돈과 가치관이라는 두 개의 바퀴로 굴러간다. 돈을 많이 주면 가치관에 동의하지 않더라도 직원들은 일단 열심히 일한다. 그러나 고급 인력일수록 이런 상황을 오래 견디지 못한다. 또한 가치관에 공감하면 직원들은 헌신적으로 일할 것이다. 그러나 장기적으로 돈이 보이지 않는 상황에서 헌신성이 유지되긴 어렵다.

이런 관점에서 기업 경영자는 돈과 가치관이라는 물질적, 정신적 인센티브를 정교하게 운영해 직원들의 헌신을 이끌어 내는 사람이라고 정의할 수 있다. 일류 기업으로 발전하기 위해 좋은 인력을 확보하고 유지하는 데 돈이 필요조건이라면, 가치관은 장기적 관점에서 갖춰야 할 또 하나의 충분조건인 셈이다.

●

군주가 대신을 선정하는 건 매우 중요한 문제다. 군주의 생각에 따라 인재를 얻을 수도 있고 무능한 인물을 선임할 수도 있다. 따라서 어떤 군주가 총명한지 보려면 먼저 군주의 측근들을 보면 된다. 측근들이 유능하고 성실하면 군주는 총명한 사람이며, 측근들이 무능하면 군주는 인선에서부터 이미 잘못하고 있는 것이다.

『군주론』 22장

●

군주는 대신들에게 군주인 자기 없인 도저히 살아갈 수 없다는 걸 알게 하고, 충분한 명예를 줘서 더는 명예를 바라지 않도록 하며, 충분한 직책을 줘서 자신의 직책을 잃을 수 있는 정변을 두려워하게끔 인식시켜야 한다. 군주에 대한 신하의 태도도, 신하에 대한 군주의 태도도 이렇게만 하면 서로 믿을 수 있다.

『군주론』 22장

IL PRINCIPE

4부

· · ·

위기에 슬기롭게 대처하는
역사의 패턴

허황된 관대함으로
공동체가 패망하는 역사의 패턴

○○

사람의 원한이란 악행뿐 아니라 선행에서도 생긴다. 그렇기에 군주가 나라를 보전하려면 종종 부도덕하게 행동하도록 강요받는다. 군주가 자리를 유지하고자 자기 편으로 삼아야 할 필요가 있다고 판단을 내린 어느 한 집단(백성이든 병사든 귀족이든)이 부패했다면, 그들의 욕구를 채워줄 수밖에 없다.

_『군주론』19장

국가와 공동체의 흥망성쇠에서 종교인은 도덕, 철학자는 사상, 외교관은 국제관계, 경제학은 물적 토대의 관점에서 접근한다. 특히 경제학은 구체적 숫자에 기반하는 점에서 실질적 분석으로서 차별성을 가진다.

『죽은 경제학자의 살아있는 아이디어』로 유명한 토드 부크홀츠는 『다시, 국가를 생각하다』에서 동서고금의 국가들이 빈곤에서 출발해 경제적 번영에 이른 후 쇠퇴기에 들어선 패턴을 분석했다. 고대 국가도 인구와 세금에 대한 자료는 기본이어서 데이터 분석이 가능했다. 국가 단위가 운영되기 위해선 인구를 파악해 군대를 편성하고 세금을 징수해야 한다.

그에 따르면 빈곤에서 탈피한 경제적 번영은 '출생률 저하와 공공부채의 증가'로 이어지고 '근로 윤리의 쇠퇴와 애국심의 소멸'이 수반되면서 파국을 맞는다. '국가의 연평균 국내총생산^{GDP} 증가율이 25년 단위로 두 번 연속 2.5% 이상을 기록할 때 출생률은 대체율(여성 1명당 2.5명의 자녀)을 밑돌게 된다'라는 패턴은 고대 스파르타, 로마제국, 나폴레옹 이후의 프랑스와 빅토리아시대 영국에서 공통적으로 관찰된다.

군사강국 스파르타조차 기원전 4세기의 인구가 전성기 대비 절반 이하로 격감하면서 핵심 전력이었던 중무장 보병대가 약화되어 패망했다. 출생률 저하와 반려동물 증가는 동전의 양면이다. 빈곤한 시절에는 생존과 번식이라는 본능에 기반해 높았던 출생률이 경제적으로 풍요해지면 현재의 안락한 삶을 중시하면서 오히려 하락한다.

국가 패망의 결정타는 공무원과 세금의 증가로 나타난다. '국가가 부유해지면서 관료 조직은 방대해지고 부채 문제를 더욱 악화시킨다'라는 현상의 여파로 비대해진 관료 조직이 규제를 양산하면서 제도적 혁신을 가로막고 사회의 낙관적 전망이 위축된다.

3,700년 전 바빌로니아 왕 함무라비의 목동들에 대한 임금과 가격통제 정책까지 연원을 거슬러 올라간다. 중국 명나라에서도 '당시 유학자들은 상인들을 기생충으로 비하했다. 그리고 관료 조직을 확장함으로써 상인들을 감시하고 궁극적으로 억압했다. 하지만 이런 정책은 경제의 숨통을 옥죄고 왕조를 내부적으로 몰락시켰다.'

다음 단계는 '근로 윤리의 쇠퇴와 애국심의 소멸'이다. 팽창된 공무원 조직에서 발생하는 과도한 통제가 사회를 부패시키고 활력을 저하시키면서 열심히 일하기보다 정책과 제도에 기생해 이익을 취하려는 경향이 강해진다. 중세 유럽의 길드처럼 강력해진 이익단체들이 정치적 영향력을 활용해 기득권을 지키면서 근로 윤리가 쇠퇴하고 애국심은 소멸한다.

동서고금을 막론하고 풍요하고 부유한 사회로 진입하면서 공공부문 팽창과 규제 증가, 시장원리 훼손과 기업활동 제약, 이익 단체의 국가 포획과 근로 윤리 쇠퇴가 공통적으로 나타나면서 패망하는 패턴이다.

인간에게 생로병사가 숙명이듯 국가의 흥망성쇠도 불가피하다. 그러나 유구한 인류 역사에서 일시적 행운으로 잠깐 부각되는 국가가 수없이 명멸하는 가운데 합리적 제도와 지속적 혁신으로 오랜 기간 번영하는 공동체도 존재했다.

노다지를 나누지 않고 구국에 쓰다

그리스와 페르시아는 기원전 5세기 초반에 두 차례의 전쟁을 치렀다. 기원전 490년의 1차 전쟁은 아테네가 마라톤 전투에서 페르시아 군대에게 승리하면서 끝났다. 아테네에선 페르시아의 침략을 물리쳤다는 안도감과 전쟁이 다시 일어나리라는 불안감이 교차하고 있었다. 전쟁 비용이 부담되던 와중에 아테네 남쪽 인근의 라우리온에서 은광산을 발견했다. 기원전 483년 막대한 은광산의 이익이 아테네로 쏟아져 들이오지 시민들이 나눠주길 요구했다.

그러나 당시 정부를 이끌던 테미스토클레스의 생각은 달랐다. 평소 아테네가 강력한 해군력을 갖춰야 페르시아와 같은 외부 세력에게 맞서면서 장기적으로 아테네가 무역으로 번영한다는 소신이었다. 그는 눈앞의 돈에 탐난 대다수 시민의 반대에도 불구하고 은광에서 생기는 막대한 자금으로 군선을 건조하기로 결정했다. 200여 척의 삼단노선이 완성되면서 아테네는 그리스 최대의 해군을 보유할 수 있었다.

기원전 480년 페르시아의 2차 침공이 시작되었다. 스파르타의 레오니다스 왕이 이끄는 300명의 병사가 테르모필레에서 용감하게 싸웠으나 패배했다. 페르시아는 아테네로 해군을 진격시켰다. 테미스토클레스는 해군 지휘관으로 페르시아 함대와 맞서 싸워 살라미스 해전에서 승리했고, 아테네는 페르시아로부터 그리스 세계를 구했다.

이 승리로 아테네는 그리스 세계에서 더욱 강력한 정치적, 군사적 영향력을 확보했다. 아테네는 페르시아 위협에 대비한다는 명분으로 그리스 폴리스들이 가입하는 델로스 동맹을 결성했고, 아테네는 그리스 세계의 중심으로 자리 잡았다.

테미스토클레스가 은광산에서 발생하는 수익을 다수 시민의 요구대로 나눠 갖는 관대한 정책을 선택했다면 당장 인기는 높아지겠지만 페르시아의 침공을 막지 못했을 것이다.

하지만 그는 당장의 인기보다 장기적 관점에서 국가의 운명을 고민했다. 결국 페르시아의 침략을 물리치고 아테네를 번영의 길로 이끄는 기반을 닦았다.

소선은 대악과 닮았고 대선은 비정과 닮았다

오늘날 리더십은 풍요 속의 빈곤이다. 동서고금의 풍부한 사례와 정교한 방법론들이 속출하면서도 공허한 메아리로 느껴지는 이유는 도덕론과 당위성의 함정에 빠지는 경우가 많기 때문이다. 실전 경험이 부족한 백면서생들이 관념적으로 리더십에 접근하면 추상적 당위론에 매몰되기 쉽다.

관대하고 온유한 리더는 선善이며 엄격하고 냉정한 리더는 악惡이라는 단선적 이분법의 한계를 일본 교세라 창업자 이나모리 가즈오에게서 찾아볼 수 있다. 그는 일본 남단 규슈의 가고시마대학교

공학부를 졸업하고 쇼후공업에서 근무한 후 1959년 교세라를 창립했다. 당대에 글로벌 기업으로 성장시킨 그는 일본에서 파나소닉 창업자 마쓰시타 고노스케, 혼다자동차 창업자 혼다 소이치로와 함께 '경영의 신神'으로까지 존경받는다.

독실한 불교신자로서 인간을 존중하는 자비慈悲를 경영 철학의 근간으로 삼았고 65세 퇴임 후 출가해 5년간 승려 생활도 했다. 방명록에 경천애인敬天愛人, '하늘을 공경하고 인간을 사랑한다'라는 구절을 즐겨 썼던 그는 단번에 세 명 중 한 명을 해고하는 악행을 저질렀다.

2010년 78세의 고령으로 파산한 부실 공기업 일본항공의 회장으로 취임해 1년 만에 4만 8천 명의 직원 중 1만 6천 명을 감축하는 살벌한 메가톤급 구조조정을 단행했다. 일본항공은 이듬해인 2011년부터 영업흑자를 기록하면서 기사회생했고 소임을 마친 그는 2013년 3월에 퇴임했다.

격랑의 와중에 이나모리는 기존 일본항공 출신으로 구성한 경영진에게 '소선小善은 대악大惡과 닮아 있고 대선大善은 비정非情과 닮아 있다'라는 소신을 자주 피력했다.

과거 경영진들은 적자가 나는 부실한 회사에서 돈을 빌려서까지 직원들에게 보너스와 각종 혜택을 주고, 합심해 노력하면 좋아질 거라고 위로하는 작은 선小善을 지속했지만 파산이라는 커다란 악大惡으로 귀결되었다. 많은 피를 흘리지 않으면 회사가 살아남지 못하는 쓰라린 상황을 비정하게 전하고 대수술로 재생의 기회를 잡는 게 대선大善이라는 지론이었다.

성리적 명분론의 잔영이 짙게 남아 있는 우리나라에서 도덕론적 리더십의 인기는 자연스러운 현상이지만 동시에 일종의 불행이다. 완벽한 리더를 열망하면서도 정작 현실에선 무능한 도덕가나 저급한 연예인을 추종하는 결과를 종종 낳기 때문이다.

유토피아를 지향한 기업의 추락

1492년 신대륙을 발견한 콜럼버스는 1502년 온두라스에서 카카오를 접하고 유럽으로 들여왔다. 1840년 영국에서 지금 우리가 먹는 형태의 '판형 초콜릿'이 출시되면서 큰 인기를 끌었다. 초콜릿산업 초기를 이끈 사람들은 기독교 신비주의적 성향과 휴머니즘적 경향을 강하게 갖고 있던 퀘이커 교도들이었다.

미국인 밀턴 허쉬도 종교적 영향을 받았다. 본래 캐러멜 제조업자였던 허쉬는 유럽의 초콜릿을 본떠 저렴한 초콜릿인 허쉬 키세스를 선보여 대성공을 거뒀다.

일찍이 공상적 유토피아 사상에 심취한 허쉬는 1903년 펜실베이니아주에 직원들을 위한 유토피아를 건설했다. 노동자 주택에는 당시 중산층에도 없었던 전기스팀 난방이 들어왔고 1,200여 명의 직원들은 파격적인 건강보험과 퇴직연금을 받았다. 허쉬는 보육원을 짓고 아이들 교육까지 책임졌다.

허쉬로선 자신의 모든 걸 바쳐 그동안 꿈꿨던 유토피아를 건설한 셈이었다. 그러나 직원들의 반응은 허쉬의 기대와는 달랐다. 처음에는 만족스러워하던 직원들은 점점 더 많은 걸 요구하기 시작했다. 그들은 요구에서 그치지 않았고 이윽고 공산주의자들이 주축이 된 노조가 결성되었다.

허쉬는 직원들의 복지에는 관심이 많았지만 공산주의 노동운동에 대해선 회의적이었다. 노조와 허쉬의 대립은 점차 심화되었다. 노조의 무리한 요구를 허쉬가 거절했고 1937년 회사 내 최초의 파업이 발생했다. 상심한 허쉬는 이후 기업 활동에서 완전히 손을 떼고 은둔 생활을 하다 1945년에 세상을 떠났다.

한때 시장을 지배했던 '허쉬 초콜릿'은 부진이 이어지다가 업계 1위 자리도 엠앤엠즈에 넘겨줬다. 허쉬가 건설했던 유토피아는 지금은 평범한 놀이 공원과 박물관으로 변했다.

공동체를 부강하게 만드는 전략적 인색함

마키아벨리는 리더가 관대한 정신을 가지는 건 바람직하나, 물질을 베풀어 관대하다는 평판을 얻으려는 건 파멸의 전주곡이라고 지적했다. 대중의 인기를 끄는 것으로 충분한 연예인과 달리, 리더는 인색하다는 평가를 감수하더라도 공동체의 기초 체력을 키우고 장기적 관점에서 발전시켜야 하는 책무가 있기 때문이다.

마키아벨리가 '리더는 진정으로 관대해지기 위해선 인색하다는 악평을 감수할 줄도 알아야 한다'라고 주장한 건, 리더란 대중의 인기에 울고 웃는 연예인이 아니라 올바르게 인정받는 리더의 길을 걸어야 한다고 봤기 때문이다.

조직의 리더가 미래를 준비하기 위해 현재의 구조를 재편하려면 고통이 따른다. 평온한 현실에 안주할 것인지, 고통스러운 재탄생으로 나아갈 것인지는 리더의 선택에 달려 있다. 리더가 찬사를 듣고 싶은 허영에 사로잡히면, 미래를 준비하기보다 현재 가진 걸 나누려 하고 고통스러운 결정을 내리기보다 주변에 영합한다. 막연한 관대함이 아닌 '전략적 인색함'이 공동체를 부강하게 한다.

사람들은 다분히 자신의 입장에서 사물을 바라보기 때문에 리더의 선행에도 불만을 갖는 경우가 많다. 리더가 베풀 때도 분명한 원칙을 유지하지 못하면 리더의 선행이 오히려 조직 내 구성원들 간의 갈등 원인이 된다. 원칙 없는 선행은 모두를 불만에 가득 차게 하기 때문이다.

한비자의 법가사상은 법치[法], 통치술[術], 세력[勢]의 세 가지로 구성되어 있다. 군주가 내면적으로 통치술을 습득하고 외부적으로 법치를 시행해 세력을 유지한다는 개념이다.

여기서 법치의 핵심은 '공을 세우면 반드시 포상을 받고 잘못을 저지르면 반드시 벌을 받는 신상필벌信賞必罰'에 있다. 군주의 권위와 사회의 질서를 세우는 기본은 신상필벌에 따른 분명한 원칙에 있다는 관점이다. 그는 "상을 지나치게 남발하는 지도자는 되레 백성의 마음을 잃을 것이며, 형벌을 지나치게 가하는 지도자는 되레 백성들이 두려워하지 않을 것이다"라고 지적했다.

●

군주가 관대하다는 평판을 얻으려면 사치스럽고 과시적으로 재물을 써야 한다. … 계속해서 그런 평판을 원하면 궁극적으로 탐욕적이 되고 국민에게 큰 부담과 과한 세금을 부과할 것이며 그 때문에 국민에게 미움을 사고, 결국 가난해져 모두에게 멸시당할 것이다. 따라서 군주는 인색하다는 평판에 신경 쓰지 말아야 한다. 그가 절약해 나라의 재정이 탄탄해지면 전쟁이 발발해도 국민에게 부담을 주지 않아도 된다. 그 사실이 알려지면 군주는 많은 사람으로부터 관대하다는 평을 받을 것이다.

_『군주론』 16장

확실한 승기를 잡았을 때는
완전한 승리를 확보하라

○○

인간이란 다정하게 안아주거나 아주 짓밟아 뭉개버려야 한다. 인간이란 사소한 피해에 대해선 보복하려고 들지만 엄청난 피해에 대해선 감히 복수할 엄두도 못 내기 때문이다. 따라서 인간에게 피해를 입히려면 복수를 두려워할 필요가 없을 정도로 아예 크게 입혀야 한다.

_『군주론』 3장

외교관이었던 마키아벨리는 직업 특성상 타협과 조정의 전문가였다. 그러나 역설적으로 그는 타협을 비생산적이라는 이유로 경계했다. 타협은 서로 한 걸음씩 양보하면서 모든 참가자가 어느 정도 불만을 품는 결과로 끝나기 쉽기 때문이다. 즉 경우에 따라서 타협은 문제의 해결이 아니라 문제 해결의 미룸인 셈이다.

상대를 인정하는 대화와 타협의 정신은 존중해야 하지만, 매사를 대화와 타협으로 풀어야 한다는 발상은 지나치게 순진하거나 교활한 약자가 상대를 속이려는 위장인 경우가 많다.

따라서 마키아벨리는 상대와의 싸움에서 확실한 승기를 잡았을 때는 완전한 승리를 확보하라고 강조한다. 어설픈 관용에 빠져 회생의 기회를 준다면 결국 불행이 닥치리라는 경고다.

마키아벨리는 초창기 로마의 숙적이었던 삼니움을 그 예로 든다. 제국 팽창기 때 로마는 정복한 도시에 대해 호의를 베풀 것인지 파괴할 것인지를 분명히 결정하고 실행했다. 호의를 베푼 도시는 세금을 면제하거나 특권을 인정하고 로마 시민권을 부여하는 등 제국의 도시와 다름없는 혜택을 받았다.

하지만 삼니움은 로마와 달랐다. 로마와의 전쟁 때 로마 군대를 포위했으나 몰살 대신 그들의 무장을 해제시키고 수치심을 준 다음 로마로 돌려보냈다. 마키아벨리의 말처럼 "본국으로 귀환한 로마인들은 증오에 찬 복수전을 준비"해 결국 삼니움을 멸망시켰다.

어정쩡한 뒤처리로 화근을 만들다

중국 역사에서 존재가 입증되는 최초의 국가인 은나라(기원전 1600년~기원전 1046년)에 이어 주나라가 들어섰다. 봉건제를 확립한 주나라는 기원전 771년 외적인 견융의 침략으로 수도를 호경에서 서쪽의 낙읍으로 옮기면서 권위가 추락하고 제후들에 대한 장악력이 약해졌다.

중앙정부가 사실상 무력화되자 중국 전역에서 제후들이 실질적으로 통치하는 크고 작은 200여 개의 나라가 나타났다. 이들이 서로 각축전을 벌이면서 일곱 개로 줄어드는 과정이 춘추시대(기원전 771년~기원전 476년)이며, 일곱 개의 강국들이 서로 전쟁을 벌이면서 진나라로 통일되는 최후의 단계가 전국시대(기원전 475년~기원전 221년)다. 춘추전국시대를 단순화하면 주나라 약화 후 우후죽순으로 생겨난 200개의 제후국들이 1단계로 춘추시대에 일곱 개로 줄어들고 2단계로 전국시대에 한 개로 수렴하는 550년의 과정이다.

춘추시대 초기는 북부 지역이 중심이었으나 점차 남쪽의 양쯔강 유역도 편입되기 시작했다. 남방 세력 중에선 초나라 장왕이 기존 세력을 제압하고 최강자로 등장했다. 이후 남방의 오나라, 월나라가 잇달아 등장해 서로 경쟁하며 강국의 지위를 다퉜다. 당시의 일화다.

오월동주吳越同舟라는 고사처럼 월과 오의 대립은 뿌리가 깊다. 월왕 구천과 싸워 크게 패한 오왕 합려는 적의 화살에 맞은 상처가 악화되어 목숨을 잃었다. 임종 때 합려는 태자인 부차에게 반드시 구천을 쳐서 원수를 갚으라는 말을 남겼다. 부차는 아버지의 유명을 잊지 않았다.

부차가 복수를 다지며 병력을 증강하고 있다는 사실을 알게 된

구천은 참모인 범려의 간언을 무시하고 선제공격을 감행하다가 포위를 당했다. 이때 범려는 주군을 버리지 않고 다시 간언했다. "일을 통제하려면 땅의 이치를 따라야 합니다. 자신을 낮추는 말과 두둑한 예물로 부차를 높이십시오." 구천은 범려의 조언을 받아들여 오의 재상 백비에게 많은 뇌물을 준 뒤 부차에게 항복해 목숨을 구하고자 했다.

구천에게 범려가 있었다면 부차에겐 오자서가 있었다. 구천이 항복하자 오자서는 후환을 남기지 않으려면 그를 죽여야 한다고 말했지만, 승리에 도취한 부차는 구천의 청원을 받아들이고 말았다.

구천은 3년 동안 오나라에 구금되었다가 고국으로 돌아갔다. 그는 자신이 당한 치욕을 하루도 잊지 않았다. 쓸개를 씹으며 위기의 나날들을 떠올렸다는 와신상담臥薪嘗膽의 고사가 탄생한 배경이다.

구천은 부차를 이길 여건이 될 때까지 기다렸다. 범려는 조언했다. "때가 되지 않았는데 억지로 성공할 순 없습니다. 자연의 순리에 따라 기다리고 또 기다렸다가 국면을 바꿔야 합니다."

국면이 바뀌기까지 17년이 필요했다. 마침내 모든 게 갖춰졌다고 판단한 구천은 부차의 오를 공격해 승리를 거두고 패장 부차는 자결로 생을 마감했다.

부차에겐 분명 기회가 있었다. 뛰어난 신하도 있었다. 그러나 부차는 완벽하게 적을 멸할 때까진 끝난 게 아니라는 사실을 몰랐다.

분명한 원칙으로 연방을 수호하다

에이브러햄 링컨은 온건한 타협주의자의 이미지를 갖고 있다. 그는 자신을 반대했던 인물을 각료로 등용하고 화내기보다 유머를 장기로 삼는 등 대결보다 화해적 제스처를 많이 취했다. 그러나 분명한 원칙으로 상대를 밀어붙여야 할 때는 단호했다. 남북전쟁 때의 결단이 좋은 사례다.

남북전쟁은 1861년 4월 12일에 시작되었다. 섬터 요새Fort Sumter 에서 벌어진 첫 전투의 승자는 남군이었다. 그러나 본격적인 전쟁은 3개월 뒤 북군의 반격으로 시작되었다. 장기전에선 국력이 압도적으로 우세한 북군이 승리할 수밖에 없었다. 시간에 쫓긴 남군이 펜실베이니아로 진격하면서 게티즈버그에서 전투가 벌어졌다. 남군과 북군, 양쪽의 전사자가 5만 명에 이를 정도로 치열했던 3일 동안의 전투에서 북군이 승리했다.

이후 링컨은 율리시스 그랜트를 최고사령관으로 임명해 로버트 리 장군이 이끄는 남군에 맞서게 한다. 전쟁이 길어지자 북군의 일각에서 협상평화론이 고개를 든다. 그러나 링컨은 협상론을 받아들이지 않았다. 대신 그랜트와 리가 대치하는 동안 윌리엄 셔먼 장군의 부대를 남부에 진격하게 하는 작전을 펼친다.

뜻밖의 강공에 '남군의 심장'으로 불린 조지아주의 애틀랜타는 초토화되었다. 남부가 심리적으로 밀리는 결정적 한 방이었다. 협상론자들은 결정적 순간에 완전한 승리를 위해 밀어붙이는 링컨에게 더는 아무 말도 하지 못했다. 남부는 전쟁이 일어난 지 4년 만인 1865년 4월 항복했다.

종전 후 링컨은 다시 뜻밖의 태도를 취한다. 내전의 주동자들을 재판에 세우리라는 일반의 예상을 뒤엎고 대사면을 베풀었다. 링컨의 협상과 전쟁관은 명확했다. 협상으로 얻은 평화는 어설프다. 시간이 흐르면 다시 분란을 낳을 뿐이다.

링컨은 냉혹해야 할 때와 관용을 베풀어야 할 때를 분명히 구분했다. 전쟁에서 확실하게 승리한 후 패자에게 관용을 베풀었다. 어중간한 타협과 어중간한 관용이 아니라 분명한 입장을 갖고 있었기에 연방을 수호한 위대한 지도자로 남았다. 이런 점에서 링컨은 이상적 독재자였다.

투자의 달인은 확실한 승리의 달인

워런 버핏은 투자의 달인이다. 내재 가치에 비해 저평가된 기업에 투자해 장기간 보유하는 그의 투자법은 인내심과 신념이 필요하다. 자신의 투자 비법을 "첫 번째 원칙은 돈을 잃지 않는다. 두 번째 원칙은 첫 번째 원칙을 반드시 지킨다는 것이다."로 설명한다.

버핏은 투자 대상 기업에 대한 조사를 중시한다. 기업의 대차대조표를 분석하고 경영 성과를 담은 연례보고서를 정독하며 경영진을 만나 도덕성과 신념을 확인한다. 버핏은 투자 과정이란 놀랍고 위대한 결정이 아니라 기본적 일의 순서에 따라 이성적으로 사고한 결과라고 주장한다.

버핏의 투자 의사 결정과 이익 실현에는 치밀한 분석과 냉정한 결단이 자리하고 있다. 리먼브라더스 홀딩스가 파산한 후 버핏은 골드만삭스에 50억 달러를 투자했다. 철저한 안전장치를 갖춘 후에도 마지막 요구를 하나 덧붙인다. 자신이 주식을 팔기 전에는 골드만삭스 경영진은 단 한 주의 주식도 팔아선 안 된다는 것이었다. 경영진에는 그 가족까지 포함되었다. 골드만삭스는 백기투항했다.

버핏은 필요한 경우에는 구조조정과 해고도 마다하지 않는다. 항공사 네트제트를 인수했을 때의 일이다. 네트제트는 콘도처럼 회원권을 팔아 비행기를 이용하도록 하는 회사였다. 그러나 조종사들의 잦은 파업과 방만한 경영으로 성과는 지지부진했다. 네트제트를 인수한 버핏은 조종사 300명을 단번에 해고했고 긴축경영을 주문했다. 네트제트의 수익은 인수 후 다섯 배 가까이 불어났다.

코카콜라의 최고경영자 더글러스 아이베스터가 코카콜라의 부진한 실적에 책임이 있다고 판단하자, 즉시 이사회를 열어 그를 해고했다.

버핏의 본질은 냉혹한 투자자다. 투자와 회수 과정에서 관용과 인내를 중시하지만, 해결해야 할 문제가 발생할 경우에는 신속하고 과감하게 정리한다. 본업인 투자에서 이익을 내기 위한 행동에 피상적 선악의 개념은 개입되지 않는다. 투자의 성공과 실패만 있을 뿐이다.

어중간한 조치는 피해야 한다

'꺼진 불도 다시 보자'라는 표어가 있었다. 꺼진 불씨가 살아나 불이 날 수도 있으니 완전하게 불을 꺼야 한다는 경고다. 마키아벨리는 '불씨까지 확실히 끄지 않으면 언젠가 다시 살아난 불에 타 죽을 것'이라고 경고한다. 역사에는 승기를 잡고도 확실하게 승리하지 못하거나 혹은 어중간한 타협으로 끝냈다가 후일 보복으로 몰락하는 사례가 숱하게 나온다. '적을 완전히 박살내라'는 건 기원전 4세기 『손자병법』에도 나온다.

일본 전국시대 말기에 태어나 에도시대 초기에 사망한 미야모토 무사시는 만년에 집필한 『오륜서五輪書』에서 완벽한 승리를 강조했다. 즉 겉으로는 이긴 것처럼 보여도 상대에게 싸울 마음이 있다면 싸움은 끝난 게 아니니 상대가 결과에 깨끗이 승복하도록 상대를 완전히 꺾어야 한다.

카를 폰 클라우제비츠는 나폴레옹의 승리 요인을 '완전한 승리', 즉 '큰 승리를 거뒀다고 멈추지 않고 적군을 추격해 수도를 점령하고 적군이 회생할 수 있는 모든 자원을 파괴한 것'으로 분석했다.

일단 경쟁이 시작되어 승리의 기회를 잡으면 완벽하게 이긴 뒤 관용을 베풀어 우호 관계로 만들어야 한다. 그렇지 않고 어중간한 마무리는 겉으로 친구인 척하지만 항상 설욕의 기회를 노리는 상대의 위험에 노출된다.

일단 승부가 벌어지면 승리 아니면 패배가 있을 뿐이다. 무승부는 승부를 잠시 미루는 것일 뿐 소멸을 의미하지 않는다. 디지털 신호는 0과 1, 두 가지만 있듯 승부에도 승리와 패배만 있다. 승기를 잡았을 때 확실하게 굳히지 못하면 결국 당하게 마련이다.

●

발렌티노 공작은 마음에 드는 자를 교황으로 선출할 순 없었더라도 반대하는 자가 교황 자리에 앉는 걸 저지할 순 있었을 것이다. 그렇다면 그가 해를 끼친 추기경이나 교황이 되면 그를 두려워할 추기경들 중에 한 사람을 교황 자리에 오르도록 허용해선 안 되었다. 인간은 공포심이나 미움으로도 해를 끼치는 일이 있기 때문이다. … 새로운 은혜를 베풂으로써 과거의 원한을 잊도록 만들 수 있다고 믿는 건 자기 기만에 빠지는 것이다. 결국 발렌티노 공작은 교황 선출에서 잘못을 범해 파멸에 이르고 말았다.

_『군주론』 7장

현명한 리더가
진지한 잔소리꾼을 곁에 두는 이유

○○

사려 깊은 군주는 현명한 사람들을 선출해 그들에게만 군주에게 사실대로 솔직히 말할 수 있는 자유를 줬다. 그러나 군주가 묻는 문제에 한할 뿐 다른 일은 허용하지 않는다. 군주는 그들의 의견을 들어 그 뒤에는 혼자 나름대로 결단을 내려야 한다.

_『군주론』 23장

『군주론』에는 참모들의 조언을 구하는 대목이 특히 많이 나온다. 마키아벨리 자신이 외교관으로 국가 정책의 참모 역할을 하면서 다양한 의사결정자와 참모진을 만나 느낀 바가 컸기 때문일 것이다.

군주도 인간이기에 전지전능할 수 없다. 주변의 조언을 들어 부족함을 보완하고 자신을 되돌아보지 않으면 독단에 빠진다. 하지만 조언을 구하는 게 중구난방이어선 안 된다는 게 마키아벨리의 관점이다.

역량 있고 믿을 수 있는 소수의 신하에게 진실한 조언을 구하고 심사숙고하되 나머지 조언은 무시하라고 조언한다. 특히 입에 발린 아첨과 현명한 조언을 분명히 구분하라고 강조한다.

한때 '소통이 문제'라는 말이 일종의 유행어가 되었던 적이 있다. 지도자가 폭넓게 듣지 못해 문제가 커졌다는 지적이었는데, 소통이란 양적 문제보다 질적 문제다. 이 점에서 마키아벨리는 올바른 조언을 할 수 있는 사람의 이야기를 적시에 듣는 게 중요하다고 지적한다.

의사결정자의 입장이 되면 올바른 판단을 위해 많은 의견을 들어야 한다. 하지만 식견에 바탕을 두면서 객관적이고 믿을 만한 조언자를 구하기가 매우 어려운 것도 현실이다. 조언의 형태로 자신의 이해관계를 관철하는 게 대부분이고 그나마 사실관계를 왜곡하는 경우도 흔히 있다.

그렇다고 조언을 구하지 않으면 소통 부족으로 인한 폐쇄성과 그에 따른 비난이 빗발치게 마련이다. 따라서 역량 있고 충직하면서 객관적인 의견을 말할 수 있는 조언자를 두는 건 성패가 걸린 중요한 문제다. 그런 점에서 마키아벨리는 실질적인 방향을 제시하고 있다.

안정된 치세에는 현명한 조언자가 있었다

당 태종 이세민은 고구려를 침공했다가 처참한 패배를 당했지만 중국 역사상 가장 뛰어난 군주로 평가될 만큼 안팎으로 훌륭한 정치를 펼쳤다. 그는 무엇보다도 역사가 주는 교훈을 명확하게 인지하고 있었다. 중국을 통일한 수나라가 단 2대 만에 멸망했음을 항상 교훈으로 삼았다.

그는 수나라 멸망의 이유를 연구했고, 그 과정에서 진정한 제왕의 정치란 백성을 위한 정치라는 사실을 깨달았다. "천하는 한 사람을 위한 게 아니며 만인의 것이다"라는 말을 입에 달고 다닐 정도로 백성의 뜻을 항상 염두에 두고자 했다. 또한 왕권이 안정된 후 자신을 반대한 공신들도 존중했고 문벌보다 실력 중심으로 인재를 등용하는 정책을 폈다. 그렇게 등용된 인재들은 자연스럽게 당 태종의 편에서 공신 세력들을 견제하는 역할을 했다.

이러한 정책의 핵심에 위징이 있었다. 위징은 당 태종의 형인 이건성의 핵심 참모로 있으며 당 태종을 제거할 방책을 제시하기도 했다. 당 태종은 그러나 사적 감정보다 위징이 가진 명확한 비전과 냉정한 판단력을 높이 평가하고, 죄수 신분으로 전락한 그를 발탁해 신하로선 최고의 지위인 시중으로까지 임명했다.

당 태종은 자칫 전횡으로 치달을 수 있는 황제의 권력에 제동을 걸 수 있는 역할을 위징에게 부여했다. 위징은 17년간 무려 300차례에 걸쳐 당 태종의 정책을 비판했을 정도로 자신의 임무를 충실하게 수행했다. 집권 13년 되던 해에는 당 태종이 결코 유종의 미를 거두지 못할 거라는 극단적 간언까지도 서슴지 않았다.

그때 든 이유들도 충격적이다. 교만, 사치, 방자, 독선 등의 용어를 거침없이 사용했다. 위징도 대단하지만 당 태종도 대단했다. 위징을 처벌하기는커녕 오히려 상을 줬다.

물론 끓어오르는 화를 참지 못한 적도 있었지만 이내 자신의 잘못을 수긍하고 받아들였다. 당 태종은 위징이 죽은 후 그를 추모하면서 '자기의 자세를 비추는 거울'이라 평했다.

당 태종은 "군주가 스스로 남들보다 총명하다고 생각해 멋대로 군다면 부하들은 틀림없이 그의 비위를 맞추려 들 것이고, 그러면 군주는 나라를 잃고 부하들도 목숨을 보전할 수 없다"라며 귀에 거슬리는 충고를 오히려 권장하고 격려했다.

중국 역사의 황금시대 중 하나로 '정관의 치'라 불리는 당 태종의 치세는 위징, 방현령, 두여회 같은 충성스럽고 현명한 간관諫官과 당 태종의 합작품이다.

개혁의 싱크탱크였던 집현전

집권 초기 세종은 태종의 신료들을 중용했다. 세종의 원만한 성품을 보여주는 부분이기도 하지만 신뢰할 수 없는 인재를 키우기에는 시간이 부족했던 탓도 컸다. 이러한 문제를 해결하고자 세종은 집권 2년 차인 1420년 집현전集賢殿을 확대 개편해 연구 기관으로 만들었다.

세종은 과거 시험에 장원을 차지한 인물이나 장래가 유망한 인물들을 집현전에 집중 투입했다. 자신의 세력을 키우는 데 주변의 반발이 있을 수도 있었겠지만, 정승들에게 국무처리 권한을 대폭 이임하는 의정부 서사제를 도입해 주변의 반발을 무마했다.

즉 일반 업무들은 정승들에게 위임하고 자신은 집현전 출신의 신료들과 함께 국가의 미래를 좌우할 중요한 문제 해결에 힘쓰겠다는 일종의 역할 분담이었다.

이때 세종과 함께한 신료들이 바로 정인지, 신숙주, 성삼문, 박팽년 등이다. 『고려사절요高麗史節要』『자치통감훈의資治通鑑訓義』『치평요람治平要覽』 등의 책들을 발간했고, 『훈민정음訓民正音』 또한 집현전 학사들의 도움이 있었기에 가능했다.

그러나 집현전은 단순한 연구 기관이 아니었다. 훗날 문종이 되는 세자의 섭정 이후부턴 정치적 역할을 확대했다. 존속 기간이 37년에 불과했지만 조선 초기에 정치 문화의 기틀을 세울 수 있었던 데는 집현전의 역할이 컸다. 외부의 반발을 최소화하면서도 자신만의 세력을 키워 활용했던 세종의 혜안이 돋보이는 부분이다.

강대국으로 도약한 환상의 팀워크

프랑스는 15세기 중반 백년전쟁에서 승리하면서 영국 세력을 완전히 축출했다. 그러나 내부적으로 프랑스 왕가는 부르고뉴를 비롯한 강력한 귀족 세력과의 다툼에 가톨릭과 개신교의 분열이 겹쳐 주도권을 확보하지 못했다. 혼란의 와중에 발루아 왕조가 단절되고 앙리 4세가 즉위하면서 부르봉 왕조가 들어섰다.

개신교도였던 앙리 4세는 가톨릭으로 개종하면서 개신교도 위그노들의 종교 자유를 허용하는 낭트 칙령(1598)을 발표해 36년간을 끌어오던 종교내전, 위그노전쟁을 끝냈다. 그러나 내란을 매듭짓고 분열된 국론을 통합한 앙리 4세가 1610년 가톨릭 광신도에게 암살되고 그의 아들 루이 13세가 아홉 살 나이로 왕위를 계승하자 정국은 다시 혼란에 빠졌다.

섭정을 맡은 루이 13세의 모친 마리 드 메디치는 리슐리외 추기경을 발탁해 중책을 맡긴다. 그는 프랑스를 봉건적 질서에서 탈피해 강력한 왕권에 기반한 중앙집권 근대국가로 개조해야 한다는 명확한 방향성을 갖고 있었다.

1624년 재상으로 임명되어 18년 동안 재임하면서 귀족이 장악한 지방 세력을 억누르고 반란을 일으킨 개신교 세력을 제압한 후 종교 자유를 허용했다. 그는 국내 안정을 이룬 후 '국가의 이익Raison d'État'을 최우선해 프랑스의 국력을 강화하며 유럽의 지도국 위치를 확보한다. 계기는 독일에서 벌어진 마지막 종교전쟁이자 최초의 근대 전쟁인 30년전쟁(1618~1648)이었다.

신성로마제국 내부에서 가톨릭-개신교 세력 간의 갈등으로 보헤미아에서 발발한 전쟁은 스웨덴, 덴마크, 프랑스, 스페인 등 대부분의 서유럽 국가들이 참전한 국제 전쟁이었다. 프랑스는 가톨릭 국가였으나 신성로마제국 합스부르크 왕가를 견제하고자 개신교 진영에 가담했다.

프랑스는 주요 전장인 스페인과의 전쟁에서 승리하면서 결정적 역할을 했다. 전쟁의 결과로 체결된 베스트팔렌 조약(1648)으로 유럽의 정치 질서는 신성로마제국의 약화, 스페인의 쇠퇴, 프랑스의 주도권 강화로 재편되었다. 30년전쟁에서 군사와 외교적 역량을 총동원해 프랑스의 위상을 높이던 리슐리외와 루이 13세가 전쟁 막바지에 1년 간격으로 세상을 떠났다.

루이 14세가 다섯 살 나이로 왕위에 오르고 섭정은 왕의 모친이 맡았다. 섭정은 리슐리외의 부하로 국정을 운영해 오던 쥘 마자랭 추기경을 재상으로 발탁했다. 새로운 구성도 팀워크가 뛰어났고 강력한 프랑스라는 동일한 목표를 추구했다.

전쟁 후 베스트팔렌 조약 체결 과정에서도 국가의 이익을 최우선했고 국제질서에서 주도적 위치를 확보했다. 전쟁 후 재정 확충을 위해 귀족에게 과세하려는 정책에 반발해 발생한 프롱드 반란도 진압하면서 확고한 절대왕정을 수립하며 전성기를 맞았다.

루이 13세와 리슐리외, 루이 14세와 마자랭은 군주와 조언자의 이상적 분업과 협력관계의 팀워크를 보여줬다.

너무 많은 이에게 조언을 구하지 말라

정확한 의사결정에 많은 사람이 필요한 건 아니다. 의사결정자인 리더는 조언자가 필요하지만 역량 있고 충직한 조언자를 구하긴 어렵다. 실제로 조직의 리더들이 의사결정을 할 때 역설적으로 조언의 빈곤에 빠지는 경우가 많다. 조언과 충언은 많지만 본질은 각자의 이익을 주장하는 게 대부분이기 때문이다.

리더가 중심을 잡지 못하면 이런저런 조언에 휘둘려 조직은 표류한다. 흔히 많이 듣고 적게 말해야 한다고 하지만 모든 조언이 가치를 지니진 않는다. 열린 자세로 많은 이야기를 들으려는 노력은 하되 가치 있는 조언과 가치 없는 조언을 구별해야 한다.

이런 점에서 마키아벨리가 무분별한 조언의 홍수에 묻히지 말고 현명한 자로 하여금 조언할 수 있게 하고 또 경청하라고 언급한 건 현실에 대한 깊은 통찰력에 바탕을 둔 지적이다.

마을에서 유부녀가 바람났을 때 모두가 아는데 단 한 사람만 모르고 있다. 바로 남편이다. 아무도 말해주지 않기 때문이다. 리더도 마찬가지다. 리더가 정작 중요한 정보에선 소외되는 경우가 많다. 지위가 높을수록 생생한 정보에선 멀어지는 역설이 생긴다. 리더는 물론 사람들은 누구나 자신의 잘못을 지적하는 사람이 없으면 문제가 없는 것으로 착각한다.

현명한 리더는 조직 내부의 여론과 평가를 있는 그대로 전해주는 신뢰할 수 있는 조언자를 두고 활용한다. 비록 자신을 향한 비판은 감정적으로 받아들이기 어려울 때가 많을지라도, 조언으로 자신을 되돌아보고 균형을 잡는다. 반면 실패한 리더는 자화자찬이나 아첨에 둘러싸여 독선과 아집에 빠진다. 조언은 양이 아니라 질이 중요하기에 진지한 태도로 정확한 조언을 해주는 참모가 핵심이다.

●

정보와 의견을 구하고 솔직한 견해에 참을성 있게 귀를 기울일 준비가 되어 있어야 한다. 누군가가 무슨 이유에서건 침묵을 지킨다는 사실을 알면 군주는 노여움을 표시해야 한다. 많은 사람이 총명한 군주라는 평판을 듣는 사람은 그의 소질보다 훌륭한 조언자가 있기 때문이라고 평하는 사람들이 많은데, 잘못된 견해다. 군주가 총명하지 않으면 남의 의견을 잘 받아들일 수 없기 때문이다. 현명하지 못한 군주가 여러 사람으로부터 조언을 받으면 항상 상반된 의견을 들을 것인데, 그런 상황에서 군주는 어떻게 조정하고 이해해야 좋을지 알 수 없다. 조언자들은 자신의 이해관계를 우선시할 것이기 때문이다. 사람이란 필요에 의해 선행을 강요받지 않으면 사리사욕에 빠지기 쉬운 법이라 반드시 나쁜 짓을 저지를 것이다. 결론적으로 누군가 훌륭한 조언을 했을 때 그 조언은 당연히 군주의 깊은 사려에서 나오는 것이지 훌륭한 조언에서 군주의 깊은 사려가 나오는 게 아니다.

_『군주론』 23장

평시의 명분론자가
전시에는 무기력한 법이다

○○

군주는 시민이 군주의 필요성을 느끼는 평시의 태도만 보고 평가해선 안 된다. 평시에는 누구나 충성을 약속하고 기실 죽을 가능성이 없기에 군주를 위해 목숨을 바치겠다고 맹세한다. 그러나 막상 역경에 처해 군주가 그런 자들이 정말로 필요할 때 지원자는 별로 없다. 그리고 그제야 그들의 충성도를 시험하는 일은 처음이자 마지막이기 때문에 지극히 위험하다. 따라서 현명한 군주라면 어떤 상황에 처하든 시민들이 정부와 자기를 믿고 따르도록 조치를 취해야 하며, 그렇게 해야만 시민들은 항상 충성할 것이다.

_『군주론』 9장

이나모리는 만년에 회고했다. "회사 초기, 술자리에서 내 옆에 와 '사장님을 존경합니다. 영원히 옆에서 도우며 충성하겠습니다'라고 외치던 간부 중 지금까지 내 곁을 지키는 사람은 단 한 명도 없다. 오히려 조용히 있었던 평범한 직원들이 나와 끝까지 함께했다."

정치학자 신동준은 『후흑학』에서 평시와 난세의 특징을 다음과 같이 규정한다. "고금을 막론하고 유도有道의 치세에는 옳은 소리를 하며 바른길로 나아가면 된다. 소인배는 발을 붙이지 못한다. 그러나 무도無道의 난세는 다르다. 많은 군자가 몸을 숨기고, 약삭빠른 소인배가 전면에 나서 기침없이 치부하며 권력을 휘두르는 세상이 된다. 이런 세상에 무턱대고 정도와 의리를 역설하면 목숨을 잃기 십상이다."

'어려울 때 친구가 진정한 친구'라는 격언에는 평상시와 어려울 때는 친구 관계도 달라진다는 뜻이 담겨 있다. 조직도 마찬가지다. 평시에는 모두가 리더에게 충성을 맹세하지만 위기가 닥치면 달라진다. 평소 믿었던 사람들조차 자기 살길 찾아 배신하고 등을 돌리는 일이 다반사다.

그럴 때는 평소에는 드러나지 않던 문제들도 한번에 터진다. 위기를 맞아 리더는 내면적 고독과 두려움에 휩싸인다. 그러나 리더가 감정적으로 불안정해지면 조직은 방향을 잃는다. 위기를 맞은 조직에서 가장 중요한 건 리더가 평정심을 유지하면서 위기대응 체제를 구축하는 일이다.

평시의 명분론자가 전시에는 무기력하다

이상을 추구하는 건 개인의 자유다. 그러나 현실의 맹목적 부정에 대한 결과는 가혹하다. 평시에 추상적 명분론으로 결기만 내세우며 충성만 강조하던 부류들은 위기 상황을 맞아서도 현실적 해결책이 아니라 공허한 원칙만 강조하다가 공멸하게 마련이다.

조선 중기 병자호란 당시 조정에서 일어난 노선 대립과 이후 전개는 이러한 비극과 역설을 잘 나타내고 있다. 1631년 12월 1일, 청 태종은 12만 8천 명의 원정군을 심양에 집결시킨 뒤 다음 날 조선을 향해 출병했다. 청군의 선봉 부대는 12월 8일, 압록강을 건넌 후 12월 14일에는 한양 인근까지 진출해 왔다. 조선에서 청의 침략 사실을 알게 된 건 12월 13일이었다.

강화도로 피신하려던 인조는 길이 막히자 남한산성으로 들어갔고 청군은 즉시 남한산성을 봉쇄했다. 부족한 식량에 혹독한 추위까지 겹쳐 장기 방어전은 어려운 상황이었다. 인조는 1632년 1월 30일 삼전도에서 청 태종에게 삼배구고두(三拜九叩頭, 세 번 절하고 아홉 번 머리를 조아리는 항복 의식)를 올려 항복함으로써 전쟁은 끝났다.

이렇듯 급박한 와중에도 조정에선 항복해 나라를 보존하자는 주화파와 끝까지 싸우자는 척화파의 논쟁이 치열했다. 김상헌이 대쪽 같은 절개의 표상으로 후세에 알려진 반면, 최명길은 오랑캐에게 나라를 팔아 목숨을 건진 파렴치한으로까지 묘사된다. 그러나 청에 대해 현실적 자세를 취하고 조선의 자존심을 지키며 나라를 보전한 사람은 다름 아닌 최명길이었다.

최명길은 남한산성에 머무는 동안 대부분의 외교문서를 직접 작성했다. 현실론에 입각해 청에 화의를 청하고 전쟁을 평화롭게 종결시키려는 게 그의 입장이었다. 1632년 1월 18일 최명길과 김상헌 사이에 다툼이 일어났다. 최명길이 청 태종에게 보낼 문서를 작성하고 있었는데, 김상헌이 갑자기 나타나 편지를 찢고 비난을 퍼부었다. 최명길은 "대감은 찢었지만 나는 다시 주워야 합니다"라고 응대하곤 찢어진 문서를 다시 이어 붙였다.

최명길은 전쟁이 끝나자 명에 외교문서를 보내 조선이 청과의 강화가 불가피했던 저간의 사정을 알려 명에 대한 의리에도 화답했다. 1637년에 청이 명을 치고자 조선에 군대를 파병하라는 지시를 내렸을 때도 최명길은 정승의 자리에 있었지만 협상하기 위해 목숨을 걸고 직접 청으로 갔다. 그는 조선과 명은 군신 관계로서 파병은 불가하다고 주장해 관철시켰다. 이후 명과 비밀리에 외교관계를 유지한 게 들통나 청으로부터 호출당하는 위기에 몰리자 자신이 책임지겠다며 장례 도구까지 준비해 청으로 떠났다.

반면 현실적 대책 없이 결사 항전만 외쳤던 명분론자 김상헌은 후세에 충신으로 추앙받지만 당시 행동은 논란의 여지가 많다. 인조가 항복하던 당시 김상헌은 남한산성이 아니라 경상도 안동에 내려가 있었다. 결사 항전을 주장했던 그의 일관된 논리와 어긋나는 행동이라 당대에도 비난이 쏟아졌고, 인조조차 임금을 속인 게 심하다고 질책했을 정도였다. 후손인 안동 김씨 장동파는 김상헌의 선명한 명분론을 가문의 자산으로 증폭시켜 정조 사후 순조, 헌종, 철종의 60여 년간 세도정치로 권력을 장악하면서 조선을 몰락으로 이끄는 주역이 되었다.

위기는 자신의 능력으로 극복해야 한다

도미노피자는 1960년 창업해 배달 서비스를 주무기로 급성장했다. 그러나 진입장벽이 낮아 경쟁이 치열해지면서 수익이 감소하고 주가는 2008년 11월에 3달러까지 추락하는 위기 상황을 맞았다.

점입가경이라고 2009년 4월 미국의 어느 도미노피자 매장에서 직원 두 명이 피자 재료로 온갖 장난을 치는 동영상을 유튜브에 올렸다. 영상이 전 세계로 퍼져나가면서 소비자들의 분노를 일으켰다. 최고경영자 패트릭 도일은 당황하지 않고 즉시 직접 사과하는 내용의 동영상을 올렸다. 최고경영자의 빠른 대처 덕분에 소비자들은 직원들의 동영상을 단순한 실수로 받아들였다.

도일은 위기에 빠진 회사를 되살리고자 '본원적 경쟁력 회복, 온라인 주문 기반 전환, 점포망 재구축'의 세 가지 방향을 설정했다. 가장 먼저 '피자 턴어라운드Turnaround'라는 마케팅 캠페인을 실시했다. 통상적 홍보 캠페인과는 달리 고객의 불만족을 인정하고 고객의 의견을 그대로 받아들였다.

쏟아지는 고객 불만과 의견을 활용해 다시 광고를 만들었다. 광고는 "도미노피자는 최악의 피자다. 종이 맛밖에 나지 않는다. 향기는 역겹다…"라는 내용으로 수위가 너무 높아 직원들조차 반발했다. 그러나 문제점을 드러내고 개선해야 미래가 있다는 차원에서 계속했다. 독특한 광고를 본 소비자들은 도미노피자의 진실성에 공감하고 품질 개선 의지를 믿기 시작했다.

2007년에 개설한 온라인 주문 웹사이트를 모바일로 확장하면서 고객접점UI와 고객경험UX 전체의 혁신을 추진했다. 디지털 화면 사진, 맞춤형 메뉴 제안, 주문 후 제조 및 배송 상황 공유 등 다양한 방식을 시험하고 확대했다. 디지털 주문 시스템인 'AnyWare'는 20여 가지의 방법으로 편리하게 주문하는 플랫폼으로 발전했다. 점포망 재구축은 온라인 디지털 시대의 오프라인 점포망 재편이다. 축적되는 고객의 주문 데이터를 분석해 배달 속도를 높이고 매출 확대를 위해 점포망을 최적화했다.

도미노피자는 AI 기술을 기업경영 전반으로 확산시키고 있다. 매장별로 근무 중인 작업자와 주문 수, 현재 교통 상황 등의 변수들을 반영해 배달 소요시간을 예측하는 AI 모델을 만들어 주문 시간 예측 정확도를 대폭 높였다. 2021년에는 AI 기술을 적용한 수요 예측으로 매장 개설 위치와 시점을 결정하고, 매장별로 피자 주문 건수를 예측해 작업자 숫자를 늘리거나 줄이는 시스템을 도입했다.

도미노피자는 소위 빅테크 기업인 구글, 애플, 아마존 등과 비교해 디지털 기술에선 한 수 아래지만 2010년대 10년 동안 주가는 더 높이 상승했다. 아날로그 기업들이 기존 사업에서 축적한 기반을 디지털 기술과 접목해 확보하는 차별적인 경쟁력과 디지털 전환의 잠재력을 보여준다.

적군에겐 없고 아군에겐 있는 강점을 찾아라

거대 기업의 흥망성쇠는 기술-시장 변화의 메가 트렌드와 불가분의 관계다. 포드, 제너럴 일렉트릭 등 지난 100여 년간 글로벌 시장을 주도한 제조기업들은 20세기 초반의 기계·금속·전기·화학 기술의 비약적 발전 과정에서 태동해 성장기를 거쳤다.

소매유통산업에선 1960년대가 전환기였다. 1960년 프랑스의 카르푸, 1962년 미국의 월마트, 1969년 일본의 이온그룹 등 각 권역의 대표 기업들이 설립되었다. 생산과 유통의 분리, 정보기술을 적용한 물류망 고도화가 배경이었다.

이후 백화점 중심이었던 유통산업은 대형할인점 위주로 재편되었다. 월마트는 1985년 업계 최초로 인공위성을 이용한 통신망을 구축해 창고 재고, 트럭 운송, 판매 정보를 연동하는 시스템 혁신으로 독보적 경쟁력을 확보했다. 난공불락으로 여겨지던 월마트의 입지는 1990년대 온라인쇼핑의 등장으로 흔들리기 시작했다. 온라인쇼핑은 당초 주변부의 틈새 사업자 정도로 취급받았으나 2007년 스마트폰이 등장하면서 고객정보 활용 마케팅, 첨단물류망 기반의 신속한 배송, 편리한 결제 서비스가 결합되면서 판도가 급변했다.

특히 1994년 창립한 아마존이 급성장하면서 대다수 전문가는 월마트의 몰락을 예상했다. 중저가 위주의 판매품목에서 온라인 사업자와 차별화가 어렵고 거대 기업일수록 변신도 쉽지 않기 때문이었다. 그러나 여타 오프라인 유통 강자들이 연이어 파산하는 와중에도 월마트는 사상 최고의 실적을 이어가고 있다. 이러한 변화는 월마트의 '디지털 퍼스트' 전략에서 출발했다. 전략의 핵심은 '신속한 투자 포트폴리오 재편'과 '원One 월마트 옴니채널'이었다.

월마트는 오프라인 투자를 대폭 감축하고 디지털 부문에 집중했다. 급변하는 상황에 내부직 역량만으로 내응하기 어렵나는 판난에서 2016년 '제트닷컴', 2017년 '슈바이'와 '무스조' 등 디지털 기업들을 적극적으로 인수·합병했다. 단기간에 디지털 분야의 전문 인력, 핵심기술, 밀레니얼 고객을 확보하면서 내부적으로 디지털 전환에 대한 분명한 방향성을 공유했다.

월마트는 오프라인 역량을 차별점으로 삼아 오프라인 점포와 온라인 서비스의 연계로 접근했다. 미국 인구의 90%가 월마트 주변 10마일(약 16km) 이내에 거주하는 여건에서 매장들은 디지털 기지로 재구축되었다.

온라인 주문 후 매장 수령Click & Collect, 생필품 두 시간 배달, 전 직원 퇴근배송제 등이 주효했다. 고객이 쇼핑 방법, 채널과 상관없이 구매하듯 월마트도 온라인과 오프라인을 구분하지 않는 통합적 관점에서 사업 모델 혁신에 접근해 아마존의 도전에 효과적으로 대처해 지속적으로 성장하고 있다.

폭풍우가 유능한 뱃사공을 만든다

위기를 극복한 인간이 위기 이전보다 더욱 강해지는 경우가 있듯 조직도 마찬가지다. 유능하고 충성스러운 사람들이 두각을 나타내고 본질적이지 않았던 겉치레들이 사라진다. 위기 자체를 피할 순 없으나 위기를 극복하는 과정에서 조직과 리더의 내공이 드러난다. 위기를 맞은 조직과 조직의 리더는 자신의 힘으로 어려움을 극복해야 한다. 그렇게 어려움을 극복하면 위기조차 조직과 리더의 자산이 된다. 하지만 타인의 도움으로 극복한 위기는 자산이 될 수 없다.

위기가 닥치면 시간이 빨리 흘러간다고 느낀다. 단기간에 많은 일이 일어나고 즉각적으로 대처해야 하기 때문이다. 보통의 상황에선 1년 동안 일어날 일들이 위급 상황에는 일주일 만에 생겨날 수도 있다. 평상시에는 천천히 생각하고 검토할 수 있는 사안도 위기 상황에선 그럴 수 없다. 따라서 위기를 맞은 조직은 모든 역량을 위기 극복을 위한 생존력 강화에 집중해야 한다. 역량이 분산되어 위기 극복에 실패하면 남는 건 파멸뿐이다.

위기대응 체제의 출발점은 핵심 인력으로 컨트롤 타워를 구축하는 것이다. 최고경영자를 포함한 주요 경영진들이 컨트롤 타워를 중심으로 상황을 장악하고 위기 극복을 위한 의사결정을 진행하며 실무진의 실행과 점검을 제어한다.

평상시의 자율경영 등의 구호는 폭풍우가 지나갈 때까지 한편에 치워두는 게 좋다. 비상시에는 그에 맞는 의식과 조직으로 무장해 대처해야 한다.

국가에서도 평상시에는 내각의 각 부처가 맡은 업무를 수행하는 걸 주축으로 국정을 운영하지만, 전쟁이 나면 전쟁 수행력을 극대화하는 전시체제로 국가조직을 재편한다.

평상시 바다를 항해하던 배에선 각자 맡은 위치에서 자신의 역할을 다하는 것으로 충분하지만, 폭풍우를 만나면 선장을 포함한 핵심 선원들이 조타실에 모두 모여 상황을 파악하고 대처해 나가는 것과 마찬가지다. 위기를 맞은 조직은 무엇보다도 통제와 효율을 높여 생존력을 확보해야 하는 것이다.

●

군주는 절대적 위기에 처했을 때 절대적 권력을 휘두를 여유가
없다. 고난에 처했을 때 군주가 신뢰할 수 있는 건 극소수에 불
과하다.

_『군주론』 9장

IL PRINCIPE

IL PRINCIPE

5부

굽이치고 흔들려도
다 잡고 나아가는 힘

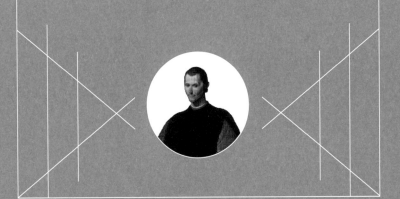

외공과 내공을 함께 갖춰야
확장이 가능하다

○○

영토를 확장하고자 하는 욕구는 자연스럽고 당연하다. 따라서
능력 있는 자가 수행할 때 칭찬을 받으면 받았지 비난을 받진
않는다. 그러나 능력도 없는 자가 어떤 희생을 치르고라도 손에
넣으려 한다면 잘못된 일로 비난받아 마땅하다.

『군주론』 3장

확장은 본능이다. 유기체는 번식하고 공동체는 확장한다. 번식
력을 상실한 유기체가 자신의 자리를 내주고 소멸하듯 확장할 능
력을 상실한 공동체는 정체되고 소멸되기 마련이다. 역사상 수없이
명멸했던 국가와 민족들은 물론 현대 기업들도 끊임없이 규모를 키
우려 한다.

다만 방법이 다를 뿐이다. 국가의 영토는 전쟁과 외교로 넓어지고 기업의 규모는 시장의 창출과 고객의 확대의 방식으로 커진다. 다만 본능적 확장을 역량이 뒷받침하지 못할 때는 부작용이 생겨나고 경우에 따라 조직 자체가 소멸한다.

국가 영토를 확장하기 위한 기본적 힘은 군사력이다. 다음으로 넓힌 영토를 운영하기 위한 제도와 법률이 필요하다. 역사적으로 군사력이 강해 일시적으로 영토를 확장했으나 이후 통치체제를 만들지 못한 세력은 단순한 정복국가로만 기록되었다. 그러나 군사력이리는 하드웨어를 기반으로 제도와 법률이라는 소프트웨어를 갖춘 고대 로마, 칭기즈 칸의 몽골은 세계 제국으로 성장했다.

기업에게 외공은 자본, 설비, 기술 등이고 내공은 정신력, 문화, 제도, 시스템 등이다. 사업을 확장하는 건 내공과 외공이 조화를 이뤄야 가능하다. 부족한 내공에도 외공만 믿고 확장하면 규모는 커지지만 내실을 다질 수 없어 기업의 근간이 흔들릴 수 있다.

내공 부족의 함정은 창업자의 2세, 3세들에게서 흔히 나타난다. 창업자는 다음 세대에 자산과 설비는 물려줄 수 있지만 기업을 이루게 한 무형의 자산은 온전히 물려줄 수 없다.

창업자가 가진 무형의 자산을 미처 이어받지 못한 경우 후계자는 내공이 부족한 리더가 될 수밖에 없다. 특히 유족한 환경에서 좋은 교육을 받고 큰 2세, 3세는 지식과 경력은 화려하지만 비즈니스의 핵심인 승부의 세계에서의 냉혹함과 철저함은 갖추지 못한 경우가 많다.

승리했지만 상처뿐인 영광

한니발이 세계에서 가장 위대한 세 명의 장군을 뽑은 적이 있다. 가장 먼저 꼽은 이는 알렉산더 대왕이었다. 마지막으로 꼽은 이는 한니발 자신이었다. 두 번째로는 그리스 북부 에페이로스 지역의 왕으로 로마와의 전투에서 승리해 명성을 쌓은 피로스를 꼽았다.

기원전 279년 피로스는 이탈리아반도 남부에 있는 그리스의 도시국가 타렌툼의 구원 요청을 받자 2만 5천 명의 병력과 코끼리 20마리를 이끌고 로마를 침공했다. 로마군이 코끼리를 본 건 그때가 처음이었다고 한다. 로마군은 코끼리의 위세에 놀랐지만 피로스 또한 당황하긴 마찬가지였다. 타렌툼은 용병을 지원하겠다고 했지만 막상 도착하자 용병은 보이지도 않았다.

그러나 위대한 장군답게 피로스는 세계 최강의 군대 로마와 맞서 한 치도 물러서지 않았고 결국 승리를 거뒀다. 그러나 치열한 전투였기에 피로스는 군대의 1/3 이상을 잃고 탄식했다. "이런 식의 승리를 한 번 더 거뒀다간 망하고 말 것이다." '피로스의 승리'라는 말은 여기서 기원했다.

피로스는 로마에 연승을 거둘 수 없었다. 로마의 원군이 합류하자 피로스는 패퇴했고 타렌툼은 함락되었다. 로마는 피로스 단독으로 이길 수 있는 나라가 아니었다. 그것이 바로 상처뿐인 영광, 피로스의 승리가 주는 교훈이다. 자신의 능력을 넘어선 전쟁에선 이겨도 얻는 건 불행밖에 없다.

타국의 독립전쟁을 지원한 자국 왕가의 붕괴

18세기 유럽은 프랑스, 오스트리아, 러시아, 영국의 4대 강국이 각축전을 벌이는 가운데 신흥 강자 프로이센이 부상하며 주도권 쟁탈전이 극심하게 전개되었다.

와중에 프로이센이 오스트리아를 선제공격해 발발한 7년전쟁은 주요 강대국이 모두 참여해 유럽과 식민지에서 벌어진 국제 전쟁으로 최초의 '세계대전'으로 불리기도 한다.

'프랑스-오스트리아-러시아'와 '프로이센-영국'의 대립 구조로 여타 중소국가들이 가세했다. 영국은 유럽보다 해외 식민지에서 프랑스와의 전투에 주력했으며 최종적으로 북아메리카의 캐나다와 인도에서 패권을 확립해 가장 큰 이익을 얻었다.

7년전쟁에서 영국에 해외 식민지를 빼앗겨 절치부심하던 프랑스는 미국에서 독립전쟁(1775~1783)이 벌어지자 영국에 대한 복수와 견제 차원에서 식민지 독립군을 적극적으로 지원했다. 프랑스는 대출과 보조금 방식으로 전쟁 비용을 지원하고 비밀리에 화약과 무기, 의복 등 군수품을 공급했다.

1778년 사라토가 전투에서 식민지군이 영국군에게 승리한 후 프랑스는 미국과 동맹을 맺고 공식적으로 참전해 1779년부턴 6천여 명의 정규 병력을 파견했다. 해군이 없었던 식민지군에 대한 지원으로 프랑스 해군은 미국 연안과 대서양에서 영국 해군을 견제했다. 1781년 요크타운 전투에서 프랑스 해군이 영국 함대를 격파하고 영국군 보급선이 차단된 후 영국군이 항복하며 전쟁은 끝났다.

프랑스가 지원한 식민지군이 승리하면서 미국은 독립했다. 그러나 전쟁의 부담은 고스란히 프랑스에게 남았다. 7년전쟁에서 패배하고 주요한 식민지를 상실하며 경제적 기반이 약화된 상태에서 곧이어 미국을 지원한 행위는 재정 위기를 불러왔다.

재정난을 타개하고자 프랑스 정부는 1789년 의회 격인 삼부회를 소집했다. 1신분인 성직자, 2신분인 귀족과 함께 소집된 3신분인 평민들이 회의 방식에 반발하면서 프랑스 혁명의 불길이 타오르기 시작했다. 분노한 파리 시민들이 1789년 7월 14일 바스티유 감옥을 습격하면서 프랑스 왕정은 붕괴되었다. 전력을 다해 지원한 미국독립전쟁이 승리로 끝난 후 불과 6년 만이었다.

파탄에 이른 이상적 결합

1989년 공산주의 종주국 소련의 붕괴로 냉전이 종식된 이후 세계 시장은 글로벌 단일시장으로 재편되었다. 승용차는 글로벌 시장 재편의 영향을 가장 크게 받는 산업이었다.

1992년 미국의 저명한 자동차 분석가 메리언 켈러는 글로벌 시장 통합의 영향으로 2000년대 초반에는 10여 개의 양산 자동차 회사만 생존 가능할 것이며 생존 기준은 연간 생산량 300만 대가 될 거라고 추측했다. 당시 전 세계 30여 개의 자동차 회사 전체가 시장 재편의 태풍을 피할 수 없다는 관측이었다.

당시 국내에만 현대, 대우, 기아, 아시아, 쌍용 등 다섯 개가 있었기에 대다수가 그 예측에 의구심을 품었지만 상황은 예측대로 흘러갔다. 1990년대 중반을 넘기면서 자동차산업의 경쟁력이 격화되어 글로벌 차원 규모의 경제가 중요한 과제로 떠올랐다.

이러한 상황에서 1998년 독일 다임러 벤츠와 미국 크라이슬러의 합병이 성사되었다. 다임러 벤츠는 1886년 세계 최초의 내연기관 자동차를 생산한 기업으로 '메르세데스-벤츠' 브랜드를 보유한 프리미엄 고급차 시장의 강자였다. 1925년 설립된 크라이슬러는 중저가 차량과 미니밴 시장에서 강세였다.

당시 두 회사의 합병은 이상적 조합으로 평가되었다. 시장 측면에선 북미와 유럽, 가격으로는 프리미엄 고급차와 실용적 보급차, 제품 라인으로는 세단과 미니밴으로 상호보완적이었기 때문이었다. 또한 규모의 경제로 연구 개발, 생산 과정, 물류와 판매 등 가치 사슬에서 전반적인 시너지를 기대했다.

그러나 예상과는 달리 내부 갈등이 증폭되며 기대했던 긍정적 효과는 나타나지 않았다. 근본적 문제는 독일과 미국의 기업 문화 차이에 있었다. 다임러의 엄격하고 관료적인 문화와 대비해 크라이슬러는 유연하고 창의적인 문화를 지향했다.

문화 충돌로 의사소통과 협력이 쉽지 않았다. 다임러가 주도권을 행사하는 구조에서 크라이슬러 출신 직원들의 사기가 저하되었고 유능한 인력들이 대거 이탈했다. 또한 21세기에 들어서면서 자동차 시장이 연료 효율의 친환경으로 트렌드가 바뀌는 흐름에 신속하게 대응하지 못해 경쟁사 대비 뒤처지기 시작했다.

기대했던 합병 효과는 실종되고 비효율만 커지자 다임러는 합병 9년만인 2007년 크라이슬러 지분을 사모펀드에 매각하고 손을 뗐다. 두 기업 모두 재무적 타격과 브랜드 이미지에 손상을 입었다.

국력계산식으로 본 외공과 내공

개인과 집단의 역량 측정은 언제나 관심사다. 개인은 자기계발, 기업은 조직 역량, 국가는 국력의 관점에서 접근한다. 다양한 접근이 가능하지만 기본은 유형자산인 물질적 조건과 무형자산인 정신적 조건의 결합에 따른 전체적 역량을 평가한다.

국제정치 분야에선 레이 클라인의 '국력계산식'이 유명하다. 미국 CIA 부국장과 조지타운대학교 교수를 지낸 경험을 바탕으로 1980년에 국력계산식으로 정리했다.

$$\text{국력계산식}: P = (C + E + M) \times (s + w)$$

국력Power은 인구와 영토Critical mass, 경제력Economic capability, 군사력Military capability의 유형자산에 전략Strategic purpose과 의지Will to pursue national strategy의 무형자산을 곱해 산출한다. 국력을 '하드파워-외공'

과 '소프트파워-내공'으로 구분하는 계산식의 백미는 곱하기(x)의 특성에 있다. 물질적 조건인 영토, 인구, 경제력, 군사력이 거대해도 정신적 조건인 전략과 의지가 제로(0)면 국력은 제로가 된다.

레이 클라인의 간단한 국력계산식에 조직 역량과 리더십의 요체가 내포되어 있다. 소프트파워의 관점에서 리더십은 미래의 번영을 위한 전략 방향을 제시하는 능력에서 출발해 구성원의 실행 의지를 결집하는 역량으로 현실화된다.

리더의 허황된 전략을 추종하는 구성원들의 의지가 분출되면 파멸적 비극으로 이어지고, 의지가 뒷받침되지 않는 전략은 혼돈적 희극으로 귀결된다. 하드파워와 소프트파워, 외공과 내공의 균형이 전체 조직 역량을 극대화한다.

●

예로부터 어떤 형태의 국가든지 가장 중요한 토대가 되는 건 좋은 법률과 훌륭한 군대다. 훌륭한 군대가 없으면 좋은 법률을 가질 수 없다.

_『군주론』12장

●

루이 12세는 베네치아의 도움을 받아 이탈리아를 침입했다. 입성은 성공적이었다. 그는 여러 소국과 동맹을 맺고 이탈리아반도의 1/3을 차지했다. 그러나 밀라노에 입성한 후 교황 알렉산데르 6세의 로마냐 지방 정복을 도움으로써 혼란에 빠지고 말았다. 알렉산데르 6세의 야심이 지나치게 커지는 걸 본 루이 12세는 스페인 왕인 페란도 2세와 함께 나폴리를 분할 점령해 견제를 시도했다. 그러나 이 또한 실수였다. 이전까지 루이 12세는 이탈리아의 거의 유일한 지배자였지만 이젠 귀찮은 상대를 여럿 뒀다. 능력을 넘어선 상황이 일으킨 혼란에 직면한 루이 12세는 또 다른 실수를 저지른다. 바로 베네치아를 공격한 것이다. 베네치아는 강국이었다. 베네치아와 프랑스가 연합했다면 경쟁 세력들은 양국을 상대로 공격을 가하긴 어려웠다. 그러나 프랑스가 베네치아를 격파하는 바람에 경쟁 세력들은 훨씬 더 쉬운 상황을 맞았다. 결국 루이 12세는 경쟁에서 패배하고 말았다.

『군주론』 3장

작은 이웃들과
공존하는 구조를 만들어야 한다

○○

자신의 국가와 다른 나라를 통치하려는 군주는 작은 이웃 세력들의 수장이자 보호자가 되어야 한다. 그는 그중에서 세력이 가장 강한 자의 힘을 약화시키고, 자신과 권력이 대등한 외부 세력이 그 지역에 들어오지 못하도록 경계해야 한다. 불필요한 야망이나 두려움으로 불만을 가진 세력들이 외부인을 끌어들일 수 있기 때문이다.

_『군주론』 3장

사람들이 모여 집단을 이루고 조직 간에 제휴하는 이유는 상호 이익 구조를 만들어 생존 가능성을 높이기 위해서다. 한쪽이 일방적으로 이익을 보고 다른 쪽은 손해만 보는 구조는 안정적으로 유지될 수 없다.

　모든 유기체는 나름대로 자신이 구축한 생태계의 중심이다. 규모가 커질수록 그에 비례해 생태계의 범위도 넓어진다. 마키아벨리는 아무리 강력한 국가도 혼자선 생존하고 번영할 수 없다는 점을 분명히 한다. 주변의 약한 이웃들과 함께 생존하고 번영하는 방식을 취해 힘이 미치는 네트워크를 확대해 장기적 생존 기반을 확충하라는 지적이다. 그러나 강력한 외부 세력에 대한 경계도 늦추지 않는다. 상생 정신은 막연한 선의가 아니라 공동체의 생존을 보장하는 전략의 차원에서 구사해야 하기 때문이다.

　타인과 떨어져 혼자 살아가는 대표적 사례로 '로빈슨 크루소'가 있다. 절해고도에서 홀로 생존하는 인물 설정 자체가 근대 자본주의 인간형을 나타낸다. 중세나 르네상스 시기까진 공동체 안에서의 삶을 기본으로 생각했다.

　근대사회의 기업도 로빈슨 크루소처럼 독립된 권리 의무 주체라는 관점의 전환에서 출발했다. 그러나 기술이 발달하고 연계성이 강화되면서 21세기는 네트워크의 중요성이 다시금 부각되고 있다. 기업에는 다양한 이해관계자들이 있다. 주주, 종업원, 납품 업체, 지역사회, 정부 등이 그들이고 기업경영이란 결국 이해관계자들의 관리이기도 하다. 기업의 규모가 커지고 사회적 책임이 강화되면서 이해관계자의 범위도 넓어진다.

　그들과 함께 생존을 모색하는 공동체 의식은 중요한 자산이다. 따라서 리더는 운명공동체의 공감대를 이뤄 단기적인 경제적 이해관계를 넘어선 동지적 관계를 형성할 수 있어야 한다. 장기적 이익을 위해 단기적 이익을 일시유예하는 건 경제 주체로서도 합리적 선택이기 때문이다.

약소국을 제국으로 성장시킨 포용 정책

키루스 대왕은 페르시아제국의 건설자다. 그러나 고대 제국의 여느 건설자와는 다른 면모를 보인 영웅이다. 성경에도 나오는 것처럼 키루스는 바빌론을 정복한 후 유대인 포로들을 풀어줘 고향으로 돌아갈 수 있게 했다. 약소 민족에 대한 관용과 배려는 키루스의 중요한 정책이었다.

이란 남부 유목 지대의 족장이었던 키루스는 이란이 동서교역의 중심지로 성장할 수 있는 입지라고 판단했다. 그는 자신의 부족민들을 하루는 땅만 파게 하고 하루는 춤추며 놀게 했다. 그런 뒤 그들에게 어떤 삶을 택하겠느냐고 물었다. 당연히 후자를 택한 부족민들에게 자신을 따르면 기회가 온다고 설득했다.

그렇게 설득한 부족민들을 이끌고 정복 전쟁에 나선 키루스는 동쪽 지역에 거주하는 유목민들을 통합하는 것으로 제국 건설의 첫걸음을 내디뎠다. 어느 정도 성과를 이루자 비옥한 메소포타미아 지역의 메디아로 눈을 돌렸다. 비옥하다는 건 경쟁이 심하다는 걸 뜻한다.

메디아 지역의 실권자는 키루스의 외조부(헤로도토스의 설이다)
아스티아게스였는데 난폭한 통치로 민심을 잃고 있었다. 메디아의
지휘관이 투항하는 우여곡절 끝에 키루스는 메디아를 정복했다. 이
후 그는 메디아 백성들을 페르시아제국의 백성으로 편입했고 유능
한 자들을 등용했다.

그러나 키루스는 메디아 정복에 안주하지 않았다. 계속해서 리
디아와 아시리아로 판도를 넓혔고 지금의 아프가니스탄과 사마르
칸트까지 세력을 확장했다. 마지막으로 당시 문화의 중심지 바빌론
을 점령한 뒤 약탈 대신 부패한 귀족들을 처형해 백성의 지지를 얻
었다.

관용과 포용 정책을 바탕으로 페르시아는 주변 국가들을 통합
해 대제국으로 발전했고 백성들은 그를 '왕 중의 왕'으로 존경했다.
대제국을 건설한 키루스의 비문에는 "나는 페르시아제국의 건설자
키루스다. 내게 소박한 안식처를 제공하는 걸 아까워하지 마라."가
적혀 있다.

상호 공존의 플랫폼이었던 로마

고대 세계에서 전쟁은 일상에 가까웠고 강자가 약자를 이기면 모든
걸 빼앗는 게 당연했다. 패전국은 패망하고 승전국에 흡수되었고
시민들은 죽이거나 노예로 만들었다. 하지만 로마인들은 건국 초기

부터 정복한 부족을 죽이지 않았고 정복을 통한 식민지 확대가 아닌 동맹 방식의 연합이라는 네트워크 확장의 개념을 창안했다.

이러한 정책은 로마를 고립된 오아시스가 아니라 개방된 저수지로 만들었다. 로마의 정복 사업 성공으로 확장된 권역에서 발달한 수학·철학·문학·예술·토목·항해술 등 모든 문물이 저수지로 흘러들어 융합되면서 수준 높은 로마 문화로 발전했다. 다시 저수지 밖으로 흘러나가 오늘날 서양 문화의 토대를 이뤘다.

로마는 승자였지만 모든 걸 독식하지 않았다. 군사와 외교의 주도권만 인정받으면 일정 수준의 독자적 권리를 인정하는 국가 간 연합의 형태로 공존하는 네트워크를 구성했다. 동맹국은 로마와만 협정을 맺을 수 있었고 동맹국들 사이의 협정은 허용되지 않았다.

동맹국 간의 분쟁도 로마의 중재로 해결하는 걸 의무화했다. 또한 패전국 시민들은 로마 시민에 준하는 권리를 누리고 국방권과 외교권을 제외한 자치권을 인정받아 공동체를 유지할 수 있게 했다. 연합 방식은 동맹국의 지도층이나 자유민 모두가 충분히 받아들일 수 있는 구조였다.

로마는 승자가 패자를 죽이지 않고 노예로 삼기만 해도 관용으로 받아들여지던 고대에 로마연합이라는 형태로 패자를 공동경영자로 삼는 유례없는 전략을 창안해냈다. 로마연합은 로마에게도 동맹국에게도 모두 이익이 되는 윈윈win-win 구조였기 때문에 생명력이 끈질기고 길었다.

로마로선 통치 비용을 최소화하면서 지배하는 권역의 힘을 최대로 이용할 수 있는 이점이 있었다. 로마가 정복한 지역을 직접 통치하려 했다면 소요되는 인력과 군사력은 기하급수적으로 늘어났을 것이고 곧 세금의 증가로 이어졌을 것이다. 세금이 증가하면 피정복민들의 불만을 야기하고 진압하고자 추가로 군사력이 필요해지는 악순환에 빠진다.

하지만 로마는 패전국과 동맹 관계를 설정하고 자치권을 부여해 안정을 유지하는 방식으로 통치 비용을 줄일 수 있었다. M&A뿐만 아니라 전략적 제휴라는 새로운 형태의 개방적 동맹 관계를 고안한 것이다. 로마와 동맹국들이 '따로 또 같이' 공존하면서 비용 대비 효율성이 높은 구조의 네트워크가 확대되는 기반이 되었다.

동맹국 입장에서도 로마연합은 이익이었다. 로마의 주도권이 분명해지고 있는 시점에서 인정하기만 하면 공동체의 유지에는 아무런 문제가 없었기 때문이다. 또한 로마는 국방권과 외교권만 제한했을 뿐 행정·법률·언어·종교 등의 자치를 폭넓게 인정했다.

개방과 연결로 만들어지는 디지털 시대 생존 공간

인류 역사를 관통하는 경제 활동의 본질은 가치의 창조와 전달이다. 시대에 따라 돌멩이에서 강철로, 가축에서 엔진으로, 하드웨어에서 소프트웨어로 양상과 요소가 달라질 뿐이다. 그리고 가치를 창조하고 전달하기 위해선 개방하고 연결해야 한다. 문명은 연결로 가치를 창출하기 때문이다.

문자로 사람을, 물류로 지역을, 무역으로 세계를 연결하면서 발전해 왔다. 기술 발달로 생기는 연결망의 독점적 확보는 차세대 주도권의 확보로 이어졌다. 산업혁명 이후 아날로그 시대의 철도 회사, 전화 회사, 공중파 방송국 등의 네트워크 사업자들이 성장한 과정이다.

기술을 습득하고 자원을 조달하고 제품을 전달하는 과정 자체가 외부와의 연결을 전제로 진행된다. 이러한 속성은 아날로그 시대에서 디지털 경제로 진화하면서 더욱 중요해지고 있다. 아날로그 산업들이 동물원의 울타리 안에서 구획되었다면 디지털 시대에는 대평원에서 경쟁하고 교류하며 협력하는 생태계에 비유된다.

아날로그 시대는 정보와 기술, 제품이 실물로 물리적 공간을 이동해야 했기에 시간이 걸리고 속도도 느렸다. 하지만 디지털 시대는 필요한 자원과 생산 과정, 최종 제품이 모두 데이터의 형태로 실시간으로 전달된다. 디지털 초기에는 쌍방향 일대일 대응으로 진행되던 과정이 점차 다자간 실시간 상호 반응하는 플랫폼 형태로 발전했다.

애플이 2001년 음악 유통 플랫폼인 아이튠즈를 시작해 큰 성과를 거두면서 플랫폼 사업 모델이 확산되기 시작했고 구글, 아마존, 페이스북(메타) 등이 가세했다. 이후 다양한 분야에서 다양한 플랫폼이 생겨나면서 플랫폼의 형성과 유지 능력이 새로운 경쟁력의 원천이 되었다. 패션, 식당, 여행, 레저 등 일상생활의 모든 영역이 공급자와 수요자를 플랫폼을 매개체로 연결되고 있다.

디지털 시대에 경제의 기본적 사업 모델은 직간접적으로 플랫폼과 연계되어 있다. 그리고 플랫폼의 핵심은 개방과 연결, 상호 이익이다. 누구나 참여해 이익을 얻을 수 있으며 참여자가 많을수록 가치도 높아진다. 플랫폼을 형성하고 주도하면 가장 큰 이익을 얻겠지만, 그렇지 못할 경우 플랫폼에 참여만 해도 충분한 이익을 얻기에 다양한 참여자가 모여들고 있다. 플랫폼이 주도하는 디지털 경제의 성공은 외부와의 개방과 연결에서 만들어진다.

상호 이익의 공통분모를 찾아라

시장의 본질은 상호 이익이다. 사업의 본질도 마찬가지다. 서로 이익이 되면 자연스럽게 협력하고 공통의 목표를 추구한다. 상거래 자체가 상호 이익을 전제로 일어나는 것이기에 시장의 본질은 상호 이익을 위한 거래의 반복이다.

따라서 기업 규모가 커진다는 건 기업 생태계에서 상호 이익 구조의 개념과 범위가 넓어짐을 뜻한다. 생태계의 중심에 선 강자가 일시적 힘의 우위를 남용하면 일시적 이득을 취할 수 있겠지만 공멸을 피할 순 없다. 강자일수록 생태계 조절자로서의 역할 수행이 중요하다.

현대의 기업도 강력한 네트워크의 일부분으로 존재한다. 소비자

가치를 제공하고자 기술, 부품, 시장 등 많은 부분에서 협력하고 협력관계의 범위는 더욱 확대되고 있다. 독불장군이 아니라 이해관계자와 상생을 전략적으로 추구하는 게 장기적으로 이익이 된다는 마키아벨리의 관점은 현재적 교훈을 준다.

아무리 강력한 제국도 세계 전체가 될 수 없는 것처럼 세계 최대의 기업도 세계 산업 전체를 지배할 수 없다. 제국도 주변국과의 협력 구조를 형성하며 유지되고 거대 기업도 협업체계의 틀 속에서 존재한다.

조달에서 생산, 판매에 이르는 가치사슬의 전 과정에서 다양한 협력으로 기업 본연의 역할을 하는 것이다. 최근 플랫폼 개념이 부각되고 있지만, 사실 모든 기업은 나름대로의 상거래 플랫폼을 형성하고 그 전제에서 존재했다.

다양성이 특징인 21세기에는 일개 기업이 아무리 많은 제품을 생산하고 유통해도 수요자 모두를 만족시킬 순 없다. 최근 부상되는 플랫폼의 개념은 바다를 덮고자 더 큰 배를 만드는 무모한 노력을 하기보다 이미 존재하는 무수히 많은 배를 모아 넓은 바다를 덮을 수 있는 선단을 구성하는 개념이다.

이러한 플랫폼 사업의 가장 큰 장점은 아이디어의 다양성과 자체 진화의 역동성에 있다. 플랫폼에 참여하는 다양한 공급자들이 수요자가 찾는 정도에 따라 도태되고 성장하는 자연스러운 과정을 거치면서 거래는 활성화되고 생태계의 역동성은 확보된다.

●

정복 군주는 약소국가들의 맹주가 되어 보호자의 역할을 담당하고, 그 지역의 강력한 국가를 약화하도록 노력하며, 외부의 강대한 국가가 개입하지 않도록 만반의 태세를 갖춰야 한다. 지배자들을 두려워하면 언제나 강력한 외세를 끌어들이기 마련이다. 로마 또한 이러한 도움을 받아 많은 정복을 이뤘다. 로마는 그러한 현상이 자신들이 정복한 국가에선 반복되지 않길 바랐다. 약소국과의 우호 관계를 유지하되 그들의 영향력이 커지지 않도록 노력했다. 그리하여 강한 외세가 힘을 쓰지 못하도록 사전에 방지했다. 현명한 군주라면 누구나 취할 법한 조치다. 이러한 문제를 일찍이 예견하고 신속하게 취하는 게 로마의 장점이었다.

_『군주론』 3장

타인을 강하게 한 자는
자멸을 자초할 뿐이다

○○

타인이 강력해지도록 도움을 주는 자는 자멸을 자초한다. 타인
의 세력은 도움을 준 자의 술책과 힘으로 강력해지는데, 일단
강력해지면(도움을 준 자의) 이 두 가지 수단을 두려워하기 때문
이다(이런 이유로 도움을 준 자를 배신한다).

_『군주론』3장

개인이든 조직이든 다양한 관계 구조 속에서 생존 공간을 마련
한다. 관계의 형태는 기간별, 협력 수준에 따라 다양하다. 깊은 수준
의 제휴와 협력은 상호보완이 필요하고 장기적 이해관계가 일치될
때 발생한다. 상황은 항상 변하기에 제휴 형태도 변한다. 약자는 다
른 약자와 제휴해 강자와 대항하거나, 다른 강자와 제휴해 공간을

확보한다.

중국 춘추전국시대의 합종연횡, 현대 기업의 전략적 제휴는 같은 맥락이다. 홀로 대적하기 어려울 때 서로 연합해 약점을 보완하고 장점을 공유하는 방식이다. 이러한 제휴의 목적은 자신을 강하게 하고 보호하는 것이어야 한다.

연합과 제휴는 오월동주처럼 각자의 계산이 다르고 이해관계가 엇갈리기 때문이다. 개인 간에도 동업을 하는 이유는 독자적인 힘이 부족하기 때문이다. 하지만 상황이 호전되면 으레 갈등이 불거지고 결별하기 마련이다.

마키아벨리는 외교관으로서 시시각각 변하는 국제 정세 속에서 이탈리아 도시국가들과 프랑스, 스페인 등 주변 강국들이 연합하고 제휴하는 현장에 있었다. 우아한 외교적 수사 뒤에 감춰진 냉혹한 국제정치의 현장을 경험하면서 제휴와 협력의 기본은 정치적 자유의 확보라는 점을 실감했다. 특히 일시적 위기를 모면하고자 강자와 손을 잡는 약자의 위험성을 경고하고 있다.

다윗이라는 호랑이를 키운 이야기

이스라엘 민족이 만든 국가의 첫 번째 왕은 사울이었다. 사울은 이스라엘 12지파 중 하나인 베냐민 지파 소속으로 막강한 배경을 자랑할 뿐 아니라 용모가 준수하고 기골까지 장대해 왕으로 손색이 없었다. 초대 왕이 된 사울의 최대 과제는 성경에 블레셋으로 나오는 페리시테인들을 물리치는 일이었다. 페리시테인들은 수시로 이스라엘 국경을 넘어와 백성들을 괴롭혔다. 사울은 병사들을 이끌고 블레셋 공격에 나섰지만 공격은 뜻대로 되지 않았고 오히려 위기에 빠졌다.

이때 이스라엘을 구한 이가 바로 다윗이었다. 이때까지만 해도 사울은 순수하게 승리에 기뻐했다. 다윗에게 장관의 자리를 부여하고 후견인을 자처했다. 그러나 개선하면서 사울의 마음은 달라졌다. 연도에 선 백성들은 사울이 죽인 사람이 수천이라면 다윗이 죽인 사람은 수만이라고 외치며 다윗을 칭송했다. 사울은 자신이 잘못 선택했음을 깨달았다.

노련한 사울은 손에 피 한 방울 묻히지 않고 다윗을 제거할 방법을 찾았다. 그는 다윗을 계속해서 전장으로 내몰았다. 그러나 다윗은 좀처럼 죽지 않았다. 죽지 않았을 뿐 아니라 매번 승리했다. 사울은 다윗의 발탁을 후회했지만 돌이킬 순 없었다.

사울이 기습 공격을 감행한 페리시테군이 쏜 화살에 맞고 목숨을 잃자 이스라엘의 왕은 다윗이 계승했다. 다윗과 다윗의 아들인 솔로몬의 치세는 사울이 만들어준 셈이다.

스승과 제자 관계였던 두 회사의 희비극

제2차 세계대전 이후 독립한 신흥 국가 중 산업화에서 우리나라만큼 성공한 사례는 없다. 우리나라의 주력 산업으로 성장한 전자, 반도체, 조선, 철강산업 모두 처음에는 무모한 시도로 여겼지만 오늘날 글로벌 경쟁력을 확보하는 신화를 만들었다. 특히 제2차 세계대전 이후 자동차산업을 시작해 독자 모델로 글로벌 기업으로 성장한 사례는 우리나라가 유일하다.

1967년에 설립된 현대자동차는, 미국의 포드와 기술 제휴 계약을 맺고 '코티나'를 조립 생산한다. 이후 현대자동차가 고유 모델 개발을 추진하면서 포드와의 관계는 종료되고, 일본의 미쓰비시와 전략적 제휴를 맺어 1975년 국내 최초의 고유 모델 소형차 '포니'를 생산한다. 이탈리아 유명 자동차 디자이너인 조르제토 주지아로가 디자인한 포니는 미쓰비시의 새턴 엔진을 탑재해 완성했다.

그러나 포니는 물론 이후 현대자동차가 생산한 스텔라(1982), 엑셀(1985)은 모두 미쓰비시의 새턴과 오리온 엔진을 사용했고 변속기 등 핵심 부품을 수입해 로열티까지 지급했기에 현대자동차를 완전한 자동차 회사로 보기에는 무리였다.

이에 당시 현대그룹의 정주영 회장은 "엔진 기술이 없으면 자동차 회사가 아니다"라고 천명하면서 독자 엔진 개발을 지시했다. 국내외 자동차 업계에선 현대자동차가 불가능한 일에 무모하게 덤벼든다고 봤다. 현대자동차의 대주주이자 기술 제휴선이었던 미쓰비시는 독자 엔진 개발을 천명한 현대자동차를 견제하기 시작했다.

1984년에는 구보 도미오 회장이 직접 현대그룹을 방문해 독자 엔진 설계를 주도하던 마북리 연구소의 폐쇄를 요구하면서, 폐쇄하면 로열티를 절반으로 깎아주겠다는 파격 제안까지 했다. 그러나 현대자동차 경영진은 독자 엔진이 있어야 장기적으로 독자 생존이 가능하다는 신념으로 처음의 계획을 계속 추진했다. 그 결과 1991년, 개발 8년 만에 배기량 1,500cc의 '알파 엔진'을 개발했다.

한국을 방문한 미쓰비시의 구보 회장은 귀국 후 미쓰비시 엔진 연구소를 방문해 "현대자동차 연구원들의 실력과 근성이 대단하다. 정신 차리고 분발하지 않으면 10년 후 현대에 가서 기술을 구걸할 것이다."라고 경고했다.

구보 회장의 경고는 현실이 되었다. 2004년 미쓰비시는 현대에 1천억 원의 로열티를 지불하고 세타 엔진의 설계도면을 구입했다. 미쓰비시에게 엔진 기술을 배우던 현대자동차가 미쓰비시에 기술을 전수해주는 회사로 변모하는 대역전극을 펼친 것이다.

미쓰비시는 현대자동차가 조립공장 수준이었던 1979년에 이미 연간 판매량 100만 대를 돌파했지만, 이후 부진이 지속되다가 2016년에 닛산자동차에 인수되어 르노-닛산-미쓰비시 얼라이언스 회원사의 일원이 되었다. 반면 현대자동차그룹은 글로벌 3대 자동차 회사로 성장했다. 한때 스승과 제자 관계였던 두 회사는 청출어람靑出於藍 수준이 아니라 아예 운명이 뒤바뀌었다.

타 기업의 기술로 글로벌 1위가 되다

1945년 해방으로 국내 기업이 본격적으로 등장하기 시작했다. 현재 LG의 모태인 락희화학은 1947년 창업해 1952년 국내 최초로 플라스틱 제품을 생산하고 1954년 치약을 출시해 큰 인기를 끌었다. 화학 사업이 자리를 잡자 전자산업에 진출하고자 1958년 금성사를 설립하고 1959년 국내 최초의 라디오를 출시했다. 당시 근로자 월 평균 임금의 세 배 정도의 고가품으로 판매는 부진했다.

그러나 1962년부터 정부가 농촌에 라디오 보내기 운동을 실시하면서 판매가 급증했다. 전자 사업의 가능성을 확인하고 여세를 몰아 국내 최초로 1965년 냉장고, 1966년 흑백 TV, 1969년 세탁기를 출시했다. 국내 기술이 없어 일본 히타치와 제휴해 기술과 부품을 조달해 생산했다.

히타치는 1910년 이바라키현에서 창립되어 1924년 일본 최초의 전기기관차, 1932년 냉장고, 1956년 흑백 TV를 개발하며 전자산업을 주도하던 기업이었다. 당시 일본은 1950년대 경제 부흥으로 소위 가전 삼종신기三種神器로 불리는 세탁기, 텔레비전, 냉장고 시장이 급성장하고 있었다.

금성사의 가전제품은 당시 우리나라 소득 수준으로는 구입하기 어려운 고가 사치품에 가까웠지만 장기적으로 시장 성장성을 보고 제품을 출시했다. 이후 금성사는 국내 가전 시장의 선발주자로 자리 잡았고 삼성전자는 산요, 대한전선은 도시바, 화신은 소니와 기술 제휴해 진입했다.

금성사는 1978년 미국 현지법인을 설립하면서 본격적으로 글로벌 확장을 시작했다. 당시는 미국의 제너럴 일렉트릭, 월풀, 메이텍과 독일의 지멘스와 밀레, 스웨덴의 일렉트로룩스를 비롯해 일본의 소니, 히타치, 도시바, 파나소닉 등이 선발주자로 시장을 장악하고 있었다. 개발도상국의 후발주자였던 금성사는 저가 제품 위주로 시장을 파고 들었고 유럽, 아시아 등 기타 지역으로도 진출했다.

1995년 회사명을 LG전자로 변경했고 2000년대부터 본격적으로 전개한 프리미엄 제품 전략이 성과를 거두면서 글로벌 가전 시장의 주역으로 부상했다. 2010년대에는 중국의 약진으로 냉장고, 세탁기 등 소위 전통적인 백색가전은 유지하기 어렵다는 논란이 많았다. 그러나 모터, 컴프레서 등 핵심 부품을 자체 생산해 높은 제품력을 유지하고 고가제품 위주의 프리미엄 전략을 더욱 밀어붙인 결과 TV, 냉장고, 세탁기, 에어컨 등 주요 제품의 글로벌 시장에서 상위 1~2위로 올라섰다.

1960년대의 불모지에서 히타치의 기술로 시작한 가전 사업이 60여 년 동안에 글로벌 톱으로 성장했다. 반면 현재 히타치는 에너지, 원자력, 철도 차량 등에서 글로벌 플레이어지만 가전에선 존재감이 퇴색했다.

합종연횡과 전략적 제휴의 본질은 이익

강자와 약자는 생존 방식이 같을 수 없다. 자존심만 내세우는 약자가 생존하기 어렵고, 관용 콤플렉스에 매몰되어 자신의 힘을 활용하지 못하는 강자는 지위를 유지하기 어렵다. 정치적 변동이 크거나 경제적 불황기에는 판도 변화가 극심하게 일어난다. 이 시기의 당면 과제는 생존이지만 생존 방식에 따라 운명은 달라진다.

자신과 비슷한 약자들과 연합해 생존력을 강화하는 방법, 자신보다 약한 적을 공격해 세력을 키우는 방법, 강자와 이해관계를 일치시켜 살아남는 방법 등 다양한 전략을 구사하면서 생존 공간을 확보한다. 중요한 점은 선제적으로 전략을 수립하고 주도적으로 행동해야 한다는 것이다.

마키아벨리의 시대는 도시국가의 경쟁 구조였다. 다양한 정치적 연합, 제휴가 이뤄지면서 판도가 변화하는 일종의 춘추전국시대로 군주는 누구 편에 설 것인지를 요구하거나 강요받는 일이 비일비재했다.

이런 상황에서 마키아벨리는 눈앞의 생존을 위해 강자와 손을 잡고 약자를 공격하는 걸 가장 피해야 한다고 지적한다. 단기적으로 이익일 수 있지만 장기적으로 해가 되기 때문이다. 또한 전쟁의 당사자들이 강력하지 않을 때는 신중해야 한다고 말한다. 형세의 변화가 없고 분명한 이익이 없을 때 갈등에 휘말릴 필요는 없다는 의미다.

국가의 합종연횡은 기업의 연합과 제휴에 비유된다. 기업도 제휴 마케팅, 기술 공유, 공동 생산 등 다양한 협조 관계를 전략적으로 활용한다. 개인들도 다양한 제휴 관계를 구축해 생존 공간을 확보한다는 점에서 마키아벨리가 통찰한 제휴의 원칙은 의미 있는 시사점을 준다.

●

군주는 어쩔 수 없는 경우가 아니라면 다른 나라를 공격하고자 자신보다 강한 나라와 손잡는 일은 피해야 한다. 승리를 거둬도 그의 포로가 되기 때문이다. 군주는 될 수 있는 한 남의 뜻대로 되는 일은 피해야 한다.

_「군주론」 21장

힘이 뒷받침되어야
경쟁과 변화가 가능하다

○○

개혁자들이 자신의 힘을 바탕으로 행동하는지 아니면 타인에
의존하는지 검토할 필요가 있다. 타인에 의존하는 경우 항상 실
패한다. 자력으로 추진할 때는 별다른 어려움을 겪지 않는다.
그래서 무장한 예언자는 승리할 수 있으나 말뿐인 예언자는 실
패하게 마련이다.

_『군주론』 6장

지식인은 논리로 말하고 리더는 결과로 말한다. 합당한 근거를
제시하지 못하는 지식인이 인정을 받지 못하듯, 의도했던 결과를
만들어 내지 못하는 리더도 평가받기 어렵다. 하지만 새로운 건 반
감을 사기 마련이다.

'패러다임paradigm'이라는 단어를 처음 사용한 토마스 쿤의 『과학 혁명의 구조The Structure of Scientific Revolution』에선 과학 이론도 당대의 지배적 사고방식인 정상 과학이 새로운 사고방식으로 대체되는 사회적 전이 과정을 거친다고 밝혔다.

기존의 정상 과학이 위기를 맞고 혁명을 거쳐 '새로운 정상 과학 (패러다임)'이 탄생하는 과정에서 신구 진영 간의 갈등과 투쟁은 불가피하다. 객관적 근거에 기반한 자연과학의 이론도 패러다임 전환 과정에서 혼란을 겪는데, 사회적 역학관계에서의 새로운 질서 형성은 더욱 극심한 반발을 불러일으키기 마련이다.

기존 질서가 유지된다는 건 기존 질서의 수혜자가 있기 때문이다. 그래서 기존 질서와는 완전히 다른 새로운 질서를 도입한다는 건 기존 질서의 수혜자에겐 명백한 손실을 의미한다. 하지만 손실을 보는 층이 명백하고 이익을 보는 층이 명확하지 않다면, 새로운 질서에 대한 만인의 적극적 지지는 기대하기 어렵다. 모든 사람에게 불확실성을 키우는 변화는 결국 모든 사람을 반대자로 만들게 마련이다. 따라서 어떤 형태의 변화도 반발을 초래한다.

이런 배경에서 마키아벨리는 새로운 질서를 도입하려는 리더는 반발을 자연스러운 것으로 인식해야 하며, 변화의 정당성을 공유하고자 노력하되 리더의 의지를 관철할 수 있는 힘을 확보해야 한다고 봤다. 기득권 포기를 요구하는 변화를 감성적 애원과 논리적 설득으로 받아들이게 할 수는 없는 법이다. 개혁과 변화는 힘이 뒷받침되어야만 가능하다.

설교의 예언자와 무장한 예언자

수도사 지롤라모 사보나롤라는 1494년 피렌체 정치계에 혜성같이 등장했다. 당시 강대국 프랑스가 이탈리아를 침공하면서 상비군常備軍이 없던 이탈리아 도시국가들은 연이어 무너졌다. 피렌체도 마찬가지였다. 당파 싸움에 찌든 정치, 타락한 교회, 사회적 부패로 파국은 불가피해 보였다. 그런 상황에서 프랑스의 침략은 피렌체의 숨통을 끊을 터였다.

사보나롤라는 금욕과 헌신의 삶과 불같은 설교로 유명했다. 그는 부패한 교황과 정치권의 무능을 질타하면서 피렌체의 운명을 놓고 프랑스 왕과 담판을 벌였다. 협상을 성공적으로 마무리한 후 시민들의 지지를 업고 자신이 주도하는 정부를 수립했다. 그러나 현실 정치는 냉혹했다.

아마추어 지도자인 사보나롤라의 명분론과 실정失政으로 경제가 위축되고 생활이 어려워지자 지지층이 급격히 줄어들었다. 집권 4년 만인 1498년에 실각한 사보나롤라는 피렌체 시청 광장에서 화형火刑에 처해졌다. 마키아벨리는 피렌체 신정부의 서기관이 되어 출근한 첫날, 시청에서 사보나롤라의 화형식 광경을 내려다보며 현실 정치의 냉혹함을 깨닫는다.

한때의 에피소드로 끝난 사보나롤라와 대비되는 인물이 스위스의 종교개혁가 장 칼뱅이다. 1509년 프랑스에서 태어난 칼뱅은 1536년 스위스 제네바로 가서 독일의 마르틴 루터와 함께 종교개혁의 양대 산맥을 이뤘다. 천국도 지옥도 예정되어 있다는 예정설과 부富는 열심히 일한 대가 중 하나라는 청부靑富는 신흥 상인 계급들의 지지를 받았다. 칼뱅의 통치 기간 중 제네바는 '프로테스탄트의 로마'라고 불릴 정도로 종교개혁의 중심으로 부상했다.

칼뱅의 통치는 후일 신정독재神政獨裁라는 평가를 받을 정도로 엄격했다. 정치적 반대자들을 투옥하고 형벌을 가했고 종교적 반대자들을 박해했다.

당시 삼위일체설을 부정한 스페인의 신학자 미카엘 세르베투스가 제네바를 방문했을 때 체포해 화형시킨 건 개신교 최초의 종교적 살인이라는 오명으로 남았다.

그러나 그는 사욕이 없었다. 그는 제네바가 종교개혁의 구심점 역할을 하길 바랐고 개인적으로 열병, 담석, 폐병 등 열 가지가 넘는 질병에 시달렸으나 죽는 순간까지 집필과 설교에 헌신했다.

칼뱅은 사후에 자신이 숭배의 대상이 되는 걸 원치 않아 묘석도 세우지 못하게 했다. 그래서 오늘날 칼뱅의 무덤은 위치를 알 수 없다. 칼뱅의 신학은 영미 계통의 장로 교회와 유럽 대륙의 개혁 교회로 발전했고, 현재 전 세계 7,500만 명의 신자가 있다. 무장한 예언자였던 칼뱅은 세계 질서를 바꾸는 업적을 남겼다.

시대 변화를 읽은 무장한 개혁가

1642년 찰스 1세와 대치하던 의회는 왕실 권력 축소에 동의하지 않을 경우 왕실 재정을 삭감하기로 결정했다. 찰스 1세가 거부한 건 당연했다. 그 결과 내란이 일어났다. 당시 하원의원이던 청교도 올리버 크롬웰은 의회를 지지하고 성전을 결심했다. 그는 왕에게 맞서 싸우는 게 자신에게 주어진 하늘의 뜻이라 여겼던 것이다.

하지만 문제가 있었다. 그에겐 현실 권력이 없었다. 이상만 가진 예언자가 실패하는 사례는 역사에선 부지기수였다. 크롬웰은 과거의 실패를 답습할 생각이 없었다. 그래서 그는 무력으로 승리를 쟁취하기로 결심했다.

크롬웰은 60명을 모아 군대를 조직했다. 60명이란 숫자는 싸우기에 충분하지 않았다. 그러나 그는 싸우는 방법을 알았다. 청교도적 이상 국가 수립이 꿈이었지만 전략과 전술은 지극히 현실적이었다. 그는 기병대가 선봉에서 공격하는 전술을 수립했다.

전술은 효과가 있었다. 크롬웰의 부대는 전투 때마다 승리했으며 휘하의 병사는 전투를 거듭할수록 늘어났다. 두 가지 이유가 있었다. 크롬웰이 주장하는 사상이 그 하나였다. 그는 귀족이 아닌 평민을 중시했다. 새로운 국가는 평민이 주역이 될 거라고 주장했다. 다른 하나는 뛰어난 전술이었다. 지는 쪽에 서고 싶은 병사는 없다.

이 두 가지 이유로 그의 군대는 나날이 불어났다. 크롬웰은 한편으로는 병사들의 사상을 하나로 모으고, 다른 한편으로는 효과적인 군사 전술을 수립했다. 하나의 사상으로 통일된 병사들이 효과적인 전술로 무장했을 때 강력한 시너지를 발휘한다. 크롬웰의 부대는 승승장구했다.

1645년이 되자 크롬웰은 의회군의 전체 기병대를 지휘했고 그해 네이즈비 전투에서 내란의 방향을 결정하는 승리를 거뒀다. 훗날 크롬웰은 찰스 1세를 처형하고 공화국을 선포한 뒤 오늘날의 대통령과 유사한 호국경 자리에 올랐다. 크롬웰에게 이상만 있었다면 승리는 그의 것이 아니었을 것이다. 그에겐 이상을 뒷받침할 만한 실력과 전술이 있었다. 그것이 그의 승인이었다.

철과 피로 제국을 수립하다

오토 폰 비스마르크는 프로이센의 귀족 가문에서 태어나 1847년 프로이센 의회에 입성하면서 정치 경력을 시작했다. 19세기 중반 유럽은 자유주의가 득세하며 절대왕정에서 벗어나 헌법 제정, 의회 구성, 입헌군주제 도입을 요구하는 목소리가 높았다.

독일연방 내부적으로는 기존의 강자 오스트리아와 신흥 강자 프로이센이 대립하면서 중소국가들을 통합하는 독일 통일의 주도권 경쟁이 치열했다. 비스마르크는 젊은 시절 러시아와 프랑스의 대사로 재직하면서 유럽 각국의 민족주의를 접하고 프로이센 중심의 독일 통일이 반드시 필요하다고 생각했다. 가장 큰 걸림돌은 같은 독일연방 소속인 오스트리아와 인접 강대국 프랑스였다.

1862년 9월 30일 프로이센 총리로 임명된 그는 의회에서 독일 통일 정책에 관해 연설했고 철혈재상鐵血宰相이라는 별명을 얻었다. "이 시대 중요한 문제들은 더 이상 연설이나 다수결에 의해 좌우되지 않습니다. 당면한 문제의 해결에 필요한 건 철과 혈입니다."

독일 통일을 위해 군사력을 강화하면서 적성국들을 각개격파하는 외교 전략을 수립하고 실행에 옮겼다. 먼저 상대적으로 만만한 오스트리아를 골랐다. 슐레스비히-홀슈타인 지역의 영토 분쟁을 빌미로 1866년 6월 오스트리아와 전쟁을 시작했다. 프로이센은 강력한 군대와 우수한 전술로 한 달만에 오스트리아를 제압하고 8월에 프라하 조약을 체결하며 전쟁을 끝냈다. 오스트리아는 독일연방에서 탈퇴하면서 독일 통일에서 배제되었고 프로이센이 주도하는 북독일 연방이 구성되었다.

독일 통일을 향한 마지막 장애물은 프랑스였다. 프랑스의 나폴레옹 3세는 프로이센이 독일을 통일하면 유럽에서 프랑스의 위상이 하락한다고 판단하고 전쟁으로 저지하려고 했다. 1870년 스페인 왕위계승 문제로 프랑스와 프로이센 사이에 긴장이 형성되자 프랑스를 자극해 프로이센에 선전포고를 하도록 유도했다.

프랑스가 먼저 공격했으나 만반의 준비를 하고 있던 프로이센 군대가 신속하게 우위를 차지했다. 프랑스군은 스당 전투에서 대패하고 나폴레옹 3세가 포로로 잡히면서 전세가 결정되었다. 프로이센군은 여세를 몰아 프랑스의 수도 파리를 포위해 항복을 받았다.

프로이센 왕 빌헬름 1세는 1871년 1월 18일 프랑스 베르사유 궁전에서 통일된 독일제국 수립을 선포하고 독일 황제로 즉위했다. 비스마르크는 초대 총리로 임명되었고 독일제국은 유럽의 최강대국으로 부상했다.

비스마르크가 주도한 독일 통일은 '명확한 시대정신, 강력한 군사력, 치밀한 외교'의 합작품이다. 독일연방은 오스트리아, 프로이센으로 양분되어 중소국가들이 이합집산하고 있었고 프랑스 등 주변국은 모두 프로이센을 경계하고 있는 상황에서 철혈의 힘과 책략의 외교로 이뤄낸 성취다.

허영이 아니라 야심을 가져라

'나는 허영심虛榮, vanity이란 남에게 좋게 보이고 싶어 하는 심정이고 야심野心, ambition은 뭔가를 이룩하고 싶어 하는 의지라고 생각한다. 남에게 좋게 보이고 싶어 하는 사람에겐 권력이 필수불가결하지 않지만 뭔가를 이룩하고 싶어 하는 사람에겐 그것을 해내는 데 필요한 힘이나 권력이 필수불가결하다. 그런데 허영심은 있지만 야심이 없는 사람은 욕심 없는 인물로 여겨진다. 또한 욕심이 없기 때문에 위험하지 않은 인물로 간주된다. 추대되는 건 항상 이런 부류의 위험하지 않은 인물이다.'

『로마인 이야기』 4권

타인에게 좋게 보이고 찬사를 받으려는 욕망이 허영이다. 개인적 성격 차원에서 허영은 최소한 남에게 피해는 주지 않는다. 하지만 이런 부류가 리더가 되면 무난하지만 성취는 없다. 모든 사람에게 욕 먹지 않으려면 언제나 어중간한 타협과 현상 유지로 귀결되기 때문이다.

허영심 가득한 부류가 리더가 되면 말은 많고 행사는 화려하지만 겉돈다. 모두가 편안해하지만 모두에게 무의미하다. 최악은 허영심에 가득 차서 공적 의무감은 없는 싸구려 연예인에 불과한 부류가 자리를 이용해 개인적 이익만 추구하는 경우다. 소위 조직의 미래와 개인의 이익을 맞바꾼다.

성취는 문제의 본질을 통찰하고 해결하는 새로운 생각과 과감한 실행의 결과물이다. 새로운 생각은 기존 질서에 익숙한 사람들에겐 불편하고 거부감을 불러온다. 이런 부분을 감수하지 않으면 성취는 없다.

뭔가를 이루려는 야심에는 힘이 필요하다. 야심은 있으나 힘이 없으면 추진력이 없다. 힘은 있으나 야심이 없으면 깡패로 전락한다. 야심도 없고 힘도 없으면 화려한 언변의 훈수꾼에 불과하다.

야심을 갖고 힘을 확보하려면 권력 의지가 필요하다. 권력을 획득해야 공적 책무를 실행할 수 있다. 먼저 의지가 있어야 힘을 확보하고 뭔가를 이룰 수 있기 때문이다. 탁월한 리더는 높은 이상과 목표를 이루려는 야심을 품고 권력 의지로 힘을 확보해 스스로를 불태워 구체적 성취를 만든다.

●

시민의 천성이 변덕스럽기 때문에 그들에게 어떤 일을 설득하기긴 쉬우나 설득된 상태를 유지하기란 어렵다. 그러므로 말로 되지 않으면 힘으로 믿게 하는 대책을 마련해야 한다. 모세, 키루스, 테세우스, 로물루스 역시 무력을 갖고 있지 않았던들 그들의 율법이 오랫동안 지켜지게 할 순 없었을 것이다. 오늘날에도 수도사 사보나롤라의 예가 있다.

『군주론』6장

●

한 나라를 차지할 경우 정복자는 필요한 강경 조치를 한 번에 강력하게 실행하되 매일같이 반복해선 안 된다. 모든 가혹 행위는 한 번에 끝내야 한다. 그래야만 덜 고통스럽고 반감을 일으키지 않는다. 반대로 은혜는 대중이 오랫동안 음미하도록 조금씩 베풀어야 한다.

『군주론』8장

IL PRINCIPE

IL PRINCIPE

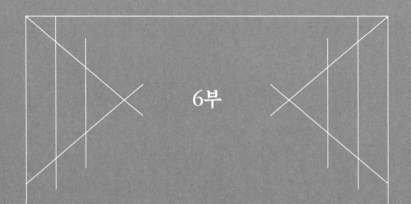

6부

• • •

군주론에서
무엇을 배울 것인가

자신의 운명을
스스로 지배하지 않으면 안 된다

○○

시대와 상황이 군주에게 적합하다면 융성해진다. 반대로 시대
와 상황이 변했는데도 군주가 자기 방침을 바꾸지 않는다면 망
하고 만다. 그러나 시대와 상황에 적응하는 현명한 인간은 흔치
않다. 인간은 타고난 성질대로 기울기 쉽고, 거기서 헤어나기
어렵기 때문이다.

_『군주론』 25장

로마인들은 전쟁을 위해 떠날 때 병사들에게 점을 봐주며 신이
로마에게 승리를 약속했다고 믿게 하는 전통이 있었다. 출정을 앞
둔 로마군 지휘관은 풀라리라고 불린 점술가들을 시켜 새점을 치는
게 상례였다.

풀라리는 닭이 모이를 쪼아 먹는 모양을 보고 길흉을 점쳤다. 닭이 모이를 잘 쪼아 먹으면 길조로 해석해 전투에 들어가고 잘 먹지 않으면 전투를 삼갔지만, 풀라리들은 로마군의 운명을 몇 마리 닭의 기분에 맡기진 않았다.

그들은 새점을 치기 며칠 전부터 닭을 굶겨 점을 보는 날 닭이 먹이를 잘 쪼아 먹게 만들었다. 그렇게 해서 출정을 앞두고 불안한 마음의 로마 병사들은 닭이 모이를 잘 쪼아 먹었다는 길조를 듣고 기분 좋게 원정길을 떠나는 게 보통이었다.

기원전 249년 제1차 포에니전쟁 때의 일이다. 출정을 앞두고 새점을 치는 건 상례적 행사였기에 집정관이자 출정 군대의 지휘관이었던 클라우디우스 풀케르는 풀라리들에게 점을 치게 했다. 그런데 닭들이 도무지 모이를 쪼아 먹지 않았다. 성질 급하기로 소문난 풀케르는 닭을 붙잡아 바다에 던져 버렸다.

로마 병사들은 지휘관의 돌발적 행동에 놀랐고 마음 한구석에 불안감을 가진 채 전투에 들어갔으며 공교롭게도 로마군은 패배했다. 패전 후 풀케르는 수도 로마로 소환된 뒤 재판에 회부되어 거액의 벌금형을 언도 받았다. 풀케르는 패배 때문이 아니라 지도자에게 용납되지 않는 얕은 생각과 성급한 태도 때문에 비난받고 처벌까지 받은 것이다.

로마인들은 전투를 꼭 해야 하는 상황에선 새점의 결과와 상관없이 전투를 수행했다. 하지만 지휘관의 의도에 따라 점의 결과를 교묘히 바꿔 병사들의 사기를 높이는 방법을 썼다. 기원전 3세기 이탈리아 중부 산악 민족 삼니움족과의 전쟁 당시 지휘관 루키우스 파피리우스는 닭이 모이를 쪼아 먹지 않았지만 풀라리의 우두머리는 여러 상황을 고려해 점괘가 좋다고 보고했다. 그러나 진형을 갖추고 난 후 다른 풀라리가 사실은 닭이 모이를 먹지 않았다는 사실을 말하자 병사들은 동요했다.

파피리우스는 "점괘가 좋기 때문에 전투를 시작할 것이다. 만약 우두머리 풀라리가 거짓말을 했다면 그는 벌을 받게 될 것이다"라고 말하면서 풀라리들을 선두에 배치했다. 그런데 우연히도 진격 도중 로마 병사가 던진 창에 맞아 우두머리 풀라리가 죽자 파피리우스는 "거짓말쟁이의 죽음으로 점괘를 둘러싼 모든 죄과를 씻어버렸다"라고 선언하며 병사들을 독려했다. 전략과 점괘를 적절히 부합한 그는 병사들의 사기를 조절해 결국 대승을 거뒀다.

전투에 앞서 새점을 치는 로마의 관행은 미신을 이용해 병사들을 안정시키는 목적이었다. 출정을 앞둔 병사의 심리는 전쟁의 승패와 자신의 생명에 대한 불확실성 때문에 불안하기 마련이고 사소한 것에도 쉽게 반응한다.

병사의 사기란 변화무쌍한 인간의 심리이기 때문이다. 병사들이라고 해서 종군 점술가인 풀라리들이 새점을 치기 전 닭을 굶긴다는 걸 모를 리 없었지만, 그래도 새점의 결과가 큰 위안이 되는 건 현실이었다.

유연성이 없어 소멸하고 말았다

'붉은 머리 에리크(에리크 토르발손)'라고 불리는 바이킹이 있다. 아이슬란드에 살다가 바이킹족 내부 갈등으로 추방된 그는 무리를 이끌고 서쪽에 있다는 전설의 섬을 찾아 떠났다. 긴 항해 끝에 정착할 땅을 발견해 그곳을 그린란드Greenland라고 명명한 뒤 본토인 노르웨이로 가서 정착민을 모집했다.

당시 노르웨이 사람들은 농토 부족으로 허덕이고 있었다. 노르웨이는 대부분이 산악 지역이기에 국토의 3%만이 농지로 이용되었다. 그러나 인구가 급격하게 증가하자 노르웨이는 한계를 드러냈고, 그 결과 사람들은 약탈자인 바이킹이 되어 하루하루를 살아가고 있었다.

생존의 한계에 직면한 본토의 바이킹에게 그린란드라는 이름은 매력적이었다. 그러나 이름과는 달리 그린란드의 자연 조건도 가혹했다. 바이킹이 정착했던 곳의 여름 평균 기온은 해안가의 경우 섭씨 5~6도, 피오르드 안쪽도 높아야 섭씨 10도 정도에 불과했다.

게다가 그린란드 빙상에서 강하고 건조한 바람이 자주 불었고 잦은 안개가 시야를 가로막았다. 그러나 여유 토지가 고갈된 본국을 떠나 새로운 삶을 시작할 수 있다는 희망은 보였다.

그린란드의 이주민들은 양과 염소를 키웠다. 부족할 때는 순록과 바다표범을 잡아 생활했다. 척박한 환경임에도 인구는 5천 명까지 증가했다. 984년부터 1400년대 초까지 거의 5세기 동안 그린란드는 유럽 문명에서 가장 멀리 떨어지고 가장 추운 곳에 세워진 유럽계 문명이었다. 교회를 세웠고, 라틴어와 고대 노르웨이어로 글을 썼으며, 철로 연장을 만들었고, 가축을 키웠다.

그러나 1400년대 초반 소빙하기가 닥치면서 극심한 기후 변화가 찾아왔다. 그린란드와 노르웨이를 잇는 해로가 얼어 노르웨이에서 그린란드로 오는 식량이나 목재 등의 공급이 끊어졌다. 혹심한 추위가 지속되면서 경제의 근간이 무너졌다.

평균 기온이 떨어지고 여름이 짧아지면서 안개와 비가 많이 내려 식량 생산이 줄었고 겨울이 길어지면서 가축의 번식이 어려워졌다. 추운 날씨로 그린란드의 생태 환경 자체가 바뀌기 시작했다. 그린란드 바이킹은 기후 변화에 적응하지 못하고 소멸했다.

그러나 그린란드 바이킹과 달리 아시아 계통의 이누이트는 살아남았다. 1200년경 그린란드로 건너온 그들은 유럽 문명과 단절되었으나, 변화에 적응하는 지혜와 유연성을 갖고 있었다. 그들은 고래와 바다표범의 기름을 태워 집을 난방하고 조명을 밝혔다. 배의 골조에 바다표범 가죽을 씌워 만들어 먼바다로 나가 고래를 사냥하는 법을 개발했다.

그린란드 바이킹은 이누이트의 생존법을 알고 있었을 것으로 추측된다. 그러나 유럽 출신 문명인이라는 편견으로 이누이트의 생활 양식을 미개하고 야만적인 것으로 무시하면서 효과적인 생존 기술을 배울 생각조차 하지 않았다. 그 결과 그린란드 바이킹은 몰락하고 이누이트는 살아남았다.

점차 줄어들던 그린란드 바이킹들은 1400년대 초반 모두 사라졌다. 죽음의 원인은 추위와 배고픔, 그리고 마지막까지 서로 다투다가 생긴 상처들이었다. 환경 변화에도 기존의 관념에서 벗어나지 못해 눈앞에 있는 생존 기술을 배우지 못한 결과는 그린란드 바이킹 공동체 전체의 소멸이었다.

재주는 곰이 부리고 돈은 되놈이 벌었다

거래, 협상, 전투 등 인간의 모든 행동은 상대의 의도와 움직임을 먼저 파악하면 유리한 위치를 선점한다. 특히 전투 중에 적군의 이동을 알기 위한 정찰과 수색은 필수로, 다양한 방법을 동원한다.

정찰대 투입, 고지 확보, 통신 감청, 암호 해독, 레이더 활용이 대표적이다. 레이더는 제2차 세계대전에서 본격적으로 활용하기 시작했다. 일본의 과학자가 레이더의 핵심 장비인 안테나 혁신기술을 개발했다. 그러나 정작 일본은 도외시하고 미국, 영국 등 연합국이 적극적으로 활용해 크고 작은 전투를 승리로 이끌었다.

대표적인 전투가 제2차 세계대전 초기인 1942년 6월 태평양 전선에서 미국과 일본의 주력함대 간 벌어졌던 미드웨이 해전이다. 1941년 12월 7일 하와이 진주만 기습 성공으로 우위에 섰던 일본 해군이 항공모함 네 척이 침몰하는 참패를 당해 전쟁의 향방이 바뀐 대＊해전이다. 상대 전력에서 열세였던 미국 해군의 중요한 승리

원인 중에 암호 해독과 레이더가 있다.

그런데 레이더 핵심 장비였던 안테나를 일본 과학자가 발명했다는 흥미로운 역설이 존재한다. 레이더 개념은 19세기 후반에 출현했지만 전파의 송수신에 효과적인 안테나가 없어 실용화가 어려웠다. 그러던 1926년 영국에 유학하던 일본인 공학자 야기 히데츠구와 우다 신타로가 우수한 전파 지향성으로 물체 탐지가 가능한 안테나를 개발했다.

그러나 자국민이 개발한 첨단기술을 일본군 수뇌부는 무시했다. 불안정한 레이더 기술보다 훈련한 인간의 시력이 효과적이라고 생각했기 때문이다. 반면 잠재력을 알아차린 영국은 1935년 일찌감치 '야기-우다 안테나'를 접목한 군사용 레이더를 개발해 실전에 배치했다.

일본군은 1942년 2월 싱가포르 점령 후 입수한 영국군의 레이더 관련 문서에 반복되는 '야기Yagi'라는 단어를 접하자 암호라고 생각하고 영국군 포로를 심문했다. 영국군 통신 전문가로부터 안테나 발명자인 일본인 이름이라는 대답에서 경악을 금치 못했다.

뒤늦게나마 상황을 파악하고 서둘러 레이더 개발에 나섰으나 한 발 늦었다. 연합군은 미리 개발한 레이더-안테나를 적극 활용해 영국 본토 항공전, 미드웨이 해전 등 주요 전투에서 승리하면서 전쟁의 주도권을 확보해 나갔다.

야기-우다 안테나의 일화에 기술·변화 수용성의 중요성이 내포되어 있다. 첨단기술 개발이 기술적 우위의 필요조건이라면 조직의 기술·변화 수용성은 충분조건이라는 의미다. 실제로 획기적 기술도 초기부터 각광받긴 어렵다.

시대를 앞선 기술의 특성상 이해하기도 어렵고, 생소한 기술의 적용에 대한 의구심과 불안감으로 거부감이 강하기 때문이다. 따라서 뛰어난 기술을 개발해도 조직 내부에서 기술을 이해하는 안목과 실질적 변화로 연결하는 역량 없인 무용지물이 되기 마련이다.

적국의 혁신적 아이디어를 차용하다

제2차 세계대전은 미국-영국-소련이 주축인 연합국과 독일-이탈리아-일본의 추축국으로 진영이 나뉘었다. 승패의 무게추는 독일과 소련의 동부전선에서 소련이 승리하면서 연합국 진영으로 기울었다.

1945년 연합국의 승리 후 이념에 따라 미국의 자유 진영과 소련의 공산 진영으로 나뉘어 냉전이 시작되었다. 각 진영은 군사기술 개발과 군사력 증강에 적극적으로 나섰다. 원자폭탄, 수소폭탄, 원자력 군함, 대륙간 탄도탄, 군사위성, 첨단 정찰기 등 전방위적으로 기술을 개발하고 신무기를 선보였다. 공군에선 핵폭탄을 투하하는 전략 폭격기와 이를 요격하는 초음속 전투기가 전력의 핵심이었다. 미국은 초음속 항공기를 연이어 투입했고 소련은 미사일과 레이더를 결합한 대공 방어망 구축에 힘을 쏟았다.

1960년대 베트남전쟁에서 미군의 전투기에게 소련의 미사일은 큰 위협이었다. 1970년대 미국 공군은 최신식 전투기로도 소련의 조기 경보망을 돌파하기 어려웠다. 기존의 회피 방법인 초저공 침투, 초음속 고공 침투가 모두 한계에 부딪혔다.

　　미국 군용기 생산 기업 록히드 마틴은 위기에 봉착했다. 필사적으로 해결책을 찾던 와중 36세의 젊은 엔지니어 데니스 오버홀저가 우연히 소련 모스크바국립공과대학교 표트르 우핌체프 교수의 논문을 접했다. 레이더 전파 반사 단면을 최소화해 설계하면 레이더상에는 대형 폭격기도 작은 나방 크기로 인식된다는 분석이었다.

　　그는 회사에 아이디어를 테스트해 보자고 요청했다. 대부분의 상사와 동료들이 비현실적 공상으로 일축했지만 끈질기게 설득했고 모형을 만들었다. 결과는 놀랍게도 논문의 예상대로였고 록히드 마틴은 미국 공군을 설득해 비밀리에 개발에 착수했다.

　　최초의 스텔스 항공기 F-117 나이트 호크가 1981년 하늘을 날았고 1983년에 실전 배치되었다. 소련이 수십 년 동안 막대한 재원을 투입해 구축한 방공망이 순식간에 무력화되었다. 이후 스텔스 기술은 전차, 군함으로 확장되면서 무기의 역사를 바꾸고 있다.

　　1990년 스텔스 아이디어 창안자인 우핌체프는 미국 캘리포니아대학교 로스앤젤레스에서 전자기학을 강의하고 있었다. 자신의 논문이 미군의 스텔스 군용기 개발에 끼친 영향을 모르고 있었는데, 소식을 접하자 "소련의 나이 먹고 완고한 설계자들은 내 이론에 전혀 관심을 갖지 않았다"라고 술회했다는 후문을 남겼다.

운명의 절반은 인간의 손에 있다

외교의 최전선에서 마키아벨리는 수많은 권력자의 부침을 직접 목격했다. 그 과정에서 개인의 노력과는 무관한 운명적 요소를 경험했다. 마키아벨리 자신의 공직 생활도 메디치 가문의 집권 때문에 끝났으니 그 또한 당사자와는 상관없는 환경 변화였다.

종교적 색채가 강하게 남아 있던 르네상스 후기의 마키아벨리는 신의 지배와 운명의 존재를 인정하지만 인간의 노력과 의지도 세상사의 절반을 규정한다는 입장에 서 있었다.

나아가 운명을 종교적으로 숙명으로 받아들이는 관점에서 벗어나 인간의 의지와 적극적 노력을 강조했다. 세상 변화를 먼저 읽고 장기적 안목으로 대처하면 운명도 변한다고 봤다.

록펠러에게 성공 비결을 물었더니 "첫째도 운, 둘째도 운, 셋째도 운"이라고 답했다고 한다. 평범한 사람도 아닌, 20세기 초반 미국 석유왕으로 세계 최대 부자였던 록펠러도 사업에서 운이 중요했다는 의미다.

점괘, 운세는 과거 지도자들에게 중요한 관심사였다. 알렉산더 대왕도 동방 원정에서 점성술을 활용했고, 제갈량도 점괘를 보고 전쟁을 벌였다. 임진왜란의 영웅 이순신 장군도 곧잘 점괘를 뽑아 든 게 『난중일기』에 기록되어 있다. 불확실한 상황 속에서 목표를 달성해야 하는 리더들에겐 운도 어느 정도 중요했을 것이다. 그러나 그들도 운만으로 성공하진 않았다.

능력과 노력이 없는 리더에겐 아무리 좋은 운도 비껴가기 마련이다. 하늘이 내리는 운을 믿으면서 땅 위에서 노력하는 것, 즉 운명을 받아들이지만 또한 노력으로 운명이 부여한 가능성을 실현하겠다는 태도가 마키아벨리가 강조하는 현실적 태도다.

●

세상일은 운명과 신의 지배에 따른 것으로 인간이 아무리 머리를 쓴다 해도 세상의 진로를 수정할 순 없다. 또 예로부터 많은 사람이 이렇게 생각해 왔다는 걸 나도 결코 모르는 바는 아니다. 그들의 의견을 따르자면, '무슨 일에나 땀 흘려 애쓸 필요 없고 운명에 맡기는 게 최선이다'라는 결론이 나온다. 그러나 인간의 자유로운 의욕은 무슨 일이 있어도 잃어선 안 된다. 가령 운명이 인간 활동의 절반을 주재한다고 해도 나머지 반은 우리의 지배에 맡겨져 있는 거라고 생각된다.

『군주론』 25장

시대의 변화를 따라가면
운명도 미소짓는다

○○

운명의 여신을 파괴적인 강에 비유해 보자. 누구나 격류를 보고 도망치고 저항할 길이 없어 굴복하고 만다. 그러나 강이 이런 성질을 지니고 있다 해도 평온할 때 미리 제방이나 둑을 쌓아 방비를 단단히 해둘 순 있다. 운명에 대해서도 똑같은 말을 할 수 있다. 운명은 아직 저항하는 이 없는 곳에서 힘을 한껏 발휘하며 제방이나 둑은 저지할 힘이 없다고 보이는 곳에서 맹위를 떨친다.

_『군주론』 25장

로마의 철학자 세네카는 "행운은 기회와 준비가 만났을 때"라고 말했다. 준비 없이 맞은 기회는 제대로 살릴 수 없다. 마키아벨리는 하늘이 내린 운명과 인간의 노력이 각각 절반씩 인간사를 규정한다고 봤다. 뒤이어 운명을 능동적으로 받아들이기 위해 '사전 준비' '시대정신' '대담성'의 세 가지가 필요하다고 봤다. 운명 자체를 피할 순 없으되, 불운에 대해 사전 준비를 철저히 한다면 부작용을 최소화할 수 있고, 운도 변하기에 시대 변화를 따라가야 운을 유지할 수 있으며, 과감하고 적극적으로 운을 받아들여야 한다고 봤다.

우공은 어리석은 사람을 뜻한다. 그러니 우공이산愚公移山은 어리석은 사람이 산을 옮긴다는 뜻이다. 하북과 산서 사이에는 태항산과 왕옥산이라는 거대한 산이 놓여 있었는데 그 두 산 사이에 있는 '북산'이라는 곳에 살던 우공은 나이 구십의 늙은이였다.

이 두 산에 가로막혀 왕래가 불편한 걸 견디다 못한 그는 식구들에게 힘을 모아 산을 옮기자고 말한다. 가족들은 군말 없이 그의 결정을 따랐다. 우공과 식구들이 흙을 퍼 나르고 돌을 깨뜨리는 걸 보고 이웃에 사는 아이까지 동참했다.

우공의 벗인 지수(智搜, 슬기로운 늙은이)는 우공을 말렸다. 살 날도 얼마 남지 않았는데 공연히 힘만 빼지 말라는 충고였다. 그러자 우공은 "내겐 아들이 있네. 아들에겐 또 아들이 있고, 그 아들에겐 또 아들이 있을 것이네. 그렇게 세대가 이어짐에 따라 자손은 늘어나겠지만 산의 높이가 높아질 리는 없네. 그러니 내가 하는 일은 어리석은 일이 아닐세."라고 대답했다. 지수는 입을 닫았지만 두 산의 산신령은 입을 벌리고 경악했다. 두려워진 산신령들은 조물주에게 산을 옮겨줄 걸 청했고, 다음 날 산은 사라졌다.

목표를 세우고 일관되게 노력하면 불가능한 일을 가능하게 한다는 우공이산의 설화는, 예측할 수 없는 운명의 파도를 노력과 대비로 이겨 나갈 수 있다는 마키아벨리의 교훈과 일맥상통한다.

역경에 굴하지 않고 정면 돌파하다

닛신식품은 세계 최초로 인스턴트 라면을 개발했다. 창업자인 안도 모모후쿠는 대만에서 태어나 일본으로 귀화했다. 어린 시절 부모가 세상을 떠나면서 의류 원단 가게를 운영하는 조부모 밑에서 성장했다. 23세 때 일본에서 사업 기회를 찾고자 오사카로 이주해 섬유, 봉제 분야에서 사업을 벌였으나 지지부진했다.

제2차 세계대전 패전 후 일본의 식량 부족은 심각했다. 안도는 추운 겨울 귀갓길에 길가의 노점에서 라면을 먹고자 늘어선 긴 줄을 목격했다. 당시 미국 원조물자로 풍부하게 공급되던 밀가루를 활용해 간편하게 조리하고 영양가도 있는 저렴한 라면을 개발하면 사업성이 있겠다는 생각이 들었다.

1957년 근무하던 신용조합이 파산하면서 안도는 라면 사업을 하기로 결심했다. 집 뒤뜰의 헛간에서 1년 동안 실험에 몰두해 마침내 식용유에 튀겨 건조한 라면을 개발하고 1958년 8월 25일 '치킨라면'을 출시했다. 라면의 개발과 회사의 성장 과정에서 세 번의 전환점이 있었다.

첫 번째는 라면의 개발 단계였다. 수없는 실험에도 장기간 보관 되면서 단시간에 조리 가능한 밀가루 면 개발은 실패의 연속이었 다. 전환점은 우연히 찾아왔다. 집에서 음식 준비를 하는 부인이 밀 가루 반죽을 묻힌 생선을 뜨거운 식용유에 넣자 수분이 빠져나와 거품이 일어나는 모습에서 영감을 얻어 밀가루 면에 응용했다. 기 름에 튀긴 뒤 딱딱하게 건조하면 장기간 보관이 가능했다. 뜨거운 물에 끓이면 면은 곧바로 부드러워졌다. 이를 발전시켜 인스턴트 라면 개발에 성공했다. 라면은 출시하고 큰 인기를 끌었다. 1957년 일본에서 첫 선을 보인 슈퍼마켓이 판매의 주요 채널이었다. 당시 보급되던 TV에 광고를 시작해 큰 효과를 봤다.

두 번째는 10년의 호황 뒤에 찾아왔다. 일본의 식품 대기업들이 인스턴트 라면 사업에 진출해 경쟁이 치열해졌다. 안도는 다양한 맛으로 대응하기로 결정했다. 그는 직접 직원들과 함께 일본 전역 의 유명한 라면집을 일일이 방문해 맛있는 라면 만드는 방법을 세 세하게 기록했다. 그리고 각 지역 고유의 맛을 담은 300종의 라면 을 한꺼번에 출시했다. 경쟁사들이 연구소에서 진행하는 제품 개발 과는 차원이 다른 대응이었다. 경쟁 제품과 맛에서 차별화가 되는 제품으로 시장을 계속 주도했다.

세 번째는 컵라면으로 통칭되는 즉석 용기면의 개발이었다. 인 스턴트 라면 시장이 자리를 잡자 안도는 라면을 더욱 간편하게 먹 는 방법을 찾으려 했다. 해외 출장 중 미국에서 미국인들이 라면 을 종이컵에 넣고 포크로 먹는 모습을 보고 아이디어를 얻었다. 스티로폼 컵에 담아 끓는 물만 부으면 바로 먹는 컵누들을 개발해 1971년 9월 18일 출시했다. 컵누들로 전 세계적으로 '간편식'의 개념이 확립되었다.

창업자 안도 모모후쿠는 2007년 1월 세상을 떠났지만 역경에 굴하지 않고 능동적으로 운명을 개척하는 그의 정신은 기업 문화로 자리 잡았다.

파산 위기에서 발상의 전환으로 도약하다

미국 기업 스완슨은 1899년에 설립되어 닭, 칠면조 고기의 냉동식품으로 성장했다. 예년처럼 1953년에도 추수감사절이 다가오자 대량의 칠면조 고기를 준비했다. 그러나 예상보다 수요가 적고 판매도 부진해 260톤의 대량 재고가 발생했다.

당장 처리할 방법도 없어 열 대의 냉동 열차에다 칠면조 고기를 싣고 본사가 있는 중부 네브라스카와 동부 해안을 오가며 보관하는 상황이었다. 열차 비용은 계속 나가고 자금도 경색되면서 파산 위기에 몰렸다.

사활을 걸고 필사적으로 해결 방안을 찾았다. 영업부장이었던 게리 토마스는 팬암 여객기에 탑승했을 때 서비스하던 기내식을 떠올렸다. 그는 추수감사절 이벤트용이 아니라 일상의 저녁에 TV를 보면서 가족들이 같이 식사하는 개념으로 발전시켰다. 칠면조 고기, 감자, 채소와 소스를 하나의 알루미늄 트레이에 담은 냉동식품을 오븐에서 간편하게 데워 먹는 한 끼 식사였다.

'TV를 보면서 먹기 좋은 식사'라는 콘셉트로 'TV 디너TV Dinner'라고 명명했다. 포장지도 TV 화면처럼 만들어 대대적인 TV 광고 캠페인을 실시했다. 당시는 미국 중산층 가정에 TV가 활발하게 보급되고 있었고 여성들이 직장에 나가는 비율도 높아지고 있었다. 특히 직장에서 돌아온 주부들은 저녁 식사 준비로 힘들어 했다.

1953년 9월 10일 식료품점 진열대에서 판매를 시작한 결과는 대성공이었다. 1954년에 1천만 개가 팔려나갔고 1955년에는 2,500만 개로 급증했다. 대량 재고 칠면조 냉동육의 처리를 위한 고육책으로 회사의 운명은 극적으로 바뀌었다.

저녁이 아니라 점심과 아침으로 구성을 다양하게 만들고 디저트를 만들어 제품 라인도 확장했다. 저녁에 가족들이 TV를 보면서 'TV 디너'를 먹는 모습은 미국 일반인들의 라이프 스타일이 되었다. 수요 예측으로 대량 재고가 발생해 파산 위기에 몰렸던 스완슨은 발상의 전환으로 재도약의 기회를 마련했고 나아가 미국인들의 생활 방식에도 변화를 가져왔다.

개인이나 조직이나 세상살이에는 부침을 겪게 마련이다. 특히 어려움에 처한 경우에는 『주역周易』의 '궁즉변 변즉통(窮則變 變則通, 궁하면 변하고 변하면 통한다)'이라는 구절을 공감할 것이다. 위기를 맞아 절박해지면 살고자 변하고, 변하면 해결책과 통한다는 의미다. 스완슨의 사례도 위기를 맞아 살고자 아이디어가 나오고 채택하는 변화가 일어났고, 변화가 통하면서 원상 회복이 아니라 커다란 도약의 기회를 잡았다.

국제질서 변곡점에서 포착한 기회

오늘날 우리나라의 주요 산업은 반도체, 자동차, 전자 전기, 조선, 철강, 석유화학 등이다. 반도체는 글로벌 위상, 매출 규모, 이익률에서 두드러진다. 자동차는 산업 특성상 부품을 조달하는 협력업체가 많아 고용 부문에 기여가 크다.

1980년대 초반, 반도체산업에 진출하지 않았더라면 현재의 국민소득과 국제적 위상은 확보하기 어려웠다. 이러한 반도체산업의 기회는 기술력을 둘러싼 강대국의 대립과 갈등 구조라는 지정학과 기정학적 변곡점 국면에서 기회를 포착한 대표적 사례다.

반도체산업은 1950년대 미국에서 시작되었다. 1947년 미국 벨 연구소의 존 바딘, 월터 브래튼, 윌리엄 쇼클리가 세계 최초로 트랜지스터를 발명했다. 이 업적으로 그들은 1956년 노벨물리학상을 수상했다. 1958년 텍사스 인스트루먼트의 잭 킬비는 하나의 반도체 칩에 여러 가지 전자부품을 탑재한 최초의 집적회로IC를 개발했다. 그는 2000년 노벨물리학상을 수상했다. 1959년 페어차일드 반도체의 로버트 노이스도 실리콘 기반의 집적회로를 독자적으로 개발했다.

미국은 반도체산업을 태동시키면서 1960년대 급성장했으나 1970년대부터 엔이씨, 히타치, 도시바 등의 일본 기업들이 약진했다. 원천 기술은 미국에 있었지만 일본은 공정 기술에서 뛰어났다.

일본 기업이 시장을 주도하면서 미-일 반도체 부문 무역수지 불균형이 심화되었다. 그러던 와중에 1980년대 중반 소련 잠수함 사건이 불거졌다. 미국 해군이 소련 잠수함의 소음이 급격히 감소한 이유를 분석한 결과 일본 도시바가 1982년부터 정밀가공 프로그램과 기기를 소련에 수출했다는 게 밝혀졌다.

미국 여론이 악화되는 분위기에서 1985년 미국 마이크론이 일본 일곱 개 반도체 회사를 미국 정부에 제소했다. 미국 정부는 일본을 견제하고자 1986년 1차 미일 반도체 협정을 체결했다.

급격한 변화에서 제3의 공급 국가가 등장할 환경이 조성되는 흐름을 주시하던 삼성 창업주 이병철 회장은 1983년 2월 반도체산업 진출의 결정을 내렸다. 곧바로 삼성전자는 메모리 반도체 공장을 건설하고 생산을 시작했으며 1992년에는 일본의 점유율 수준으로 올라섰다. 이후 메모리 시장을 삼성과 하이닉스가 주도하면서 일본의 반도체산업은 쇠락했다.

우리나라의 반도체산업은 여타 산업은 물론 사회 전반적으로도 정보화, 디지털 시대에 앞서가는 파급 효과를 가져왔다. 자동차, 가전, 전화기 등 모든 일상용 디바이스가 디지털 기기로 변모하고, 금융, 쇼핑, 여행 등 일상적 서비스가 플랫폼 기반으로의 변화를 촉진하는 역할을 했다.

시대에 맞게 변하면 운명도 미소짓는다

흔히 재물운이라고 하듯 돈도 운에 따른다고 하지만 실제로 투자 Investment와 도박Gamble은 다른 개념이다.

투자가 일정한 논리체계 속에서 합리적 선택을 하고 합리적 결과를 기다리는 거라면, 도박은 단순한 확률체계에서 확률에 따른 결과를 기다리는 것이다.

노력에 따라 결과에 영향을 받고 반복될 수 있으면 투자, 노력하지만 결국 요행에 의존할 수밖에 없다면 도박이다. 노력은 환경(혹은 상황)의 변화를 인지하고 그에 따른 대처를 의미한다. 물론 노력과 결과가 꼭 정비례하는 건 아니다.

열심히 노력했는데 운이 따르지 않으면 결과가 좋지 않을 수 있고 그 반대도 있다. 비즈니스의 본질은 가능성을 찾아 키워가는 과정이다. 끈질기게 노력하면서 운을 믿는 것이다. 세상만사에 공통이다.

마키아벨리는 환경 변화 적응력이 행운을 연장하는 것으로 이해했다. 개인은 물론 조직에서도 동일하게 적용할 수 있다. 현대의 기업으로 보면 환경 변화 적응력이 생존력을 높이는 것으로 볼 수 있다. 운이란 변화의 대응력에서 나온다는 마키아벨리의 지적은 모든 분야의 리더들이 경청해 볼 가치가 있는 대목이다.

●

인간은 영광이나 부와 같은 각자의 목표를 향해 여러 가지 길을 걷는다. 신중한 자, 과감한 자, 무력을 사용하는 자가 있는가 하면 교활한 자도 있으며, 어떤 사람은 참을성이 있고 또 어떤 사람은 성급하다. 똑같이 용의주도했던 두 사람이 한쪽은 목표에 도달하고 다른 한쪽은 도달하지 못하는 경우가 있다. 또 한 사람은 용의주도하고 다른 한 사람은 과단성 있는 사람인데, 각기 다른 기질을 가졌으면서도 둘 다 성공하는 경우도 있다. 그들이 가는 길이 시대에 맞느냐, 맞지 않느냐에 달려 있다.

『군주론』 25장

먼 미래에 일어날 일도
대비할 줄 알아야 한다

○○

현명한 군주란 단순히 눈앞에 보이는 일만이 아니고 먼 장래에
있을 분쟁까지 배려해야 하며, 모든 노력을 기울여 대처해야 한
다. 위험이란 미리 알면 쉽게 대책을 세울 수 있지만 코앞에 닥
쳐올 때까지 보고만 있으면 병은 악화되어 불치병이 된다.

_『군주론』3장

인간이 만든 조직은 모두 흥망성쇠를 겪는다. 흥성하다가 패망
하고 성공하다가 쇠퇴하면서 나름의 역사를 만들어 간다. 하지만
잠시 반짝하다가 흔적도 없이 사라지는 조직과 오랫동안 번성하고
쇠퇴한 이후에도 후대에 값진 유산을 남기는 조직이 교차한다.

오랫동안 유지하려면 다양한 형태로 찾아오는 어려움을 헤쳐

나가는 과정이 필수적이다. 가장 찬란할 때가 가장 위험하다. 보통 사람들이 눈앞만 보고 있을 때 리더는 멀리 내다보고 미리 대비해야 한다. 특히 조직의 규모가 커질수록 심모원려深謀遠慮가 필요하다. 움직이기 어렵기 때문이다.

마거릿 헤퍼넌은 그의 책『의도적으로 외면하기Willful Blindness』에서 '위기가 반복되는 원인'은 사람들의 뇌가 (자신에게) 불편한 정보는 차단하고 편안한 정보만 수용하기 때문으로 분석했다.

인간의 본성은 비슷한 사람을 만나고 비슷한 생각을 공유하는 걸 선호하도록 되어 있기 때문에, 자연스럽게 시야가 좁아지고 그 결과 위기가 반복된다고 본다.

계속해서 이러한 한계를 극복하기 위한 좋은 도구를 '역사'라고 파악했다. '역사의 교훈은 곧 현재의 우리에게 장기적 관점에서 사물을 관찰'할 수 있는 시각을 제시하기 때문이다. 눈앞의 일뿐 아니라 장래에 일어날 분쟁에 대비해야 하는 리더는 역사를 외면하고 현재에만 몰두해선 안 된다.

일본의 진주만 공습을 17년 전에 예견하다

미군은 세계 최강의 군대다. 특히 공군과 해군은 여타 국가를 압도한다. 현재 전 세계 공군력 순위에서 미 해군이 2위, 미 공군이 1위로 평가받는 상황에서 대적할 상대는 없다.

이렇듯 강력한 공중 전투력을 자랑하는 미군에서 100년 전 공군의 중요성을 이해해 육성을 주장했고, 1930년대에 일찍이 태평양에서 일본과 미국의 전쟁이 하와이 진주만 공습으로 시작될 거라고 내다봤던 장군이 있다.

윌리엄 미첼은 1879년 태어나 1898년 미 육군에 입대해 통신 장교로 복무했다. 비행기에 흥미를 가져 서른여덟 살에 비행 교육을 받고 파일럿이 되어 1917년 제1차 세계대전에 참전한 유럽에서 공중전을 경험한다. 종전 후 준장으로 진급해 프랑스 주둔 미 육군 항공단장에 취임한 미첼은 미래 전투력의 핵심은 공중전력이라는 신념으로 육군, 해군에서 공군의 독립을 주장했다.

그의 주장은 기존 체제에서 공군이 추가된 3군 체제로의 변화를 반기지 않았던 육-해군 지휘부와 갈등을 불러일으켰다. 더해 당시 나무로 만든 날개 두세 개의 비행기가 대포, 기관총으로 무장한 거대 육군을 제압하고 수만 톤의 해군 전함을 격침하기에는 역부족이라는 판단도 깔려 있었다.

정면승부에 나선 미첼은 1921년 7월 비행기 폭탄 공격으로 폐전함을 침몰시키는 공개시범까지 보였으나 갈등은 더욱 커졌다. 1925년 10월 미첼은 상관 모독죄로 군법회의에 회부되어 자격정지를 받자 군을 떠났다.

1924년 보고서의 "언젠가 일본은 태평양에서 우위를 걸고 미국과 전쟁을 불사할 것입니다. 일본의 전쟁 개시는 어느 날 동틀 무렵, 항공모함 함재기들이 은밀히 진주만, 스코필드 병영 및 항공기지를 공습하는 것으로 시작할 것입니다."라는 예언은 17년 후 현실이 되었다. 1941년 12월 7일 그의 예견대로 일본 해군 함재기들이 하와이 기지를 공습하면서 태평양전쟁이 발발했다.

미첼은 1936년 세상을 떠났고 제2차 세계대전이 끝난 1947년 미 공군이 창설되면서 명예 회복되어 '미 공군의 아버지'로 추앙받고 있다. 그는 육군-해군 중심의 기존 사고방식에서 벗어나 비행기가 미래 전장의 주역이라고 예견했다.

그리고 내부의 부정적 기류에도 불구하고 공군 창설을 주장했고 태평양에서 일본과의 항공모함 대결을 경고했다. 비록 개인적으로는 불행을 겪었지만 그의 생각과 행동은 오늘날 강력한 미국 공군의 초석이 되었다.

최악의 오일쇼크를 가정한 시나리오

시나리오 경영이란 위기 상황에 대한 가상의 시나리오를 만들어 불확실성에 대처하는 방법이다. 시나리오 개념을 전략에 적용한 첫 사례는 미국 공군이다. 제2차 세계대전 당시 적군의 행동을 예상하고 대응 작전을 세우고자 도입했다.

기업 경영에서 시나리오 기법을 도입해 성과를 거둔 첫 번째 사례는 영국과 네덜란드가 합작해 설립한 글로벌 석유 회사인 로열 더치 쉘이다.

쉘은 1960년대 향후 원유 시장에 큰 변화가 있을 거라 예측했다. 대비책을 마련하고자 100년 이상의 역사를 이어온 우량한 대기업들의 경쟁력을 분석했다. 그들의 공통된 강점은 재난 발생 가능성을 경쟁자보다 먼저 감지하고 대처하는 능력이었다.

쉘은 이를 토대로 전쟁, 시장 붕괴 등 최악의 재난을 예고하는 현상들의 목록을 정리하고, 실제 환경 변화가 비슷하게 진행된다는 가정하에 전쟁, 석유 공급 중단 등 재난적 상황에 대비하는 시나리오 경영 개념을 창안했다.

시나리오 방식에 따라 경영진들도 교육을 받았고 시나리오 방식의 사고에 익숙해지도록 모의실험도 실시했다. 또한 '워 게임War Game'이라는 시뮬레이션 프로그램을 개발해 실제 상황을 가정한 사전 훈련도 시행했다.

쉘이 사전에 준비한 시나리오 경영은 1973년 1차 오일쇼크에서 진가를 발휘했다. 1960년대 후반 세계 석유 시장은 서구 메이저 회사들이 주도했고 유가는 안정되어 있었다. 그러나 쉘은 유가 폭등을 가져올 수 있는 잠재적 위협에 주목했다.

쉘은 자체 정보 분석에 따라 1960년 사우디아라비아, 이란, 이라크가 주도해 결성한 OPEC(석유수출국기구, Organization of Petroleum Exporting Countries)이 석유 무기화를 단행할 가능성이 높다고 판단했다.

1975년 OPEC의 유가 재협상 시점 이전에 최악의 상황이 발생할 가능성을 높게 보고 시나리오를 작성해 실행했다. 아랍 산유국과의 관계를 긴밀히 하면서 원유 비축량을 최대한 늘렸다.

1973년 10월 6일 이집트와 시리아가 이스라엘을 공격하면서 4차 중동전쟁이 발발했다. 전쟁이 터지자 쉘이 예측한 시나리오대로 오일쇼크가 발생했다.

공급이 급감하면서 유가는 급등했고 전 세계 수많은 에너지 기업이 파산했다. 그러나 쉘은 사전에 철저히 준비한 시나리오를 기반으로 대응해 타격이 적었고 오히려 유가 급등으로 비축 원유에서 막대한 이익을 얻었다.

이스라엘을 지원하는 미국, 영국에 반감을 가진 아랍국들도 쉘에겐 호의적이었다. 쉘의 신속하고 체계적 대응은 경쟁자들이 따라오기 어려운 수준이었다. 당시 7대 석유 메이저 회사 중 최하위였던 쉘은 오일쇼크를 계기로 2위로 올라섰다.

수백 년을 존속한 글로벌 기업들

생물에게 각자 주어진 수명이 있듯 기업도 마찬가지다. 미국의 경영전문지 〈포춘〉이 선정한 미국 상위 500대 기업의 평균수명은 40년이었고, 일본은 메이지 유신 이후 100대 기업에 오른 회사들의 평균 수명이 대략 30년이다.

우리나라 상장 기업의 평균 수명도 30년 내외다. 규모가 큰 우량기업들도 30년 이상 살아남기가 쉽지 않다. 인간도 평균수명을 넘어 장수하는 사람은 식습관, 생활방식에서 특징이 있듯 장수 기업의 비결에 대한 관심도 높아지고 있다.

역사상 최고령 기업은 일본의 곤고구미로 578년 일본 쇼토쿠 태자의 부탁으로 사찰을 건축하고자 도일한 백제인 유중광이 창업했다. 건국신화 수준의 오랜 역사를 가진 회사였지만 2006년 파산 후 다카마쓰 건설에 인수되면서 곤고 가문이 이어온 1,428년의 생명을 마감한다.

일본 버블 시기에 사찰건축이라는 본업을 경시한 무리한 투자가 원인이었다. 이어 705년 온천여관 게이운칸, 718년 호시료칸이 시작되었다.

독일에선 768년 와인 제조사 슐로스 요하니스버스가 시작되었다. 프랑스에선 1000년 전후에 시작된 와인 제조사 샤토 굴랭, 1304년에 순례자 숙소로 시작된 독일의 필그림하우스, 영국에는 1541년 세워진 모직 회사 존 브룩, 네덜란드에는 1554년 설립된 비누 회사 데베르 굴데한트, 핀란드에선 1649년 시작된 가위 제조 회사 휘스카스가 대표적인 국가별 장수 기업이다.

일본의 근대화가 시작된 메이지시대(1868~1912)의 활발한 창업으로 시니세老舖, 노포라고 지칭하는 100년 이상 기업이 5만여 개다. 이들 중에는 작은 가게 수준이 아니라 기꼬만, 미쓰이 금속, 스미토모 금속, 신일본제철, 아사히글라스 등 세계 시장에서 활약하는 간판 기업들도 적지 않다.

우리나라 현존 기업으로는 1896년 시작한 박승직 상점으로 창업한 두산과 1897년 시작한 부채표 활명수로 유명한 동화약품이 있다.

글로벌 대기업으로 100년 이상의 역사를 자랑하는 기업의 국적은 대부분 미국, 영국, 독일, 프랑스, 일본이다. 기타 국가의 연륜은 길지 않다. 독일의 지멘스(1847), 벤츠(1886), 보쉬(1886), 프랑스의 푸조(1896), 르노(1899), 일본의 미쓰비시(1871), 미쓰이(1876), 도요타(1902) 등은 20세기 전반기 두 차례의 세계대전을 겪었다.

영국은 본토에서 적국의 지상군과 전투를 벌이진 않았지만 공습을 피할 수 없었다. 일본과 독일에선 국토가 폐허가 되는 최악의 위기를 겪으면서 살아남았다. 전쟁 이후에도 냉전, 오일쇼크 등의 어려움을 헤쳐나온 글로벌 장수 기업들은 극단적 상황에서도 사업 기반을 유지했다는 점에서 공통적이다.

이들 기업은 시야를 넓게 해 산업 변화에 따른 기회를 포착하면서도 정치적, 경제적 위험에 대비하는 긴 호흡에서 공통적이다. 오랜 기간 생존하고 성장하면서 글로벌 사업 규모를 유지하고 있는 역량은 일반 기업과는 차원을 달리한다. 1960년대 산업화 이후 본격적으로 등장한 우리나라 기업들이 지속가능한 성장하기 위해 타산지석으로 배워야 할 부분이다.

위험은 코앞에 닥치면 불치병이 된다

망망대해를 항해하는 배들이 마주쳤을 때 서로 피해 가는 규칙이 있지만 종종 충돌사고가 나는 데는 이유가 있다. 배가 클수록 미리 방향을 바꿔야 하기 때문이다. 자동차와 달리 물 위를 떠 있는 배는 멈추는 데도 많은 거리가 필요하다. 따라서 미리 방향을 바꿔 놓지 않으면 앞에 뻔히 보고도 부딪힌다.

대형 유조선의 경우 제동 거리가 20km 내외라고 하니, 수십 km를 내다보고 미리 조치해야 사고를 방지할 수 있는 셈이다. 조직의 리더는 유조선의 선장처럼 멀리 내다보는 시각이 필수적이다. 다른 사람들이 머리 위의 태양만 쳐다보고 있을 때, 산 너머에서 생기는 먹구름을 알아보고 조직에 경고하고 미리 대비해야 한다.

하버드대학교의 데오도르 레비트 교수는 마케팅의 고전이 된 그의 논문 '마케팅 근시안Marketing Myopia'에서 '20세기 초반 마차 시대가 막을 내리고 자동차 시대가 시작될 때 계속 마차 관련 제품만 생산해선 결국 존립할 수 없다'라고 말했다. 큰 시대의 흐름을 미리 읽고 대비하는 안목이 필요하다는 주장이다.

실제로 이러한 사례는 소위 명품으로 자리잡은 에르메스에서 찾아볼 수 있다. 에르메스는 본래 말 안장을 만드는 가죽공방이었다. 1910년대 가업을 물려받은 창업자의 손자 에밀 모리스는 미국 여행으로 마차 시대의 종말을 읽었다. 새로이 부상하는 패션 시장에 주목한 그는 가죽 제품을 기반으로 가방, 의류, 스카프 분야로 확장해 오늘날의 브랜드로 성장시켰다.

유사한 사례로 20세기 초 마차 제조업자였던 윌리엄 듀런트는 자동차 시대의 도래를 읽고 자동차 생산으로 전환했다. 그의 회사는 오늘날 제너럴 모터스의 출발이 되었다.

●

로마인들은 화근을 미리 예견할 수 있었기 때문에 항상 대책을 강구할 수 있었다. 또 전쟁을 피하고자 재난을 묵과하는 일은 절대로 없었다. 전쟁은 피할 수 없는 것이고, 망설이다 보면 적을 이롭게 할 뿐이라는 걸 잘 알고 있었기 때문이다.

『군주론』3장

●

생각이 얕은 사람은 처음 단맛에 속아, 속에 숨어 있는 해독을 알아차리지 못하고 일을 시작해 버린다. 소모성 열병과 마찬가지다. 따라서 군주의 자리에 있는 자가 재난이 눈앞에 닥칠 때까지 모르고 있다면 현명한 군주라 할 수 없다. 그러나 이런 통찰력을 지닌 자는 극소수에 불과하다.

『군주론』13장

'현명한 사람은 역사에서 배운다'라는 말의 의미

○○

인간이란 대부분, 선인이 먼저 지나간 길을 따라 선인의 행동을 모방하면서 살아간다. 그러면서도 선인의 길을 그대로 따르긴 매우 어렵고 그 인물의 능력에 도달하긴 극히 힘들다. 그러므로 현명한 군주는 위인이 걸어온 발자취를 더듬어 위대한 인물을 선택해 모범으로 삼아야 한다. 능력이 그 인물까진 도달하지 못하더라도 근처까진 가서 냄새 정도는 맡을 수 있기 때문이다.

_「군주론」 6장

철학적 사유를 발달시켰던 고대 그리스인들은 시간을 크로노스Chronos와 카이로스Kairos로 구분했다. 크로노스는 물리적으로 흘러가는 객관적 시간이다. 즉 시계와 달력상에 나타나는 측정되는 시간으로 인간과는 분리된 절대적 양의 개념이다. 카이로스는 특정 의미가 부여된 주관적 시간이다. 인간이 현실에서 참여해 만드는 상대적 질의 개념이다.

크로노스는 1개월, 1년, 10년처럼 객관적으로 흘러가지만, 카이로스는 사건별로 진행되며 천천히 가기도 하고 급속히 흐르기도 하며 때론 거꾸로도 흐른다. 카이로스의 100년이 크로노스로는 특별한 의미가 없을 수도 있고, 격변기에는 카이로스의 1년이 크로노스로는 이후 수백 년을 규정하는 중요한 시기이기도 하다.

역사의 시간 개념은 크로노스다. 객관적으로 주어진 시간에 인간들이 참여하고 상호작용으로 만들어 가는 사건들의 연속과 그 결과물들이 역사이기 때문이다. '태어나기 전에 일어난 일을 알지 못하는 사람은 어린아이처럼 인생을 살아간다'라고 로마의 정치가 키케로는 말했다.

마키아벨리 상상력의 원천은 그리스와 로마의 역사다. 그가 살았던 르네상스시대의 주요 테마가 그리스, 로마시대의 재발견이라는 시대적 상황도 있었지만, 그가 비교적 쉽게 확인할 수 있었던 로마의 역사가 제국의 형성과 발전, 쇠퇴에 이르기까지 생생한 교훈을 전해줬기 때문이다.

특히 그는 역사적 인물들에 대한 벤치마킹을 강조한다. 종교적 색채가 강하게 남아 있던 당시 시대적 분위기에서 고대 위인들을 모범으로 삼으라는 의견은 기독교적 윤리와는 별개로 정치 사회적 리더십을 추구해야 한다는 걸 의미했다. 종교적 성인이 아니라 고대 장군과 정치가에게서 배우라는 권고 자체가 인간을 중심에 두고 현실을 중시하는 르네상스의 시대정신을 대변하고 있다.

역사는 동양에서도 제왕학이었다. 리더의 자질을 갖추려면 역사에 대해 기본적인 이해를 해야 했다. 현재를 과거와의 맥락 속에서 파악하고 미래를 바라보는 관점에서 역사는 핵심이다. 역사를 모르는 리더는 호흡이 짧고 시각이 좁을 수밖에 없다. 오늘을 비춰 볼 수 있는 거울이 없기 때문에 눈앞의 사안에 집착하게 된다.

근검으로 부귀를 이루되 교만에 빠지지 않는다

"빈천貧賤은 근검을 낳고, 근검은 부귀를 낳고, 부귀는 교사(驕奢, 교만과 사치)를 낳고, 교사는 음일(淫逸, 방종과 나태)를 낳고, 음일은 다시 빈천을 낳는다." 20세기 전반 중국에서 후흑학을 주창한 리쭝우의 부친은 말년에 세 권의 책만 애지중지하고 읽었는데, 그중 한 권인 『귀심요람劓心要覽』에 나오는 이 구절을 애송하고 자식들로 하여금 교훈으로 삼게 했다. 이 짧은 글귀에 역사 순환과 인생 유전의 핵심 원리가 담겨 있다.

공동체는 물론 개인도 빈천하다고 근검하기도 어렵지만 부귀한 자가 교만하거나 사치하지 않는 건 더욱 어렵다. 교만의 핵심은 풍요로운 삶의 조건은 당연한 것이고 앞으로도 유지될 거라 믿는 것이다. 달리 말하면 오늘날의 풍요가 자신의 능력이 아니라 빈천했던 앞선 세대들의 근검에서 비롯되었다는 점을 망각하는 데 있다. 어제에 대한 망각이 오늘의 교만을 낳고 내일의 빈천으로 이어지는 건 당연한 수순이다.

따라서 근검으로 풍요를 일군 공동체나 부유해진 집안의 가장이 후세에게 물려줘야 할 가장 중요한 유산은 빈천한 시절의 근검 정신이다. 수많은 재산도 유지할 능력이 없으면 한순간의 물거품이고 재산이 없어도 올바른 정신을 물려주면 후세들은 나름대로 앞길을 헤쳐 나가게 마련이다.

기업 수명이 30년을 넘기기 어렵고 부자가 3대를 못 간다고 하는 건 세상이 변하는 탓도 있지만 성공이 주는 교만에 빠지기 때문이다. 빈천한 태생의 1세대는 근검하게 사업을 일구는 과정에서 자연스럽게 현실 세계의 냉혹함에 대처할 수 있는 내공이 쌓이지만 후세는 다르다. 빈천과 근검의 결과물인 풍요를 물려받았지만 그 원천이 된 빈천과 근검 정신을 이어받지 못한 후세는 현실 세계의 냉혹함을 이해하지 못한 경우가 허다하다.

교만에 넘쳐 세상을 너무 쉽게만 보고 덤벼들어 어설프게 행동하다가 다시 빈천으로 돌아가는 사례는 흘러넘친다. 이런 점에서 현실의 책임감 있는 리더란 빈천한 공동체에 근검 정신을 불어넣어 풍요로 이끌고, 풍요해진 다음에는 빈천과 근검 정신을 유지해 번영을 이어 가도록 하는 사람이다. 19세기 영국의 사상가 토머스 칼라일은 세상사의 본질을 통찰했다. '인간은 역경逆境을 이기는 이가 100명이라면 풍요를 이기는 이는 한 명도 안 된다.'

역사적 관점에서 문제를 인식하지 못한 한계

조선 10대 왕 연산군의 출발은 순조로웠다. 성종의 적장자로 태어나 7세 때 세자로 책봉되었고 12년 동안 세자 수업을 거쳐 19세의 나이로 즉위했다. 모후母后가 사사賜死되었다는 개인적 비극 이외에는 정치적 부담도 적었다. 그러나 12년에 걸친 치세 동안 두 번의 사화士禍가 일어났으며 결국 반정反正으로 폐위되었다.

연산군에 대한 재평가와는 별개로 국정 최고책임자로서 실패한 군주였음은 분명하다. 연산군의 실패는 가족적 비극, 개인적 성품과 시대적 상황이 복합된 결과다. 또한 역사적 관점에서 당면 과제를 바라보지 못하고 감정에 치우친 즉흥적 결정이 연속된 것 역시 그가 폐위되었던 여러 이유 중 하나다.

연산군은 우리나라 역사상 유일하게 시집을 낸 왕으로 그가 지은 시 125편이 『연산군일기』에 전한다. 연산군은 감수성과 상상력이 풍부한 예술가의 면모를 가졌지만 정작 군주가 갖춰야 할 자제력과 판단력은 부족했다.

연산군의 세자 시절 공부에서도 드러난다. 그는 특히 역사서의 맥락을 이해하고 의미를 파악하는 데서 한계를 보였다. 호학好學의 군주이기도 했던 부왕 성종은 "세자는 열심히 학문을 연마하지 않고 서연관들이 해석해주는 내용만 받아들인다. 세자가 고금의 사변과 흥망과 치란治亂의 자취를 몰라선 안 될 것이다. 앞으로는 서연관들이 은미한 표현과 오묘한 의미를 정밀하게 해석하도록 해야 할

오십이라면 군주론

것이다."라고 걱정하자, 세자의 교육을 담당한 신하는 "세자께선 경서만 읽기 때문에 17세인 지금도 문리를 해득하지 못하셨습니다. 역사서를 읽으면 문리가 통할 것입니다."라고 건의했다. 이에 성종은 세자가 『시경詩經』을 읽은 뒤 『춘추春秋』와 역사서를 읽게 하라는 명령을 내렸다.

성종은 세자에 대한 집중 교육을 주문하면서 근심을 안고 세상을 떠났다. 그리고 근심은 현실이 되었다. 역사적 사건들의 의미와 맥락을 제대로 이해하지 못한 연산군은 중요한 문제와 사소한 문제를 구별하지 못했다. 정치 세력 간의 다툼 속에 숨은 미묘한 역학관계의 파악도 다른 왕들에 비해 부족했다. 두 번의 사화로 사림파와 훈구파 모두를 적으로 돌렸다. 그 결과 고립되었으며 '반정'으로 폐위되었다.

역사 인식에서 엇갈린 두 지도자의 운명

1929년 10월 24일 뉴욕 증시의 폭락으로 시작된 대공황은 전 세계로 번졌다. 경제적 파탄은 정치 및 사회의 불안정으로 이어졌고 서구 사회의 체제 자체를 위협하는 수준으로 발전했다. 미국에선 공화당의 허버트 후버 대통령이 임기를 마치고 민주당의 프랭클린 루스벨트가 새로운 대통령이 되었다. 1933년 3월 4일에 거행된 취임사에서 그는 '우리가 두려워해야 할 유일한 게 있다면 두려움 그 자체'라는 내용으로 미국 국민에게 희망을 주고자 했다.

제1차 세계대전의 패전국인 독일은 공황까지 덮치자 극도의 혼란에 빠졌다. 당시 독일 바이마르 공화국의 파울 힌덴부르크 대통령은 1933년 1월 30일 아돌프 히틀러를 총리로 임명했다. 히틀러는 1934년 힌덴부르크 대통령이 사망하자 국민투표를 실시해 총리와 대통령을 겸직하는 절대권력을 확보했다. 히틀러는 패전국 독일의 자존심을 회복하고 경제적 위기를 극복할 수 있다는 희망을 주고자 노력했다.

어려운 시기 자국민들에게 희망을 주고자 노력했다는 점에선 루스벨트와 히틀러가 유사했지만 역사를 바라보는 시각에선 큰 차이가 있었다. 루스벨트는 전임 정권의 잘못을 비판하지 않고, 미국 역사에서 위기를 극복했던 경험과 믿음을 강조했다. 반면 히틀러는 바이마르 공화국의 무능을 비난했고, 위기의 책임을 유대인과 집시 등 소수인종에게 돌렸다. 연설에 뛰어난 히틀러의 강렬한 메시지는 당시 보급되기 시작한 라디오 방송을 타고 전 국민을 매료시켰고 집단 광기로 폭발하기 시작했다.

과거사에 대한 인식의 차이는 지도자 개인은 물론 그가 소속된 공동체와 세계의 운명을 결정했다. 히틀러는 국가 위기의 극복, 인종 청소와 게르만 제국의 창설을 명분으로 제2차 세계대전을 일으켰다. 반면 루스벨트는 인종과 이념을 초월한 국민 통합을 시도했으며 국난 극복을 위한 거국적 정책을 펼쳤다.

히틀러는 자국 역사를 자의적으로 해석하고 과거를 현재의 문제에 대한 책임 전가의 도구로 이용하고 반대파를 말살시키는 무기로 삼았지만, 루스벨트는 위기를 극복하기 위한 희망의 출발점을 역사에서 찾았다. 20세기 초중반 독일과 미국의 차이는 바로 그것이었다.

역사는 미래학이다

19세기 말 미국이 급속한 경제성장을 이루고 사회가 발전하면서 대기업이 발달하기 시작했다. 특히 철도산업은 대형 투자와 체계적 관리가 필요했기에 기업 발달에 핵심 산업이었다. 근대 기업의 역사는 100년 남짓이지만 경영의 역사는 길다.

이집트 쿠푸 왕의 피라미드는 기원전 2,500년경에 건설되었다. 230만 개의 석회암 바위를 오직 사람의 힘으로 깨고 가공해 옮기고 쌓았다. 현대의 건설 장비로도 쉽지 않을 대형 공사 수준의 프로젝트를 석기와 인력만으로 수행한 건 17등급의 관리 계급과 관리 시스템, 유능한 경영자가 있었기에 가능했다. 동원 인력이 노예가 아니었기에 이들의 동원과 숙식, 임금 지급 등의 작업에는 고도로 발달된 관리 시스템이 필요했다. '서기書記'라고 불린 경영자는 이 모든 과정을 감독하고 진행했다.

이후 동서양에서 역사적으로 기록된 대공사는 모두 이러한 형태의 관리 시스템이 뒷받침되어 가능했다. 국가든 기업이든 사회단

체든 결국 자원을 사용해 목표를 달성하는 점에선 동일하다. 경영이란 인력과 물자를 투입해 목표를 이루는 것이고, 리더는 일련의 과정을 책임지고 이끄는 사람이다. 이런 점에서 리더는 모두 경영자다.

과거 경영자의 경험이 녹아 있는 역사는 오늘날 경영자의 교과서다. 우리나라에서도 역사를 좋아하고 가까이하는 경영자들이 많은데, 경영이란 결국 사람을 다루는 것이고 역사는 사람을 다루는 점에서 경험의 보고이기 때문이다.

역사는 미래학이다. 기술이 발전하고 세상은 변하지만 세상살이의 본질은 변함이 없기 때문에 역사 속에 담긴 이야기와 지혜들은 항상 현재에게 맞게 재해석될 수 있다는 의미다.

"현명한 사람은 역사에서 배우고, 보통 사람은 경험에서 배운다. 그러나 우둔한 사람은 경험에서조차 배우지 못한다."라는 격언이 있다. 경험으로 배우는 게 가장 효과적이지만 개인이 겪을 수 있는 경험의 폭은 한정될 수밖에 없다. 그래서 타인의 경험을 배우는 간접 경험이 필요하다. 다른 시대를 살아간 사람들의 경험인 역사가 현재에도 필요한 이유다.

역사는 세상과 인간을 바라보는 호흡을 길게 해준다. 하루살이에게 내일이 없듯 길어야 100년을 사는 인간의 체험은 한계가 있다. 그러나 역사를 접하다 보면 수천 년을 관통하는 세상살이의 본질적 측면, 시공간을 초월하는 조직의 모습, 표면적 양상과 본질적 핵심을 구분하는 통찰력을 키울 수 있다.

역사는 현실의 당면 과제를 헤쳐 나가는 가이드라인을 제시한다는 점에서 인문학의 백미라고 생각한다.

●

군주는 역사물을 읽으며 위인의 행적을 연구해야 한다. 전쟁에서 위인들이 어떻게 지휘했는지 알아보고, 그들의 승패 원인이 어디에 있었는지 검토해 모범으로 삼아야 한다. 그리고 위대한 인물이 밟아온 길을 뒤따라야 한다. 그 위대한 인물 역시 그들 이전에, 세상 사람들에게 칭송을 받고 영광을 누렸던 위대한 인물을 모범 삼아 그 행동과 업적을 좌우명으로 삼았다. 알렉산더는 아킬레우스를, 카이사르는 알렉산더를, 스키피오는 키루스를 모범으로 삼았고 크세노폰이 쓴 키루스의 전기를 읽으면 스키피오의 일생이 키루스를 얼마나 훌륭히 모방했는가를 알 수 있다.

_『군주론』14장

현실을 냉철히
인식하라는 가르침

• • •

우리나라 사람들은 개인적 감정 표현은 솔직한 편이지만, 대외적 명분과 체면 등에선 이중적이다. 표면적으로 내세우는 가치와 개인이 실제로 행동하는 가치는 분명히 다르다. 겉으로는 사회 전체가 배금주의, 물질 만능으로 흘러가는 걸 비난하면서도 실제로는 재테크 책을 열심히 보면서 돈 벌 궁리를 하는 게 현실이다. 또한 우리 사회는 집단 체면처럼 믿고 싶어 하는 것들이 있다. 그러나 개인들이 실제로 믿는 것과는 차이가 많다. 다시 말해 믿고 싶어 하는 집단 체면과 별개로 존재하는 실제 진실의 간격이 엄연히 존재한다.

체면: 사회나 조직의 갈등의 원인은 다양하다.
진실: 모든 갈등과 분쟁은 돈에서 출발한다. 대외적 명분이 아무
　　　리 거창할지라도 커튼을 젖혀보면 결국 돈 문제다.

최면: 사회나 조직의 갈등은 오해의 산물이다. 대화를 충분히 하고 서로를 이해한다면 갈등을 없앨 수 있다.

진실: 개인과 집단의 욕구는 끝이 없고 자원은 한정되어 있다. 갈등은 불가피하다. 대화를 해본들 목소리 큰 자가 이긴다. 모든 사람을 만족시키는 해법은 없다. 단지 갈등 해결의 원칙이 합리적으로 설정되고 적용되고 있는지가 중요하다. 갈등 해소에는 대화보다 원칙이 우선이다.

최면: 리더 없이도 잘 해낼 수 있다.

진실: 공식적 리더는 없어도 비공식 리더는 생겨난다. 두 사람만 모여도 리더는 있어야 한다. 인간은 존엄성이라는 측면에선 동일하지만 사회적 분업 관계에서 동일하지 않다. 평등한 조직은 현실 속에 존재하지 않는다.

최면: 누구나 적절한 훈련과 경험을 쌓으면 훌륭한 리더가 될 수 있다.

진실: 특별한 리더는 유전적으로 분명히 타고난다. 조그만 조직의 리더는 노력하면 될 수 있다. 그러나 자질 없는 사람이 리더가 되면 리더와 조직의 구성원은 서로 엄청난 스트레스를 각오해야 한다.

최면: 제대로 교육만 시키면 개인의 이기심보다 집단 전체의
　　　이익을 우선하는 태도를 가질 수 있다.
진실: 인간의 이기심은 몇백만 년의 진화 과정에서 본능으로
　　　자리 잡은 것이다. 어줍잖은 교육이 바꿀 수 없다. 좋은
　　　집단이란 개인의 건전한 이기심을 인정하고, 개인과 조
　　　직의 이익이 만나는 접점을 합리적으로 찾아내는 곳이
　　　다. 사회적 문제의 원인을 막연히 인간의 이기심에서 찾
　　　는 자들은 일종의 위선자들이다.

최면: 합리적 시스템만 있다면 조직 내 정치는 없앨 수 있다.
진실: 사람 간의 친분 관계가 의사 결정에 영향을 미치는 건 당
　　　연하다. 시스템으로 없앨 수 없다. 조직 내 정치는 정도의
　　　문제지 유무의 문제는 아니다.

　　이상 언급한 최면과 진실은 사회와 조직에서 살아오면서 나름
대로 직접 경험하고 느낀 것이다. 우리 사회의 집단과 개인의 사고
방식은 상당히 이중적이다. 개인과 조직이 현실에서 합리적이고 효
과적으로 생존하려면 허황된 명분에 속지 말고 구체적 현실이 무엇
인지 분명히 알아야 한다. 땅 위의 현실을 분명히 이해해야 하늘 위
의 이상을 추구할 수 있는 기반도 만들어진다.

생존과 발전은 현실론과 이상론의 합주다

이중성의 가장 큰 원인은 대의명분에 대한 과도한 집착이다. 분야를 막론하고 이상적 명분론이 현실적 방법론을 압도하는 경우가 많다. 그러면서 개별적 이해관계에선 철저히 이기적인 분열적 증상을 보인다.

이러한 양상은 우리나라 역사에서 반복되며 공동체를 약화하는 경우가 많았고 지금도 현재진행형이다. 심지어 개인 차원에서도 당면한 현실과 막연한 이상 사이에서 분명한 입장을 정리하지 못하고 방황하는 경우를 흔히 본다.

고귀한 이상을 지닌 성인도 현실에선 먹어야 하고 입어야 하고 잠자리가 있어야 생명을 유지한다. 하여 우선적 과제는 현실에서 살아가는 힘을 확보하는 것이고, 다음으로 가치와 이상을 추구해야 한다. 그러나 현실의 생존에만 매몰된 인간은 동물적 본능만 발달하고, 이상의 추구에만 경도된 인간은 허황할 수 있다.

따라서 '현실적 세계관'은 현재 조직과 개인을 생존시키기 위한 필요조건이며, '이상적 세계관'은 미래의 발전을 위한 충분조건이라 할 수 있다.

이런 관점에서 조직과 개인에게 오늘의 생존과 내일의 이상을 추구하는 건 '현실론과 이상론의 합주'인 셈이다. 현실을 도외시한 개인은 오늘의 밥을 얻을 수 없고, 이상을 경시하면 내일의 꿈을 상실한다.

다만 마키아벨리는 리더는 개인과는 차원이 다른 관점을 갖고 있어야 하며, 리더의 가장 중요한 책무는 공동체를 유지하는 것에 있다고 봤다. 이를 위해 리더는 피상적 선악을 초월해 결정하고 행동해야 한다고 주장한다. 철저히 현실에 근거한 생존을 주장하지만, 목적은 개인의 이익이 아닌 공동체의 번영을 전제로 한다는 점에서 현실적 이상론자로 평가할 수 있다.

희망과 용기로 현실을 헤쳐 나가야 한다

『로마인 이야기』의 저자 시오노 나나미는 평생 역사와 인간을 공부하면서 느낀 단상을 "인간은 자기가 살았던 시대의 위기를 다른 어느 시대의 위기보다 가혹하게 느끼는 성향이 있다" "승자와 패자를 결정하는 건 당사자가 가진 자질의 우열이 아니라 갖고 있는 자질을 어떻게 활용했는가에 달려 있다"로 압축했다.

시대를 막론하고 개인이나 조직이 현실에서 생존하는 건 말처럼 쉽지 않다. 이런 측면에서 시오노의 지적을 '인간은 누구나 자신의 삶이 타인의 삶보다 힘들고 가혹하다고 느끼는 성향이 있다. 승자와 패자를 결정하는 건 자질의 우열이 아니라 자질을 활용할 수 있는 합리적 세계관이다.'로 변형할 수 있겠다. 합리적 세계관이란 생존과 현실에 기반을 두고 가치와 이상을 추구하는 균형 잡힌 관점이라고 생각한다.

마키아벨리는 『군주론』으로 단편적 선악과 도덕률에 얽매여 복잡다단한 현실에 제대로 대처하지 못하고 공동체를 파탄시키는 리더들에게 경고했다. 실제로 리더는 물론 개인의 삶조차도 평면적인 선악 개념으로만 재단하기에는 무리가 따른다.

혈기방장한 약관에는 선악의 이분법이 주는 명확함이 매력이지만, 세월이 흐르고 현실 경험이 쌓이면 전후 맥락을 생략한 평면적인 선악의 이분법이 갖는 한계와 부정적 측면을 실감한다. 오히려 절대적 선함을 강조하는 지식인, 종교인, 정치인 등의 위선과 이중성이 만드는 폐단을 경험한다.

마키아벨리의 사상은 이 지점에서 현재적 생명력을 갖는다. 그는 선악을 부정하는 반反도덕이 아니라 선악을 초월하는 초超도덕을 주창했고, 부정적 비관도 아니고 막연한 낙관도 아닌 긍정적 현실론에 기반을 두고 있다는 점에서 현실에 기반한 낙관주의로 평가할 수 있다.

현실주의자는 환경에 불만을 갖거나 막연한 기대를 갖기보다 현실을 인정하고 극복할 수 있는 방안을 찾는 사람들이다. 따라서 마키아벨리는 바람의 방향에 맞춰 돛을 조정하는 현실론자인 셈이다. 냉엄한 현실에 대처할 수 있는 역량을 확보한 뒤 숭고한 이상을 추구하라는 현실론이야말로 마키아벨리의 사상이 수많은 비난과 조롱에도 500년 동안 인류의 고전으로 살아남은 이유다.

『군주론』 발췌본

고전과 명작은 가깝고도 멀다. 오랫동안 이름은 익히 들어왔지만, 막상 접할 기회는 드물기 때문이고, 접한다고 해도 부족한 배경 지식과 생경한 용어 때문에 막연한 동경이 실망으로 변하는 경우도 많다. 마키아벨리의 『군주론』도 같은 범주다. 소책자 분량이지만 직접 읽으면서 의미를 파악하긴 쉽지 않다. 마키아벨리와 현재의 우리 사이에 있는 500년의 시간과 동서양의 공간 간격에서 비롯한 불가피한 측면이다. 마키아벨리는 당시 이탈리아를 중심으로 한 유럽의 정치와 고대 로마제국의 역사에서 다양한 사례를 제시한다. 당시 이탈리아인들에겐 이러한 사례가 생생한 현실감을 줬겠지만, 현재 우리에겐 맥락도 이해할 수 없을 정도로 생소한 내용이 많다. 『군주론』을 발췌한 본 부록은 시대적 배경에 대한 지식이 필요한 일부 사례를 제외하되 핵심 내용을 그대로 둬 오늘날 독자들이 좀 더 편하게 마키아벨리에게 다가갈 수 있도록 편집했다. 『군주론』의 진면목이 전달되길 바란다.

헌정사 **니콜로 마키아벨리가 로렌초 데 메디치 전하께 올리는 글**

- 군주의 은총을 받고자 하는 사람들은 그들이 가진 것 중에서 가장 소중히 여기는 것이나 군주가 받고 가장 기뻐할 걸 갖고 군주를 찾아가는 게 일반적입니다. 그런 까닭에 군주는 말, 무기, 비단, 보석, 그 밖의 군주의 위엄에 어울릴 만한 장신구들을 선물로 종종 받습니다. 저 또한 당신에 대한 충성의 표시로 뭔가를 드리고 싶었습니다. 그러나 제가 소유한 것 중에는 현재 일어나는 일들에 대한 오랫동안의 경험과 고대인들을 꾸준히 탐구해 알게 된 위대한 인물들의 행적에 대한 지식이 가장 귀중하다는 걸 깨달았습니다. 이제 저는 그러한 것들을 오랫동안 성찰한 뒤 한 권의 작은 책으로 정리해 당신께 바치려 합니다.

- 당신께선 부디 저의 의도를 헤아려 보잘것없는 이 선물을 받아주십시오. 이 책을 받아 곰곰이 읽으신다면 당신의 운명과 탁월한 자질에 의해 약속되어 있는 위업을 성취하길 바라는 저의 소망을 아실 것입니다. 그리고 그 높은 곳에 계신 당신이 때때로 이 낮은 곳으로 눈을 돌리시면 제가 얼마나 지속적이고 엄청난 불운으로 고통받는지 아실 것입니다.

제1장 **군주국의 종류와 형성 과정**

- 예부터 지금까지 인간을 지배했고 지배하고 있는 모든 국가와 통치체제는 공화국 아니면 군주국입니다. 군주국들은 통치자가 오랫동안 하나의 가문에서 이어진 세습 군주국이거나 신생 군주국입니다.

- 영토를 획득하는 방법에는 타인의 무력을 이용하는 경우와 자신의 무력을 사용하는 경우, 운명에 의한 경우와 능력에 의한 경우가 있습니다.

제2장 세습 군주국

- 세습 군주국은 신생 군주국보다 수월하게 유지할 수 있습니다. 자신의 지위를 유지할 수 있을 평균 정도의 능력을 소유한 군주의 경우, 의외의 아주 강력한 세력에게 나라를 뺏기지 않는 한 선조부터 이어진 기존의 질서를 유지하면서 불의의 사태에 적절히 대처하는 것만으로도 국가를 유지할 수 있기 때문입니다.

- 세습 군주는 신생 군주에 비해 민중을 괴롭힐 이유나 필요가 많지 않습니다. 그런 이유로 세습 군주는 민중에게 더 많은 사랑을 받습니다.

제3장 복합 군주국

- 정말 어려운 문제들은 신생 군주국에서 발생합니다. 첫째, 종래에 있던 군주국에 병합되어 태어난 군주국일 경우 발생하는 변화들은 신생 군주국이 겪을 수밖에 없는 선천적인 문제에서 생깁니다. 민중은 자신들의 처지를 개선할 수 있다고 믿으면 지배자를 바꾸려 하고 그러한 믿음은 그들이 무기를 들고 지배자에 저항하게 합니다. 하지만 그러한 생각은 잘못된 것입니다. 사람은 경험하고서야 비로소 자신의 상황이 악화되었다는 걸 깨닫기 때문입니다. 이러한 상황은 또 다른 당연하면서도 일반적인 필연성에서 비롯한 결과인데, 군주는 군대를 통해 그리고 점령 과정에서 발생하는 많은 압제를 통해 시민으로 새롭게 편입된 사람들에게 피해를 주는 상황에 처하기 마련입니다. 군주는 정복 과정에서 피해를 준 모든 사람을 적으로 만들고, 다른 한편으로 자신을 지원한 사람들을 기대만큼 만족시킬 수 없기에 호의를 베푼 자들에게 강력한 대응책으로 쓸 수도 없습니다. 따라서 신생국의 군주는 강한 군대가 있어도 새로운 곳을 점령하기 위해선 그곳 주민들의 지원이 필요합니다.

- 반란을 일으킨 곳을 다시 정복한 경우 좀처럼 쉽게 잃지 않습니다. 군주는 이전의 반란을 빌미로 반역자를 처벌하고 용의자를 찾아내며 자신의 결함을 고치고 권력을 강화할 것이기 때문입니다.

- 우선 말할 수 있는 점은 정복자가 획득한 새로운 영토를 본국에 병합할 경우, 두 곳이 같은 지역이며 동일 언어를 사용하고 있는가에 따라 (지속적으로 유지할 수 있는 여부가) 달라진다는 사실입니다. 만약 동일 지역이며 동일 언어를 사용하는 곳이라면 장악하는 건 매우 쉽습니다. 게다가 그곳이 자치에 익숙하지 않은 곳이라면 더욱 간단합니다. 그 영토를 유지하기 위해선 그곳을 지배한 이전 군주와 그 가족을 없애는 것만으로 충분합니다. 그 밖의 다른 것들에 대해 주민들이 예전의 방식을 유지할 수 있고 관습의 차이가 없다면 두 곳의 사람들은 평온한 삶을 유지할 수 있기 때문입니다.

- 새로운 영토를 병합해 유지하려 한다면 두 가지 사항을 숙고해야 합니다. 첫째는 이전 군주와 그의 가문을 없애는 것입니다. 둘째는 새로운 영토에서 유지된 법률과 조세 등을 바꾸지 않는 것입니다. 새로운 영토와 기존 군주국은 빠른 시일 내에 한 몸처럼 통합될 것입니다.

- 언어, 관습, 제도가 다른 지역을 병합하면 여러 가지 문제가 발생하며 유지하는데 대단히 많은 행운과 노력이 필요합니다. 이 경우 가장 효과적인 해결책은 정복자가 그곳에 가서 거주하는 것입니다.

- 그렇지 않으면, 사고가 일어나 해결이 불가능할 때가 되어서야 비로소 사태의 심각성에 직면합니다. 더욱이 군주가 직접 그 지역에 거주하면 관리들은 새롭게 시민으로 편입된 주민들을 함부로 약탈하지 못할 것입니다. 또 주민들은 무슨 일이 있을 때 군주에게 직접 호소할 수 있기 때문에 만족할 것입니다. 주민들은 군주에

게 헌신할 것이며 다른 뜻을 품은 자들은 군주를 두려워할 것입니다. 또한 그러한
국가를 공격하려는 외부 세력은 매우 신중을 기할 것입니다. 이 모든 점을 고려할
때, 새로운 영토에 정주해 직접 통치하면 영토를 결코 쉽게 잃지 않을 것입니다.

- 다른 해결책은 정복한 영토의 거점이 될 만한 한두 곳에 식민지를 건설하는 것입
  니다. 그렇지 않으면 대규모의 기병과 보병을 주둔시켜야 합니다. 식민지는 비용
  이 거의 들지 않습니다. 설령 든다고 해도 아주 적은 비용으로 건설하고 유지할
  수 있습니다. 새로운 이주민에게 주고자 경지와 집을 빼앗기는 사람들이 생기지
  만 전체 주민에 비하면 소수입니다

- 인간은 다정하게 안아주거나 아니면 아주 짓밟아 뭉개버려야 합니다. 사소한 피
  해에 대해선 보복하려 들지만 엄청난 피해에 대해선 감히 복수할 엄두를 못 내기
  때문입니다.

- 자국과 타국을 통치하려는 군주는 작은 이웃 세력들의 수장이자 보호자가 되어
  야 합니다. 군주는 그중에서 가장 세력이 강한 자의 힘을 약화하고 권력이 대등한
  외부 세력이 들어오지 못하도록 경계해야 합니다. 불필요한 야망이나 두려움으
  로 불만을 가진 세력들이 외부인을 끌어들일 수 있기 때문입니다.

- 일반적으로, 강력한 세력을 가진 외부 세력이 침입해오면 약소 세력들은 자신들
  을 지배한 군주에 대한 원한으로 침략자 주변으로 모여듭니다. 하여 침략자는 손
  쉽게 약소 세력들을 자기 편으로 만들 수 있습니다. 약소 세력들은 새로운 권력
  에 재빨리 결탁하고자 하기 때문입니다.

- 현명한 군주는 눈앞에 보이는 일뿐만 아니라 먼 장래에 있을 분쟁도 배려해야 하
  며 모든 노력을 기울여 대처해야 합니다. 위험이란 미리 알면 쉽게 대책을 세울
  수 있지만, 코앞에 닥쳐올 때까지 보고만 있으면 병은 악화되어 불치병이 됩니다.

- 로마인들은 재난을 미리 예견할 수 있었기에 항상 대책을 강구했습니다. 또 전쟁을 피하고자 화근을 그냥 두지 않았습니다. 전쟁은 피할 수 없으며 망설이다 보면 오히려 적을 이롭게 한다는 걸 잘 알고 있었기 때문입니다.

- 로마인들은 우리 시대의 현인들이 말하는 '기다리면서 이익을 취하라'는 격언을 따르지 않았습니다. 대신 자신들의 능력과 현명함으로 얻을 수 있는 이익을 취하고자 했습니다.

- 영토를 확장하고자 하는 욕구는 매우 자연스럽고 당연한 것입니다. 따라서 능력 있는 자가 수행할 때 칭찬을 받으면 받았지 비난을 받진 않습니다. 그러나 능력도 없는 자가 어떤 희생을 치르고라도 영토를 손에 넣으려 한다면 잘못된 일로 비난받아 마땅합니다.

- 거의 항상 유효한 일반 원칙을 찾을 수 있습니다. 타인이 강력해지도록 도움을 주는 자는 자멸을 자초한다는 사실입니다. 타인의 세력은 도움을 준 자의 술책과 힘으로 강력해지는데, 일단 강력해지면 (도움을 준 자의) 두 가지 수단을 두려워하기 때문입니다.

제4장 알렉산더 대왕이 정복한 다리우스 왕국이 알렉산더 대왕 사후 그의 후계자들에게 반란을 일으키지 않은 이유

- 새로 정복한 영토를 유지할 때 갖게 될 어려움을 고려할 때, 다음과 같은 사실에 놀랍니다. 알렉산더 대왕은 불과 몇 년 만에 아시아의 지배자가 되었지만 얼마 지나지 않아 세상을 떠났습니다. 그런 곳에선 반란이 일어나기 쉬운데 알렉산더 대왕의 후계자들은 나라를 유지했습니다.

- 모든 군주국은 두 가지 형태로 통치되었습니다. 하나는 한 명의 군주가 그의 호의

와 승인에 의해 대신이 되어 국정을 보좌하는 중복들의 도움을 받아 통치하는 형
태이며, 다른 하나는 군주가 혈통의 세습으로 지위를 차지하고 있는 봉건 제후들
과 함께 통치하는 형태입니다.

- 한 명의 군주와 그의 중복들이 통치하는 국가에선 군주가 보다 큰 권위를 지니고
있는데 국가의 전 지역에서 군주보다 뛰어난 자가 아무도 없다고 인식되기 때문
입니다.

- 두 가지 형태의 대표적 통치 사례는 투르크와 프랑스입니다. 투르크는 한 명의 군
주가 통치하며 다른 사람들은 모두 군주의 종복입니다. 프랑스 왕은 세습 봉건 제
후들로 둘러싸여 있습니다. 제후의 영지에 있는 백성들은 제후들을 인정하고 따
릅니다. 제후들은 왕도 위험을 감수하지 않는 한 건드릴 수 없는 특권을 갖고 있
습니다. 두 나라를 비교하면, 투르크의 경우 정복하긴 어렵지만 일단 정복하면 쉽
게 유지할 수 있습니다. 투르크를 공격하려는 자는 적이 일치단결해 저항한다는
점을 고려해야 하며, 적의 내분을 기대하기보다 스스로의 힘에 의지해야 합니다.
프랑스처럼 통치되는 왕국에선 반대 현상이 발생합니다. 변화를 바라는 집단과
불평분자가 항상 있기에 왕국의 제후 중 일부와 결탁하면 쉽게 침입할 수 있습니
다. 그들은 이미 제시한 이유(조건)로 당신에게 왕국으로 향하는 길을 열어줄 것
이며 당신이 승리를 얻도록 도와줄 것입니다. 그러나 이후 당신이 얻은 걸 지키려
할 때, 당신에게 도움을 준 자들이나 침입으로 피해를 입은 자들 모두에 의해 무
수히 많은 어려움에 직면할 것입니다. 당신에게 저항하는 반란을 주도하고자 하
는 제후들이 남아 있기에 군주의 혈통을 단절하는 것만으로는 충분하지 않으며,
당신은 그들을 만족시킬 수도 없으며 파멸시킬 수도 없기에 언제라도 국가를 잃
을 수 있습니다.

제5장 **자신들의 법에 의해 살아온 도시나 군주국을 다스리는 법**

- 자신들의 법에 따라 자유롭게 생활하던 국가를 점령했을 경우, 다스리는 데는 세 가지 방법이 있습니다. 첫째는 그 나라를 파괴하는 것이고, 둘째는 그 나라에 군주가 이주해 사는 것이며, 셋째는 그들에게 예전의 법에 따라 계속 살도록 허용하면서 공물을 바치게 하고 지속적으로 당신에게 우호적일 수 있는 사람들로 이뤄진 과두 독재국을 세우는 것입니다.

- 자유에 익숙한 도시를 다스리기 위해선 그 도시의 시민을 이용하는 게 가장 좋습니다. 스파르타인과 로마인에게서 볼 수 있습니다.

- 자유에 익숙한 도시의 지배자가 된 자가 그 도시를 파괴하지 않으면 그 도시에 의해 파멸할 것입니다. 그런 도시는 시간의 흐름과 지배자가 부여한 이익에도 예전의 특권과 자유라는 명분을 내세워 반란을 일으킵니다. 지배자가 무엇을 하든 무엇에 대비하든, 그들을 서로 반목하게 만들거나 분리하지 않으면 그들은 예전의 특권과 자유를 결코 잊지 않을 것입니다.

제6장 **자신의 무력과 능력으로 지배한 신생 군주국**

- 인간이란 대부분 선인이 먼저 지나간 길을 따라가며 그들의 행위를 모방하면서 살아갑니다. 그러나 그들의 길을 그대로 따르거나 그들의 능력에 도달하는 건 쉽지 않습니다. 현명한 사람은 항상 위인이 걸어온 행로를 따르거나 최고의 것을 얻은 자들을 모방하고자 하는데, 그의 능력이 그들에 미치진 못하겠지만 적어도 그들의 풍취는 낼 수 있기 때문입니다. 그는 숙련된 궁수가 멀리 떨어져 있을 목표물을 맞추고자 숙고하는 것처럼 행동해야 합니다. 궁수는 활의 힘을 잘 알고 있기에 목표물보다 높은 위치를 겨냥합니다. 그 지점을 맞추고자 하는 게 아니라 높게

겨냥해야 목표물을 맞출 수 있기 때문입니다. 그런 이유로 신생 군주가 신생 군주국을 다스릴 때 겪는 어려움의 정도는 군주의 능력에 달려 있습니다. 일개 시민이 군주가 되는 건 그의 능력 또는 운을 전제로 하며, 그가 가진 능력이나 운 중 하나는 (그가 겪을 많은) 어려움들을 어느 정도까진 완화할 것입니다.

- 행운이 아니라 자신의 능력으로 군주가 된 인물은 모세, 키루스, 테세우스, 로물루스와 그들처럼 탁월한 사람들입니다.

- 그들의 행적과 생애를 확인하면, 그들 중 누구도 자신이 생각하는 최선의 형태로 구체화할 수 있는 기회 외에 어떤 행운도 소유하지 않았습니다. 그들에게 기회가 없었다면 그들의 정신력은 소멸되었을 것이며 그들에게 역량이 없었다면 기회는 사라졌을 것입니다.

- 그러한 기회들이 그들을 운 좋게 했다면, 그들이 가진 탁월한 능력은 그들이 기회들을 인식할 수 있게 했습니다. 그 결과 그들의 나라는 고귀해지고 번영할 수 있었습니다.

- 자신의 능력으로 군주가 된 사람들은 나라를 정복하는 데 어려움을 겪지만 유지는 쉽게 할 수 있습니다. 그들이 겪는 어려움이란 부분적으로는 정부를 수립하고 안보를 확립하고자 도입한 새로운 질서와 방법들에서 발생하는 것입니다. 그리고 새로운 통치 형태를 도입하는 것보다 실행하기에 위험하고 성공하기 분명하지 않은 건 없다는 점을 알아야 합니다. 새로운 통치 형태 아래에서 편히 살고자 하는 사람들은 신생 군주에게 소극적인 지지자가 되는 반면, 이전의 통치 형태 아래에서 편히 살던 사람들은 모두 신생 군주의 적이 될 수 있기 때문입니다. 이와 같은 냉담함은 한때 법률을 자신들에게 유리하게 이용했던 자들에 대한 두려움과 오랫동안 경험하기 전까진 확실하게 믿지 못하는 사람들의 불신에서 발생합

니다. 그러므로 적의를 갖고 있는 사람들은 기회가 있으면 언제라도 공격하지만, 소극적인 지지자들은 방어에 미온적입니다. 결국 군주는 그들과 함께 위험에 빠집니다. 따라서 이 문제를 철저히 검토하기 위해선 우선 새로운 군주가 자신의 힘에만 의존하는지 아니면 타인에 의존하는지 확인해야 합니다. 다시 말해 자신의 힘만으로 목적을 이룰 수 있는가 아니면 타인의 원조가 없다면 목적을 이루기 어려운가의 문제입니다. 타인의 원조를 필요로 하는 경우는 (새로운 군주의 목적은) 거의 언제나 성공하지 못하며, 어떤 것도 이룰 수 없습니다. 반대로 자신의 힘만 의지할 경우 어려움을 거의 겪지 않습니다. 그래서 무장한 예언자는 승리할 수 있으나, 무장하지 않은 예언자는 멸망하게 마련입니다. 사람들은 변덕스럽기 때문입니다. 즉 사람들을 설득하는 건 쉽지만 설득한 상태를 유지하기란 쉽지 않습니다. 그런 까닭에 사람들이 군주를 더는 믿지 않는다면 힘으로라도 믿게 해야 합니다. 모세, 키루스, 테세우스, 로물루스가 무력을 갖지 않았다면 그들의 (새로운) 체제를 오랫동안 유지할 수 없었을 것입니다. 대중의 믿음을 상실하자마자 자신이 만든 새로운 통치체제와 함께 파멸한 수도사 지롤라모 사보나롤라의 경우에서도 확인할 수 있습니다. 사보나롤라는 자신을 믿지 않은 자들을 믿게 하거나 자신을 믿은 자들의 지지를 지속할 수 있는 수단이 없었습니다.

제7장 타인의 무력과 행운으로 얻은 신생 군주군

- 일개 시민에서 행운으로 군주가 된 자는 군주의 자리에 쉽게 올랐지만 그 자리를 유지하는 데는 많은 어려움이 있습니다. 과정에선 어려움이 없지만 그 자리에 도달한 후 많은 문제에 직면합니다. 이러한 상황은 타인의 호의나 돈으로 국가를 얻었을 경우 발생합니다. 그리스에서 많이 볼 수 있습니다. 다리우스 왕은 자신의

안보와 영향을 위해 도시들을 지키고자 이오니아나 헬레스폰트의 도시들에 지배자를 임명했습니다. 또한 병사들의 부패로 시민에서 황제(지배자)가 된 자도 있습니다. 그를 군주로 만든 자들의 호의와 행운으로 마련되었습니다만 변덕스럽고 불안정합니다. 이렇게 군주가 된 자들은 지위를 유지하는 방법을 알지 못합니다. 그들은 훌륭한 생각이나 능력을 갖고 있지 않으며 그동안 시민의 상태로 살아와 통치하는 법을 알 거라 기대할 수도 없습니다. 또한 우호적이고 충실한 군대가 없어 권력을 유지할 수도 없습니다. 순식간에 자라나는 자연의 모든 것들처럼 갑자기 이룩한 나라는 첫 번째 폭풍에도 쓰러지고 맙니다.

· 발렌티노 공작이라 불리는 체사레 보르자는 아버지 알렉산데르 6세이 더으로 지위를 얻었지만 아버지가 죽자 그의 지위 역시 잃었습니다.

· 발렌티노 공작의 행적을 보면, 훗날 자신의 세력을 위해 강력한 토대를 구축했음을 알 수 있습니다. 새로운 군주에게 그의 행적들은 훌륭한 교훈이 될 것입니다.

· 발렌티노 공작의 모든 행적을 되짚어 보면, 그를 비난할 수만은 없습니다. 오히려 앞서 말했듯 운으로든 타인의 호의로든 권력을 거머쥔 모든 사람에게 훌륭한 본이 될 수 있으리라 생각합니다. 고귀한 정신과 원대한 야망을 품은 그로선 달리 어찌할 도리가 없었고, 아버지 알렉산데르 6세가 일찍 세상을 뜨고 그 역시 병을 얻어 뜻을 펼칠 수 없었기 때문입니다. 결국 신생 군주국에서 지위와 안위를 확실히 할 필요가 있는 자, 친구를 얻으려는 자, 힘을 쓰든 속임수를 쓰든 적을 이기려는 자, 사람들에게 두려움을 불러일으키는 동시에 사랑받고 싶어 하는 자, 군대의 존경과 복종을 이끌어 내려는 자, 군주를 해할 의도 혹은 힘을 가진 자를 처단하려 하는 자, 낡은 체계를 버리고 개혁을 모색할 필요가 있는 자, 엄격한 동시에 자애롭고 위엄이 있으면서도 관대롭고자 하는 자, 충성스럽지 못한 군대를 해산

하고 새롭게 창설하려는 자, 왕이나 군주들과 우호적 관계를 유지해 기꺼이 자신을 돕게 만들거나 자신을 치지 못하도록 하려는 자들에게 공작의 선례보다 더 도움되는 건 없을 것입니다. 하지만 공작의 행위 중 비난받을 만한 게 하나 있는데, 교황 율리오 2세의 선출에 관한 것입니다. 잘못된 선택이었습니다. 그는 비록 심중에 둔 인물을 교황으로 뽑을 순 없었을지라도, 다른 사람이 선출되는 일은 막을 수 있었기 때문입니다. 그는 이전에 해를 끼친 적이 있거나 일단 교황이 되면 그를 두려워할 만한 인물을 추기경으로 선출하는 걸 승인하지 말았어야 했습니다. 사람은 증오와 두려움으로 타인을 해치기도 하기 때문입니다.

· 요직에 있는 사람들에게 새로운 특혜를 준다고 해서 그들이 오래된 상처를 씻어 버리리라는 건 잘못된 생각입니다. 한마디로 공작은 실수를 범했고 결국 파멸에 이르렀습니다.

제8장 사악한 방법으로 군주가 된 인물들

· 시민의 지위에서 군주가 되는 방법에는 두 가지가 있습니다.

· 하나는 비열하고 비도덕인 방법으로 권좌에 오르는 것이고, 또 다른 하나는 조국의 시민들로부터 열렬한 지지를 받아 군주가 되는 것입니다.

· 시라쿠사의 왕이 된 시칠리아의 아가토클레스는 신분이 낮고 천한 평민 출신이었습니다. 도공陶工의 아들인 그는 순탄치 않은 운명으로 악명 높고 불명예스러운 삶을 살았습니다. 하지만 심신의 능력이 뛰어났기 때문에 직업 군인으로 헌신한 끝에 마침내 사령관의 지위까지 올랐습니다. 그는 타인의 도움 없이 무력을 사용해 권력을 탈취하고 군주가 되기로 결심했습니다. 그는 그런 생각을 아밀카르에게 털어놓았고, 이 카르타고인은 군대를 이끌고 시칠리아에서 전투 중이었음에

도 그 계획에 동의해 그와 함께하기로 했습니다. 어느 날 아침 그는 공화국의 일로 논의할 게 있다는 듯, 시라쿠사의 원로원과 시민들을 한자리에 모았습니다. 그리고 병사들에게 신호를 보내 의원들과 부유한 시민들을 죽였습니다. 그 후 그는 도시의 권력을 장악했습니다. 아가토클레스의 비범한 재능과 행적들을 되집어볼 때, 그가 높은 지위에 오르기까지 큰 운이 따랐다고 볼 수 없습니다. 앞서 말했듯, 그는 타인의 도움을 받지 않고 직업 군인으로 복무하면서 수많은 위험과 난관에 과감히 맞서 한 단계 한 단계 나아갔기 때문입니다. 하지만 같은 시민들을 죽이는 것이나 친구들을 속이는 것, 신뢰를 저버리고 가차 없이 반종교적 행동을 보이는 걸 대단한 능력이라고 말할 수 없습니다. 한 나라를 손에 넣을 수 있을지 몰라도 영광까지 함께 얻을 순 없기 때문입니다.

• 아가토클레스나 그와 같은 인물들이 끝없이 배신과 잔혹한 행위들을 저질렀음에도 오랫동안 안전하게 살며 외적으로부터 자신을 보호하고 시민들의 음모에 걸려드는 일도 없었다는 사실은 분명 의구심을 불러일으킬 수 있습니다. 잔인한 수단으로 권좌에 오른 경우, 전시에는 말할 것도 없고 평시에도 지위를 유지할 수 없기 때문입니다. 저는 이 두 경우, 잔혹한 행동들이 나쁘게 쓰인 것인지 적절한 것이었는지에 따라 (군주의) 운명이 달라졌다고 생각합니다. 나쁜 일에도 '적절한' 이라는 말을 쓸 수 있는진 모르겠지만, 타당한 이유로 그렇게 했다는 건 곧 자신의 안위를 위해 단 한 번 잔인한 조치들을 취했고 그 후 시민들에게 이익이 될 수 없다는 판단 아래 다신 그런 일이 없었다는 걸 의미합니다. 잔혹한 행동들이 나쁘게 쓰였다는 건 처음에는 거의 사용하지 않다가 시간이 갈수록 빈번해졌다는 걸 의미합니다. 첫 번째 경우를 따르는 자들은 아가토클레스처럼 신이나 혹은 타인의 도움으로 지배력을 온전히 유지할 수 있습니다. 하지만 다른 경우를 선택한 자

들은 지위를 유지하기 어려울 것입니다.

- 무력을 사용해 권력을 손에 쥔 자는 어쩔 수 없는 가혹 행위들을 빠짐없이 면밀하게 검토해 여러 차례 반복하지 않고 단 한 번에 처리해야 한다는 사실을 잊지 말아야 합니다. 그러면 시민들을 불안에 떨지 않게 하고 안정시킬 수 있으며 시혜를 베풀어 그들의 마음을 얻을 수 있을 것입니다. 하지만 겁이 나서든 간악한 조언에 의해서든, 그렇게 하지 않는 군주는 언제나 손에 칼을 쥐고 있어야 합니다. 그는 결코 시민들을 믿지 못할 것입니다. 반복적으로 계속되는 악행 때문에 시민들이 그를 미워할 것이기 때문입니다. 일거에 자행된 악행들은 시민들로 하여금 분노와 고통을 상대적으로 적게 느끼게 합니다. 반면 조금씩 지속해서 베푸는 시혜는 그 기쁨을 더 오래 느끼게 합니다.

제9장 시민형 군주국

- 군주가 되는 또 다른 방법은 시민들의 지지를 얻는 것입니다.

- 이러한 경우를 가리켜 시민형 군주국이라 할 수 있습니다.

- 군주가 되는 데는 시민들의 지지에 의한 방법과 귀족들의 지지에 의한 방법이 있습니다. 어떤 도시에서든 근간이 되는 건 시민과 귀족입니다. 시민은 귀족들의 지배와 억압을 원치 않습니다. 반면 귀족은 시민들을 다스리고 억누르기 원합니다. 하나의 도시에 존재하는 상반된 바람에 의해 세 가지 형태의 결과, 즉 군주국과 공화국, 무정부 국가가 탄생합니다.

- 귀족들은 시민들의 저항에 부딪쳤을 때, 자신들 가운데 하나를 추대해 군주로 세우고 그의 그늘 아래에서 욕망을 펼치려 합니다. 시민들은 더는 귀족들을 견딜 수 없을 때, 그들 중 하나를 군주로 추대하고 그의 권력을 빌려 자신들을 보호하려

합니다. 귀족들의 도움으로 군주가 된 자는 시민들의 지지로 군주가 된 자보다 권력을 유지하는 데 더 많은 어려움을 겪습니다. 군주의 주위에 자신을 군주와 동등하게 생각하는 귀족들이 많아 군주의 뜻대로 지배하고 다스릴 수 없기 때문입니다. 반면 시민들의 힘으로 군주가 된 자는 권력이 그에게 집중되기 때문에 주위에 복종하지 않는 사람이 없거나 있어도 소수에 불과합니다.

• 귀족들은 두 가지 상황으로 나눠 살펴봐야 합니다. 그들이 군주의 운명에 자신을 맡기려 하는 경우와 그렇지 않은 경우입니다. 전자의 경우, 욕심 없이 군주에게 자신을 기탁하는 거라면 군주는 그들을 아끼고 예우해야 합니다. 하지만 후자의 경우, 귀족들이 소심하거나 천성적으로 용기가 부족해 그런 거라면 군주는 그들을 자기 편으로 만들고 잘 이용해야 합니다. 특히 유용한 조언을 해줄 만한 귀족들은 더 그렇습니다. 번영기에 군주가 그들을 대우하면, 역경이 와도 그들을 두려워할 필요가 없습니다. 그런데 귀족들이 자신의 야망을 위해 군주와 뜻을 함께하지 않은 거라면, 자신들의 이익을 더 생각한다는 징표이므로 군주는 그들을 경계하고 공공연한 적으로 두려워해야 합니다. 역경에 처하면 그들은 언제나 군주를 파멸시키려 들 것이기 때문입니다. 한편 시민들의 지지로 군주가 된 자는 그들과 좋은 관계를 유지해야 합니다. 시민들이 바라는 건 오직 하나, 억압을 받지 않는 것이기 때문입니다. 그러나 귀족들을 등에 업고 군주가 된 자는 먼저 시민들의 마음을 얻으려 노력해야 하는데, 그때 시민들을 보호하면 그가 목표한 바를 쉽게 이룰 수 있을 것입니다. 자고로 사람이란, 자신에게 나쁜 행동을 보일 거라고 예상했던 사람이 의외의 호의를 베풀면 더 애착을 보이는 법입니다. 그래서 시민들은 자신들이 옹립한 군주보다 이런 군주에게 더 충성심을 보일 것입니다.

• 불확실한 시기에는 군주가 신뢰할 만한 사람이 부족한 법입니다. 그래서 군주는

시민들이 정부를 필요로 할 때 그들이 보여준 걸 맹신해선 안 됩니다. 평온한 시기에는 모든 이가 군주와 뜻을 함께하고 모든 걸 맹세합니다. 죽음이 멀리 있다고 여겨질 때는 군주를 위해 목숨까지 바치겠다고 공언합니다. 하지만 시련의 시기가 오고 국가가 시민을 필요로 할 때 찾기란 쉽지 않습니다. 따라서 현명한 군주라면 이러한 이치를 깨닫고 시민들이 어떤 상황에서든 국가와 군주를 필요로 하게끔 만들어야 합니다. 그렇게 해야만 비로소 군주는 충성스러운 시민을 갖게 될 것입니다.

제10장 군주국의 세력을 측정하는 법

- 군주국의 특징을 살펴볼 때 반드시 고려해야 할 점이 있습니다. 유사시에 군주가 자기를 방어할 만한 힘을 갖고 있는가, 타인의 힘을 필요로 하는가입니다.

- 적군이 침략해 오고 군주가 맞서 전투에 참여할 충분한 군사를 일으킬 수 있다면 자신을 지킬 수 있지만, 전쟁터에서 적군에 대적하지 못하고 성벽 뒤에 숨어 자신을 보호하는 데 급급한 군주라면 타인의 도움이 필요할 것입니다. 첫 번째 경우는 앞에서 언급했으므로, 차후 필요할 때 다시 이야기하겠습니다. 두 번째 경우, 군주는 나라를 지키고자 다른 것에 신경 쓰지 말고 오직 도시의 성벽을 튼튼히 쌓고 전시 대비에 철저히 하는 것밖에 방법이 없습니다. 자고로 사람은 어려울 거라 예상하는 일에 잘 달려들지 않기 때문에 이렇게 준비한 군주는 쉽게 공격받지 않을 것입니다.

- 따라서 견고한 수비를 자랑하고 시민들의 사랑을 받는 군주가 적에게 공격당하는 일은 없을 것입니다.

- 강력하고 용감한 군주는 시민들에게 고통이 그리 오래가지 않을 거라는 희망을

주고, 다른 한편으로는 적의 잔혹함에 대해 경각심을 불러일으키며 큰 목소리를

내, 나선 듯 보이는 시민들을 교묘하게 달램으로써 모든 어려움을 극복할 것입

니다.

제11장 교회형 군주국

- 교회형 군주국들은 인간의 마음이 인식하지 못하는 힘에 의해 다스려지기 때문
  에 논의하지 않겠습니다. 이 국가들은 신에 의해 세워지고 유지되기에 그것들을
  검토하는 건 외람되고 지각없는 인간의 처사일 것입니다.

제12장 군대의 다양한 종류와 용병

- 세습 군주국이나 신생 군주국 혹은 복합 군주국이든 가리지 않고 모든 종류의 국
  가들을 이루는 주요 기반은 좋은 법과 좋은 군대입니다. 군대를 잘 양성하지 못한
  국가에 좋은 법이 있을 수 없고, 튼튼하게 무장한 국가에는 잘 만들어진 법이 있
  기 마련입니다. 그런데 여기선 법에 관한 논의는 접고 군대에 관해서만 이야기하
  겠습니다. 군주가 국가를 보호하고자 둔 군대는 자신의 군대이거나 용병, 외국의
  원군 혹은 이 세 형태를 섞은 혼성군입니다. 용병과 원군은 쓸모가 없고 위험합니
  다. 군주가 이런 군대들을 기반으로 국가를 장악하고 있다면, 그의 권력은 견고하
  지도 않고 안전하지도 못합니다. 그 군대들은 분열되어 있고 야망으로 가득하며
  규율은 안중에도 없고 충성심이 부족할 뿐 아니라, 동료들 앞에선 용맹한 척하고
  적들 앞에선 벌벌 떨며 비겁해지기 때문입니다.
- 그러한 군대의 파멸을 늦추는 건 오직 공격의 지연뿐입니다. 군주는 평화 시 그
  들에게, 전쟁 중에는 적들에게 많은 걸 빼앗깁니다. 그들에겐 몇 푼 안 되는 돈 외

에 전장을 지킬 그 어떤 이유도 관심도 없습니다. 보수라고 해봐야 군주를 위해 죽을 만큼 충분하지도 않습니다. 그들은 전쟁이 없는 상황에선 군주의 병사로서 행동하지만, 전쟁이 발발하면 탈영을 하거나 적에게서 멀리 달아나 버립니다.

- 이러한 군대의 부적절함은 이외에도 많습니다. 용병 대장들은 능력 있기도 하지만 그렇지 않을 수도 있습니다. 그들이 유능하다면, 군주는 그들을 믿어선 안 됩니다. 그들은 언제나 성공만 갈망하기 때문에, 그들의 주인이 되는 군주에게 맞서고 군주의 이익에 위배되는 행동을 하기도 합니다. 반면 그들이 능수능란하지 못하면, 군주는 (직과의 전쟁에서) 당연히 몰락의 길을 걷게 될 것입니다.

- 군주가 자신을 위해 군대를 부릴 때는 직접 사령관으로 나서서 진두지휘해야 합니다. 반면 공화국의 이름으로 군대를 움직일 때는 시민들을 내세워야 합니다.

- 경험에 비춰볼 때 군주나 공화국이 그들만의 군대를 보유하고 있을 때 가장 큰 성과를 냈으며, 용병들은 오직 피해만 남겼습니다.

- 로마와 스파르타는 잘 양성된 군대 덕분에 수 세기 동안 독립을 유지할 수 있었습니다. 스위스 역시 완벽한 무장으로 완전한 독립을 유지하고 있습니다.

제13장 원군, 혼성군, 자국군

- 원군이란 군주가 외부 권력자에게 도움이나 보호를 요청했을 때 파견된 군대를 말하는데, 이 역시 쓸모없습니다.

- 이 군대도 그 자체로선 유용하고 도움이 되지만 의지한 군주에겐 언제나 이롭지 않은 결과를 가져옵니다. 원군이 전쟁에서 패하면 군주는 목표를 이루지 못하는 것이며 원군이 이기면 그들의 뜻에 휘둘리기 때문입니다.

- 승리를 원하지 않는 이는 원군의 도움을 받아도 좋을 것입니다. 원군은 용병보다

더 위험하며, 원군을 이용하면 파멸은 이미 준비된 것이나 마찬가지입니다. 원군은 잘 단합되어 있고 타인에게 순순히 복종합니다. 하지만 용병의 경우, 전투에서 승리해도 군주를 위협할 수 있기까진 더 많은 시간과 더 좋은 기회가 필요합니다. 용병은 군주가 모집하고 보수를 주기 때문에 하나의 단결된 공동체를 이루지 못합니다. 그리고 군주가 그들의 수장으로 임명한 제3자도 즉각적으로 군주를 해할 정도의 충분한 권력을 차지하지 못합니다. 용병의 경우 비겁함이 (군주에게) 가장 위험하지만, 원군의 경우 용감함이 가장 위험합니다.

- 현명한 군주는 이런 군대들을 이용하지 않고 자신의 군대에 의지합니다. 다른 군대들을 이용해 승리를 거두느니 자신의 군대와 함께 패하는 쪽을 선택합니다. 다른 군대들을 이용해 취한 승리는 진정한 승리로 여겨지지 않기 때문입니다. 여기 체사레 보르자의 예가 있습니다. 이 공작은 프랑스 군사들로만 구성된 원군을 동원해 로마냐 지방을 침략했고 이몰라와 포틀리를 함락시켰습니다. 하지만 그 후 그들을 믿을 수 없었기 때문에 덜 위험해 보이는 용병으로 대체했습니다. 이들은 오르시니 가와 비텔리 가의 사병들이었습니다. 하지만 곧 그들 역시 의심스럽고 위험하며 충성스럽지 못하다고 판단해 해산시키고 자신의 사람들로 다시 군대를 조직했습니다.

- 모든 사람이 보기에 그가 자신의 군대를 완전히 장악한 것 같았을 때, 그는 최고의 존경을 받았습니다.

- 『구약성경』에서도 적절한 예를 찾을 수 있습니다. 다윗이 사울에게 팔레스타인의 용사 골리앗과 싸우겠다고 제안하자, 사울은 자신의 병기들을 다윗에게 주며 용기를 북돋았습니다. 하지만 다윗은 사울의 병기들을 착용해본 뒤 사양했습니다. 그리고 자신의 칼과 돌팔매로 적을 상대하고자 했습니다. 타인의 병기를 짊어지

는 건 자신의 몸을 짓누르고 날렵한 움직임을 제한할 뿐입니다.

- 인간은 지혜가 부족하기에 한눈에 좋아 보이는 일에는 그 안에 독이 감춰져 있다
  는 것도 깨닫지 못한 채 덥석 시작합니다. 그러므로 독성이 나타날 때까지 독이
  있다는 걸 깨닫지 못하는 군주는 현명하지 못한 자입니다. 물론 이러한 통찰력을
  지닌 자는 소수입니다. 로마제국의 첫 번째 재난을 자세히 검토해보면 고트족을
  용병으로 삼으면서 시작되었다는 사실을 알 수 있습니다. 그때부터 로마제국의
  세력이 쇠퇴하기 시작했고 로마제국의 기상을 드높이던 모든 용맹이 고트족에게
  넘어갔기 때문입니다.

- 결론적으로 어떠한 군주도 자신의 군대 없인 안전할 수 없습니다. 그리고 위기 가
  운데 자신을 보호할 역량이 없는 나라는 오직 운명에만 의지해야 합니다. 현명한
  사람들은 '자신의 힘에 근거하지 않은 명성과 권력처럼 불확실하고 불안정한 건
  없다'라는 격언을 잊지 않습니다. 군주에게 자신의 무력이란 신민 또는 시민 혹은
  부하들로 구성된 군대를 말하며, 그 외의 것들은 용병이나 원군입니다.

제14장 군주가 군사에 관해 생각해야 할 건 무엇인가

- 군주는 전쟁과 원칙, 훈련 외에 다른 어떤 것도 목표로 삼거나 흥미를 갖고 연구
  대상으로 선택해선 안 됩니다. 이러한 것들은 오직 군주를 위해 존재하기 때문입
  니다. 이 지식은 세습 군주의 지위를 유지하고 종종 일반 병사를 군주로 만들 수
  있습니다. 반면 군주가 군인의 직무보다 안락함에 더 관심을 갖으면 국가를 잃을
  것입니다. 군주가 권력을 잃는 건 군인의 직무를 가벼이 여겨서이며, 국가를 손에
  넣는 건 직무에 능통하기 때문입니다.

- 무력을 제대로 갖추지 않았을 때 나타나는 여러 폐해 중 하나는 타인에게 경멸받

는 것입니다. 군주가 경계해야 할 수치스러운 일 가운데 하나입니다. 무력을 가진 것과 그렇지 않은 것에는 엄청난 차이가 있습니다. 무력을 가진 자가 갖지 않은 자에게 기꺼이 복종하리라는 건 생각할 수 없는 일입니다. 또한 무력을 갖지 않은 군주가 무력을 가진 부하들 사이에서 안전할 수 없으리라는 것도 당연한 일인데, 후자는 전자를 경멸하고 전자는 후자를 의심하므로 이들이 함께 일을 도모해 좋은 결과를 내기란 불가능합니다. 그리고 앞서 언급한 불미스러운 일 외에도, 군사를 잘 모르는 군주는 부하들에게 존경받지 못하고 군주 역시 부하들을 신뢰할 수 없습니다. 따라서 군주의 머릿속에는 항상 군사에 관한 생각이 있어야 하며, 평시에도 전시보다 더 많은 관심을 기울여야 합니다. 그 방법으로는 훈련과 연구가 있습니다.

• 지적 훈련을 위해 군주는 역사서를 읽고 위인들의 행적을 연구해야 합니다. 그리고 그들이 어떻게 전쟁을 수행했고 승전과 패전의 원인은 무엇이었는지 잘 살펴봐야 합니다. 모두 전쟁에서 패하는 걸 피하고 승리하기 위한 것입니다. 사실 과거의 위대한 인물들 역시 그 자신에 앞서 칭송받고 이름을 떨쳤던 인물들을 모범으로 삼아, 언제나 그들의 행적과 성과를 마음 깊이 새기며 모방하려 했습니다. 그 예로 알렉산더는 아킬레우스를, 카이사르는 알렉산더를, 스키피오는 키루스를 모방하려 했습니다. 크세노폰이 저술한 키루스의 생애를 읽은 사람이면 누구나 스키피오가 평생 동안 키루스를 모방해, (키루스처럼) 성적으로 방탕하지 않고 상냥하며 인간적이고 인색하지 않으며 결국 큰 영광을 누렸다는 사실을 확인할 수 있을 것입니다. 현명한 군주는 이와 같은 행동들을 눈여겨보고, 평시에도 절대 게을리 빈둥거리지 않으며 부지런히 자신의 자원들을 갈고닦아 운명이 바뀌고 위험이 닥쳐도 맞설 수 있도록 만반의 준비를 해둡니다.

제15장 군주는 어떤 일로 칭송과 비난을 받는가

- 일을 행할 때 이상理想보다 사건의 진상眞相을 따르는 게 더 적절합니다. 많은 이가 존재하지도 않는 공화국이나 군주국을 상상했습니다. 그러나 사람이 어떻게 사는가의 문제는 어떻게 살아야 하는가의 문제와 분명 다르기에 해야 할 일만 내세우고 실제 행해지는 일에는 무심한 군주는 지위를 잃기 쉽습니다. 모든 공사公事를 선으로 행하는 군주는 패악한 무리 가운데 있을 때 곧 파멸합니다. 그래서 권력을 유지하려는 군주는 상황에 따라 선행을 포기하고 악행을 취할 줄도 알아야 합니다.

- 이상적인 문제는 잠시 제쳐두고 현실적인 문제로 넘어가겠습니다. 보다 높은 위치에 있는 군주들은 어떤 자질들 때문에 칭송이나 비난을 받고 후하거나 인색하다고 평가받는지 잘 알고 있어야 합니다. 후한 사람과 욕심 있는 사람, 잔인한 사람과 자비로운 사람, 신의가 있는 사람과 그렇지 못한 사람, 여성적이고 겁이 많은 사람과 대담하고 용기 있는 사람, 상냥한 사람과 거만한 사람, 음탕한 사람과 절제하는 사람, 진실한 사람과 교활한 사람, 완고한 사람과 너그러운 사람, 신중한 사람과 경솔한 사람, 신을 믿는 사람과 그렇지 않은 사람 등으로 평가받는 것도 마찬가지입니다. 이러한 자질들 가운데 좋은 것으로 평가받는 특성을 모두 갖춘 군주라면 최고의 칭송을 받아 마땅할 것입니다. 하지만 한 사람이 이 모든 걸 갖추기란 불가능하고 인간의 상황 또한 그렇지 못하기 때문에, 신중한 군주는 자신을 파멸시킬 수 있는 비난을 어떻게 피해야 할지 잘 알고 있어야 하며 권력 유지에 위험을 초래하지 않을 악행일지라도 삼가야 합니다. 불가능하면 악행에도 주저함이 없어야 합니다. 또한 권력을 유지하고자 어쩔 수 없이 악행을 저질러야 한다면 비난이 생기는 것도 괘념치 말아야 합니다. 모든 상황을 주의 깊게 고려해

볼 때, 미덕으로 보이는 게 군주를 파멸시킬 수 있고 악덕으로 보이는 게 안전과 번영을 가져올 수도 있기 때문입니다.

제16장 **후함과 인색함**

- 앞서 말한 자질들 가운데 첫 번째 사항에 대해 이야기하겠습니다. 후하다는 말을 듣는 건 좋은 일이지만, 좋은 평판을 얻지 못하고 후하기만 하다면 해가 될 것입니다.

- 사람들에게 후하다는 평판을 유지하려면 사치스럽게 보여야 하고 모든 재물을 소비할 수밖에 없으며 결국 모든 걸 탕진하고야 말 것입니다. 그래도 계속해서 같은 평판을 얻고 싶다면, 군주는 시민들을 과도하게 짓누르며 세금을 걷고 돈을 모으고자 할 수 있는 일은 모두 다 할 것입니다. 그러면 시민들은 곧 그를 미워하고 이미 가난해진 그는 존경받지 못할 것입니다. 그러므로 아무 대가 없이 후한 행동을 보이고 동시에 그렇다는 평판을 얻는 건 불가능하기에, 현명한 군주라면 인색하다는 평판을 두려워해선 안 됩니다. 세입이 충분하고 외부의 모든 공격을 막아낼 수 있으며 시민들에게 부담을 지우지 않고 대규모의 사업을 벌일 수 있다는 사실을 사람들이 깨달으면, 군주는 실제보다 더 후한 인물로 여겨질 것이기 때문입니다.

- 우리 시대에 위대한 성과를 거둔 자들은 모두 인색하다고 여겨지는 사람들이었고, 그렇지 못한 사람들은 실패를 맛봤습니다.

- 군주는 시민들의 재산을 탈취하지 않고 자신을 방어할 수 있으며 궁색하고 비굴해지지 않고 탐욕스러워지지 않기 위해선 인색하다는 평판을 듣는 것에 괘념치 말아야 합니다. 비록 인색함이 악덕 가운데 하나긴 하지만 한 국가의 통치 지배를

가능케 하기 때문입니다.

- 후한 행동처럼 자기 소모적인 것도 없습니다. 후한 태도를 보이면 보일수록 궁핍해지거나 업신여김을 당해 더는 그러한 미덕을 발휘할 수 없기 때문입니다. 그뿐 아니라 빈곤을 피하고자 탐욕스러워지고 사람들의 미움까지 받습니다. 후한 태도는 경멸과 미움으로 이르기 때문에 군주는 업신여김을 당하고 미움을 받지 않도록 경계해야 합니다. 따라서 현명한 군주는 후하다는 평판을 얻고자 탐욕스러워지고 미움과 비난을 받기보다 인색하다는 말을 듣고 비난을 받되 미움은 받지 않는 쪽을 택합니다.

제17장 잔인함과 인자함, 사랑받는 것과 두려움을 느끼게 하는 것 중 어느 게 더 나은가

- 앞에서 언급한 군주의 다른 기질들에 대해 좀 더 이야기하자면, 모든 군주는 잔인하지 않고 인자한 사람으로 평가받는 걸 더 원해야 한다고 생각합니다. 그렇다고 인자함을 남용해선 안 됩니다. 체사레 보르자는 비록 잔인한 인물로 악명이 높았지만, 로마냐를 진정시켰고 통일했으며 그곳을 평화롭고 충성스러운 곳으로 만들었습니다. 이러한 일들을 고려할 때, 잔인하다는 평판을 피하고자 피스토이아가 과밀하도록 방치했던 피렌체 사람들보다 체사레가 훨씬 더 자비롭다고 볼 수 있을 것입니다. 군주는 시민들이 단합되고 충성스러운 한 잔인하다는 평판에 신경 쓸 필요가 없습니다. 모두에게 자비를 베풂으로써 살인과 탈취가 횡횡하는 무질서를 낳기보다 본보기로 몇몇 사람을 처벌하고 전체의 질서를 바로잡는 게 훨씬 자애로운 것입니다. 전자는 시민 모두에게 해를 끼치지만 후자는 군주가 처벌한 개인에게만 피해가 돌아가기 때문입니다.

- 사랑받는 것과 두려움을 느끼게 하는 것 중 어느 게 더 나은가 하는 문제가 있습니다. 둘 다 중요하지만 사랑과 두려움을 동시에 받는 건 어려운 일이므로 둘 중 하나를 선택해야 한다면, 사랑보다 두려움을 얻는 게 더 안전하다고 생각합니다. 인간이란 자고로 은혜를 모르고 변덕스러우며 기만적이고 비열하며 탐욕스럽습니다. 군주가 부와 명성을 누리고 있을 때, 사람들은 절대 충성을 맹세합니다. 마치 그들의 자식과 재산, 생명, 피 한 방울까지 모두 바치려고 하지만 그럴 필요가 없을 때입니다. 상황이 바뀌고 정말 필요할 때, 그들은 군주에게서 등을 돌립니다. 그래서 그들의 맹세만 믿고 다른 대책에 소홀했던 군주는 파멸을 피할 수 없습니다. 숭고하고 위대한 정신이 아닌 대가를 지불하고 얻은 우정은 이헤디신에 근거해 확실하지 않고 정작 필요한 땐 도움이 되지 못합니다. 사람은 두려움을 불러일으키는 자보다 사랑을 베푸는 자를 해할 때 덜 주저하는 법입니다. 사랑은 은혜나 감사에 관련된 것으로, 본성이 비열한 인간은 이익에 따라 저버리기도 합니다. 하지만 두려움은 처벌에 대한 공포로 유지되며 실패하지 않습니다. 군주는 두려움을 불러일으켜야 하며 비록 사랑을 얻진 못해도 미움을 받는 일은 피해야 합니다. 미움을 받지 않는다면, 시민과 신민들의 재산과 여자에 손을 대지 않는 한 두려움을 느끼게 하는 건 가능하기 때문입니다. 누군가의 생명을 해할 필요가 있을 때, 군주는 정당한 명분과 함께 반드시 이유를 밝혀야 합니다. 무엇보다 타인의 재물에 손대지 말아야 합니다. 인간은 아버지의 죽음보다 재물의 상실을 더 잊지 못하기 때문입니다.
- 군주가 군사들을 통솔하고 많은 병사를 지휘할 때, 잔인하다는 평판에 괘념치 않는 게 중요합니다. 그렇지 않곤 군대를 단결시키고 의무를 다하게 할 수 없기 때문입니다. 한니발의 위대한 행적 중 주목할 만한 건 그가 다양한 종족으로 구성된

오십이라면 군주론

수많은 군대를 이끌고 외지에서 전쟁을 치를 때, 상황이 좋든 나쁘든 사소한 불화도 지도자에 대한 저항도 없었다는 것입니다. 그의 끝없는 용기와 비인간적인 잔인함은 병사들에게 존경심과 두려움을 자아냈는데, 분명 잔인함 없이 그의 다른 미덕들만으로 그런 결과를 낼 수 없었을 것입니다. 그런데 통찰력이 부족한 저술가들은 한니발의 성공은 높이 평가하면서도 성공의 주된 이유인 잔인함은 비난하고 있습니다.

제18장 군주는 어떻게 신뢰를 지켜야 하는가

- 신뢰를 지키며 교활하지 않고 성실하게 사는 군주는 칭송받아 마땅하다고 생각합니다. 하지만 여러 사례를 통해, 위업을 쌓은 군주가 사소한 일에 신뢰를 보이지 않고 계략으로 사람들을 혼란케 하고 결국 신의를 지킨 군주들을 능가하는지 잘 알 수 있습니다. 싸움에서 승리를 얻는 데는 두 가지 방법이 있습니다. 하나는 법에 의한 것이며 다른 하나는 힘에 의한 것입니다. 첫 번째 방법은 인간에게 적합한 것이고 두 번째 방법은 짐승에게 적합한 것입니다. 하지만 종종 전자만으로 부족하기에 두 번째 방법에 의지할 필요가 있습니다. 따라서 군주는 인간의 방법과 짐승의 방법이 어떻게 도움이 될지 잘 알고 있어야 합니다. 고대의 저술가들은 이를 군주들에게 비유적으로 가르쳤습니다. 즉 그들은 아킬레우스와 고대의 다른 많은 군주가 반인반수半人半獸의 괴물 케이론에게 맡겨져 그들의 규율 아래 훈육받았다는 사실을 언급했습니다. 반인반수를 교사로 삼았다는 건 군주가 이 둘의 본성을 다 사용할 줄 알아야 하며 그중 하나의 본성만으로는 권력을 오래 유지할 수 없다는 걸 의미합니다. 따라서 짐승의 방식을 적용하려는 군주는 여우와 사자를 모방해야 합니다. 사자는 덫에 걸리지 않는 방법을 모르고 여우는 늑대에게

잡히지 않는 방법을 모르기 때문에, 덫을 찾아내기 위해선 여우가 되고 늑대를 겁주기 위해선 사자가 되어야 합니다. 하지만 사자의 방식에만 의지하려는 자는 곧 어떤 일이 닥칠지 깨닫지 못합니다. 그래서 현명한 군주는 신의를 지키는 게 오히려 불리할 때 혹은 약속을 맺은 이유가 더는 존재하지 않을 때, 약속을 지킬 수 없거나 또는 지키지 말아야 합니다. 인간이 전적으로 선하다면 이러한 수칙은 수용할 수 없는 것입니다. 하지만 인간은 사악하고 약속을 지키지 않기 때문에 군주 역시 얽매일 필요가 없습니다.

· 군주는 앞에서 언급한 모든 성품을 갖출 필요는 없지만 갖춘 듯 보이는 건 꼭 필요합니다. 게다가 그러한 성품들을 갖추고 늘 그대로 준수하려는 건 위험한 반면 그것들을 갖춘 듯 보이는 건 유용하다고까지 말할 수 있습니다. 다시 말해 자비롭고 신의가 있으며 인간적이고 믿음이 있고 강직한 것처럼 보일 필요가 있으며, 또 실제로 그러는 게 좋습니다. 그런데 그러지 말아야 할 상황에 처하면, 정반대로 행동할 줄도 알아야 합니다. 그리고 군주는, 특히 새롭게 군주가 된 자는 이러한 자질들이 존중되어야 할 거라고 해서 그대로 따를 수는 없다는 사실을 잊지 말아야 합니다. 권력을 유지하고자 신의와 우정을 깨고 비인간적이며 반종교적으로 행동할 걸 강요받기 때문입니다. 따라서 바람이 불고 운명에 변화가 올 때, 그에 맞춰 입장을 바꿀 자세가 되어 있어야 합니다. 그리고 앞서 말한 것처럼, 올바른 행동에서 가급적 벗어나지 말아야겠지만 그럴 수 없는 경우라면 악행도 취할 줄 알아야 합니다.

· 군주를 평가할 때, 사람들은 직접 만져보기보다 눈으로 보고 판단합니다. 누구나 군주를 볼 순 있지만 만져볼 수 있는 건 아니기 때문입니다. 누구나 군주의 겉모습은 볼 수 있지만 그가 진정 어떤 사람인지 볼 수 있는 사람은 적습니다. 그런 이

들은 군주의 위엄 아래 보호받는 다수의 견해에 감히 반대하지 못합니다. 또한 모든 인간의 행동에 관해, 특히 군주의 행동에 관해 문제를 제기하는 건 경솔한 행동으로 여겨지기 때문에 사람들은 결과만으로 평가하는 것입니다. 따라서 군주가 전쟁에서 이기고 권력을 유지할 때, 수단은 언제나 정직한 것으로 여겨지며 군주는 모두에게 칭송받습니다. 보통 사람들은 보이는 것과 거기서 도출된 결론에만 흥미를 갖는데, 세상은 대부분 보통 사람들로 가득 차 있기 때문입니다.

제19장 경멸과 미움을 피하는 법

· 군주가 적대감을 사거나 미움받을 만한 일을 피하고 임무를 다하면, 다른 어떤 비난 가운데서도 위험을 느낄 필요가 없습니다. 군주가 가장 미움을 사는 건 앞서 언급했듯, 탐욕스러운 마음으로 시민들의 재산과 여자를 강탈하는 것으로 그런 일은 없어야 합니다. 대다수의 사람은 재산과 명예가 침범당하지만 않으면 만족스럽게 살아갑니다. 따라서 군주는 야심을 품은 몇몇 사람만 잘 다루면 되는데, 이들은 다양한 방법으로 쉽게 제압할 수 있습니다. 군주가 경멸을 받는 건 변덕스럽고 경솔하며 나약하고 비열하며 결단력이 없다고 생각될 때입니다. 군주는 이러한 자질들을 피하고 행동 중에 탁월함과 용기, 신중함, 강건함을 보여주려 노력해야 합니다. 또한 시민들과의 사사로운 관계에서 한번 내린 결정을 번복하지 않도록 해야 합니다. 이러한 평판을 얻으면 누구도 군주를 속이거나 농락할 수 없습니다.

· 군주가 두려워해야 할 게 두 가지 있는데, 첫째는 내부에 있는 것으로 시민에 관한 것이고 둘째는 외부에 있는 것으로 외세에 관한 것입니다. 후자의 경우, 잘 무장된 군대와 믿을 만한 동맹으로 방어가 가능합니다. 군주가 좋은 군대를 갖고 있

으면 믿을 만한 동맹을 맺을 수 있습니다. 또한 대외적 관계가 안정되어 있을 때, 음모를 통한 내부 교란이 발생하지만 않는다면 내부적으로도 안정을 유지할 수 있습니다.

- 군주가 음모를 방지할 수 있는 가장 효과적인 방책은 사람들로부터 미움을 사지 않고 경멸을 받지 않는 것입니다. 군주를 두고 음모를 꾸미는 사람은 군주를 제거하면 사람들이 만족할 거라고 생각하기 때문입니다. 하지만 자신의 행동이 사람들의 분노를 살 거라는 생각이 들면 감히 감행하지 못할 것입니다. 그 경우 부닥쳐야 할 어려움이 많습니다. 전례에 비춰볼 때, 많은 음모가 계획되어 왔지만 성공한 사례는 그리 많지 않습니다.

- 음모자는 두려움과 시기심, 끔찍한 처벌에 대한 가능성만 갖는데 반해 군주는 위엄과 법, 국가와 동맹국들로부터의 보호를 받습니다. 이러한 이점에 대중의 호의까지 얻는다면 경솔하게 음모를 꾸미는 건 불가능합니다.

- 군주는 비난받을 만한 일은 타인에게 맡기고 품격을 유지할 수 있는 일을 담당해야 합니다. 그리고 군주는 귀족들을 소중히 대해야 하지만 일반인들의 미움을 받아서도 안 됩니다.

- 사람의 원한은 악행뿐 아니라 선행에 의해서도 생길 수 있다는 사실을 잊지 말아야 합니다. 권력을 유지하고자 하는 군주는 종종 악행을 강요받기도 합니다. 군주가 지위를 보존하고자 도움을 받아야 한다고 생각한 집단이 있는데, 시민이든 귀족이든 군인이든 부패했다면 그들을 만족시키고자 비위를 맞춰야 합니다. 그런 상황에서 선행은 해가 될 뿐입니다.

제20장 요새 구축 등 군주들이 일상적으로 하는 많은 일은 유용한가, 유
해한가

- 신생 군주가 시민의 무장을 해제시키는 일은 결코 없습니다. 오히려 그들이 무장
되지 않았다는 사실을 깨달았을 때 그들을 무장시켰습니다. 시민들의 무기는 곧
군주의 무기이기 때문입니다. 또한 군주에게 불신을 보이던 자들은 충신이 되고,
충성스러웠던 자들은 계속해서 신의를 지키며, 시민들은 군주의 지지자가 됩니
다. 반면 모든 시민을 무장시킬 수 없다면, 무장한 자들에게 편익을 줘서 그렇지
못한 자들까지 손쉽게 다룰 수 있도록 해야 합니다.

- 군주가 타국을 정복해 병합할 때, 정복에 도움을 준 지지자들을 제외하고 병합한
나라의 사람들은 모두 무장 해제시켜야 합니다. 때와 기회를 봐서 정복에 도움을
준 자들 역시 무력無力화시켜야 하며, 전체 국가에서 무장한 사람들은 기존 자국
출신의 병사들로 제한해야 할 것입니다.

- 군주가 장애와 시련을 극복할 때 위대해진다는 사실은 의심의 여지가 없습니다.
특히 신생 군주는 세습 군주에 비해 명성을 얻는 게 더욱 필요한데, 운명은 신생
군주의 권위를 높여주고자 적들이 들고일어나 그에게 저항하도록 만듭니다. 그
때 신생 군주가 싸워 이기면 마치 적들이 제공한 성공의 사다리를 탄 것처럼 더
높은 곳으로 올라갑니다.

- 군주, 특히 신생 군주는 통치 초기에 믿을 수 없었던 사람들이 애초부터 신뢰했던
사람들보다 더 충실하고 도움이 된다는 사실을 발견합니다. 시에나 군주인 판돌
포 페트루치는 다른 누구보다도 믿지 못했던 사람들의 도움으로 나라를 잘 다스
릴 수 있었습니다. 하지만 인간과 관련된 상황은 너무도 변화무쌍하기에 일반화
하긴 어렵습니다. 다만 대체로, 정권 초기에 적대적이었던 사람들도 권력을 유지

하고자 도움이 필요한 상황이 되면 아주 쉽게 군주 편에 서서 충성을 다해 봉사합니다. 그들은 나쁜 인상을 지우고자 이런 행동이 반드시 필요하다는 사실을 잘 알고 있기 때문입니다.

- 신생 군주라면 반드시 새겨들어야 할 사항이 하나 있습니다. 시민들의 호의를 받고 국가를 정복한 군주는 그들이 정복자인 그에게 왜 그런 태도를 보였는지 잘 생각해야 합니다. 새 군주를 향한 자연스러운 호의 때문이 아닌 이전 군주에 대한 불만 때문이라면, 새로운 군주는 시민들과 호의적인 관계를 지속하기가 매우 어렵고 힘들 것입니다.

- 군주가 국가를 더 안전하게 지키고자 요새를 구축하는 건 흔한 일이었습니다. 요새는 군주에게 반기를 들려는 자들에게 굴레, 재갈과 같은 역할을 하고 최초의 공격이 있을 때 대피소 역할을 하기 때문입니다.

- 군주가 외부 세력보다 시민들을 더 두려워한다면 요새를 구축해야 합니다. 시민들보다 외세를 더 두려워한다면 요새를 구축하지 말아야 합니다.

- 군주에게 최고의 요새는 시민들에게 미움을 받지 않는 것입니다. 군주가 요새를 구축한다고 해도 시민들이 그를 미워하면 요새는 군주를 구할 수 없습니다. 무장한 시민들이 군주에게 반기를 들면 그들을 도우려는 외부 세력이 반드시 존재하기 때문입니다.

- 이 모든 걸 고려할 때, 요새의 구축 여부와 상관없이 모든 군주는 높이 평가받을 수 있습니다. 하지만 요새만 믿고 시민들로부터 미움받는 것에 아랑곳하지 않는 군주는 비난받아 마땅합니다.

제21장 군주는 명성을 얻기 위해 어떻게 행동해야 하는가

• 그 어떤 것도 대규모의 사업을 일으키거나 훌륭한 모범을 보여주는 것만큼 군
주에게 명성을 가져다주진 못합니다. 근래에는 스페인의 국왕, 아라곤의 페란도
2세가 좋은 예가 될 수 있습니다. 그는 신생 군주라 할 수 있습니다. 약소국의 군
주로 시작해 명성을 떨치며 기독교 세계의 가장 권위 있는 왕으로 등극했습니다.
그의 업적을 검토하면 대부분 대단했으며 그중 일부는 놀랄 만한 것이었습니다.
그는 집권 초기에 그라나다를 공격했고 전쟁으로 통치 기반을 마련했습니다.

• 군주는 자신이 (다른 군주의) 진정한 동맹이 되거나 분명한 적이 될 때, 즉 거리낌
없이 어떤 한 군주를 반대하고 다른 한 군주를 지지한다는 걸 밝힐 때 존경을 받
습니다. 이러한 행동은 중립을 지키는 것보다 언제나 더 유익합니다. 만약 강력한
이웃 두 나라가 전쟁을 벌이면 그중 하나는 승리하기 마련인데, 그때의 승자는 군
주에게 두려운 존재거나 두렵지 않은 존재일 것입니다. 둘 중 어떤 경우든, 군주
는 입장을 명백히 하고 맹렬하게 전쟁에 개입하는 게 더 유리합니다.

• 승자는 시련이 닥쳤을 때 도움이 될 수 없는 의심스러운 자와 동맹을 맺고 싶어
하지 않고, 패자는 운명을 걸고 군사적 지원을 감행하지 않은 자를 품으려 하지
않기 때문입니다.

• 동맹국은 군주에게 무장 개입을 요구하는 반면, 비동맹국은 중립을 요청할 수 있
습니다. 이때 우유부단한 군주는 위험을 피하고자 중립을 선택하지만 대부분 파
멸의 원인으로 연결됩니다. 하지만 용감하게 한쪽을 지지하고 동맹을 맺은 쪽이
승리하면 승자는 보다 강력해지고, (따라서) 군주는 승자에게 휘둘릴 수도 있지만
승자는 이미 군주에게 신세를 졌기 때문에 둘 사이에는 우호 관계가 성립됩니다.
또한 승자는 그러한 상황에서 동맹국을 공격할 만큼 배은망덕하거나 파렴치하지

않습니다. 군주가 도운 동맹국이 패배한 경우에도 도움을 받은 그 국가는 군주를 옹호하고 도움을 주고자 할 것입니다. 그리고 어쩌면 행운이 다시 찾아올 수 있을 것입니다.

• 전쟁을 벌인 두 국가 중 어느 나라가 승리해도 불안할 일이 없을 때, 현명한 군주라면 동맹 맺는 것에 훨씬 더 신중해야 합니다. 자신을 구해줄 수도 있는 한쪽을 도움으로써 자연스럽게 다른 한쪽의 몰락을 가져오기 때문입니다.

• 군주는 어쩔 수 없는 상황이 아니라면, 타국을 침략할 목적으로 자기보다 더 힘센 나라와 동맹을 맺어선 안 된다는 점을 유념해야 합니다. 힘센 나라가 승리한 경우 군주는 재량에 맡겨지기 때문에, 가능한 한 어떤 세력에도 휘둘리지 않도록 해야 합니다.

• 어떤 국가도 완벽하게 안전한 방책을 선택할 수 있다고 생각해선 안 됩니다. 안전한 방책을 의심스럽게 봐야 합니다. 하나의 문제를 피하면 또 하나의 문제에 직면하기 때문입니다. 신중한 사람이라면 각 문제의 성격을 구별하고 덜 나쁜 걸 선택할 줄 알아야 합니다. 또한 군주는 자신이 재능 있는 자들의 후원자로서, 탁월한 기술이 있다면 어느 분야든 예우해준다는 점을 널리 알려야 합니다. 동시에 시민들이 상업이나 농업 혹은 어느 분야에서든 마음 놓고 일할 수 있도록 격려하고, 빼앗길까 봐 두려워 재산을 증식시키거나 세금이 두려워 무역을 시작하는 데 주저하지 않도록 해야 합니다. 군주는 1년 중 적절한 시기에 축제나 볼거리들을 제공해 시민들이 즐길 수 있도록 해야 합니다. 또한 모든 도시가 동업자 조합이나 사회단체들로 나눠져 있기에, 이러한 집단들에게 관심을 갖고 때때로 그들과 직접 마주해 정중하고 인색하지 않은 모습을 보여줘야 합니다. 하지만 군주로서의 위엄은 잃지 않도록 언제나 주의해야 합니다.

제22장 군주의 측근들

· 신하들을 선임하는 건 군주에게 매우 중요한 일입니다. 군주의 안목에 따라 훌륭할 수도 있고 그렇지 않을 수도 있습니다. 군주의 지혜는 주위에 어떤 인물들이 있는가 보면 알 수 있습니다. 그들이 능력 있고 충직하다면 군주는 현명하다고 여겨질 것입니다. 군주가 그들의 실력을 알아보고 그들이 충성심을 유지하도록 이끌었기 때문입니다. 하지만 그들이 그렇지 못할 때 군주는 좋은 평가를 받을 수 없습니다. 군주가 저지른 최초의 실수가 그들을 인선한 것이기 때문입니다.

· 인간의 지적 능력에는 세 가지가 있습니다. 하나는 스스로 깨닫는 것이요, 다른 하나는 타인이 이해한 걸 알아차리는 것이며, 또 다른 하나는 스스로 깨닫지도 못하고 타인이 아는 것도 이해하지 못하는 것입니다. 따라서 첫 번째는 가장 탁월하고, 두 번째는 훌륭하며, 세 번째는 무익합니다.

· 군주가 신하를 평가하는 가장 확실한 방법은 다음과 같습니다. 신하가 자신의 일을 군주의 일보다 먼저 생각하고 모든 면에서 내심 자신의 이익만 구할 때, 결코 좋은 신하라 할 수 없으며 군주 역시 그를 신뢰할 수 없을 것입니다. 나라의 일을 맡은 사람은 언제나 자신보다 군주를 먼저 생각해야 하고 군주와 관련되지 않은 일에는 결코 관심을 쏟지 말아야 합니다. 한편 군주는 신하가 충성심을 잃지 않도록 예우하고 부유하게 하며 친절을 베풀고 명예와 관직을 주는 등 잘 보살펴야 합니다. 또한 그가 군주 없이 홀로 설 수 없다는 사실을 깨닫게 하고, 많은 명예와 부로 더 많은 걸 원하지 않도록 해야 하며, 많은 권력을 줘 (잃을 수 있는) 변화를 두려워하게 만들어야 합니다. 군주와 신하가 이런 관계를 유지한다면 서로를 신뢰할 수 있지만, 그러지 못하면 서로가 서로에게 처참한 결과만 안겨줄 것입니다.

제23장 **아첨꾼들을 피하는 법**

• (군주가 쉽게 피할 수 없는 문제는) 궁정을 꽉 채운 아첨꾼에 관한 것입니다. 인간은 자신의 일에 지나치게 만족스러워하고 쉽게 자기기만에 빠지기 때문에, 아첨이라는 질병에서 벗어나기 어렵습니다. 게다가 그들이 아첨이라는 질병으로부터 자신을 보호하려 한다면, 다른 사람들로부터 무시당할 위험성도 있습니다. 아첨꾼들로부터 자신을 지키는 법은 그들이 진실을 말해도 군주가 불쾌해하지 않는다는 사실을 깨닫게 하는 것입니다. 하지만 누구나 군주에게 진실을 말할 수 있으면 군주에 대한 존경심은 순식간에 약화될 것입니다. 따라서 현명한 군주는 제3의 길을 찾아야 합니다. 즉 군주는 총명한 사람들을 뽑아 그들에게만 사실대로 솔직하게 말할 수 있는 권한을 주는데, 군주가 요청하는 사안에 한할 뿐 다른 문제에 대해선 허용하지 말아야 합니다. 군주는 모든 사안에 관해 그들에게 질문하고 그들의 의견을 들은 뒤 스스로 결정을 내려야 합니다. 이때 군주는 조언자들로 하여금 더 자유롭게 이야기할수록 더 많은 호의를 얻는다는 사실을 깨닫도록 해야 합니다. 군주는 직접 뽑은 그들 이외에 다른 누구의 말도 들어선 안 되고, 굳게 결심한 일은 확실히 밀고 나가야 하며, 결정을 내린 문제에는 변함이 없어야 합니다. 그렇게 하지 않으면 아첨꾼들에게 농락당하거나 상반된 의견들로 결정을 자주 바꿔, 결국 누구에게도 존경받지 못하는 군주가 될 것입니다.

• 항상 조언에 귀 기울여야 하는 군주는 타인이 아닌 자신이 원할 때 들어야 합니다. 그래서 원하지 않는 조언은 물리치는 게 좋습니다. 하지만 조언을 요청하는 상황일 때는 듣고자 하는 사안에 대해 참을성 있게 조언을 들어야 합니다. 그리고 무슨 이유에서든 조언자가 진실을 말하지 않으면 노여움을 표해야 합니다. 어떤 사람들은 군주가 현명해 보이는 건 군주의 능력 때문이 아니라 주위에 있는 훌륭

한 조언자 덕분이라고 생각하지만, 분명 잘못된 견해입니다. 현명하지 못한 군주가 제대로 된 조언을 받지 못한다는 점은 자명한 이치기 때문입니다. 예외적으로, 군주가 모든 일을 매우 신중한 조언자에게 전적으로 맡겼을 때 국정이 잘 운영되기도 합니다. 하지만 그 조언자가 머지않아 국가 권력을 뺏을 수 있기에 그리 오래 계속되지 못할 것입니다. 현명하지 못한 군주가 여러 사람으로부터 조언을 들을 때, 하나로 잘 조합하지 못하고 어떻게 처리해야 할지도 모를 것입니다. 조언자들은 대부분 자신의 이해관계를 먼저 생각할 것이기 때문입니다. 그는 그러한 현상을 이해하지도 못할 것이며 제어할 수도 없을 것입니다.

- 훌륭한 조언이란 군주의 지혜로부터 나온 것이며, 군주의 지혜란 훌륭한 조언에 근거한 게 아니라는 결론을 내릴 수 있습니다.

제24장 이탈리아의 군주들은 어떻게 나라를 잃었는가

- 신생 군주의 활동은 세습 군주의 활동보다 더욱 주목을 받습니다. 신생 군주가 능력 있어 보이면, 더 많은 사람의 마음을 얻고 세습 군주보다 더 끈끈하게 그들과 결속할 수 있습니다. 자고로 사람들은 과거보다 현재에 더 많은 관심을 갖기 때문입니다. 그들이 현재를 좋아하고 기꺼이 즐기며 변화를 원치 않을 때, 신생 군주가 다른 일에 실수만 하지 않는다면 그들은 그를 최대한 보호하려 할 것입니다. 그렇게 새로운 군주국을 세우고 훌륭한 법, 군대, 강력한 동맹과 함께 훌륭한 모범을 보이며 나라를 정비하고 강화한다면 이중의 영광을 얻을 것입니다. 하지만 군주의 자리를 물려받았으나 지혜가 부족해 국가를 잃은 군주는 이중의 수치심을 받을 것입니다.

- 오랫동안 다스린 국가를 잃은 군주는 운명이 아니라 자신의 나태함을 탓해야 할

것입니다. 평시에 상황이 변할 수도 있다는 사실을 생각하지 않았기 때문입니다
(날씨가 좋을 때 폭풍을 대비하지 않는 건 인간의 공통된 결점입니다). 그러다 역경이
닥쳐오면 방어할 생각은커녕 도망갈 궁리만 합니다.

• 훗날 자신을 일으켜줄 사람이 있을 거라고 믿는 건 위험합니다. 그런 일이 생기든
그렇지 않든 군주의 안전에 도움이 되지 않습니다. 자신의 능력 외의 것에 의존하
는 건 아무 소용이 없기 때문입니다. 결국 군주 자신과 용기에 기초한 대책만이
믿을 수 있고 확실하며 오래도록 유용할 것입니다.

제25장 운명이 인간사에 어떤 영향을 미치며 인간은 운명에 어떻게 대처 해야 하는가

• 많은 사람은 운명이나 신이 세상일을 주관하기 때문에 자신의 의지로 그걸 좌지
우지할 수 없으며 미리 대책을 세워도 크게 도움이 되지 않는다고 생각해 왔고 또
여전히 그렇게 생각하고 있습니다. 그래서 매사에 땀 흘려 일할 필요가 없고 오직
운명이 모든 일을 알아서 처리하도록 내버려두면 된다고 믿게 되었습니다.

• 그럼에도 인간의 자유의지를 무시할 수 없기에, 운명은 우리의 행동 중 반 정도만
주재할 뿐이며 나머지 반쯤은 우리가 우리 자신의 행동을 지배한다고 말하는 게
옳다고 생각합니다. 인생은 거센 강에 비유할 수 있습니다. 홍수가 나면 강은 평
야를 뒤덮고 나무와 집들을 휩쓸어 버리며 이쪽에서 저쪽으로 흙을 운반합니다.
모든 게 그 앞에서 흘러가버리고, 모든 이가 격렬한 물줄기에 저항할 방법을 찾지
못해 결국 굴복합니다. 그렇다고 날씨가 좋을 때 제방과 둑을 쌓아 미리 대비하
고, 다시 수위가 높아졌을 때 강물이 수로를 지나도록 해 그 힘을 약화시키고 위
험을 낮출 수 있는 것까지 부정하는 건 아닙니다. 운명도 이와 마찬가지로, 저항

할 준비가 되어 있지 않은 곳에서 위력을 발휘하고 그 힘을 저지하고자 쌓아둔 둑이나 제방이 없는 곳을 찾아내 위세를 떨칩니다.

- 어떤 군주가 성격이나 인격의 변화가 없었는데도, 오늘은 흥했다가 내일은 망하는 경우가 있습니다. 이미 상세히 언급했던 이유, 즉 군주가 전적으로 운명에 의존하다 보니 운명의 변화로 모든 걸 잃은 데 기인한 것입니다. 군주가 시대 상황에 맞게 행동을 결정한다면 성공의 길에 들어서지만, 그러지 않으면 실패의 길을 갈 것입니다. 사람들은 다양한 방법으로 목표로 하는 것, 즉 부와 영광에 이르는 걸 볼 수 있습니다. 어떤 사람은 신중하고 어떤 사람은 서두릅니다. 또 어떤 사람은 힘으로, 어떤 사람은 기술로 접근해 갑니다. 어떤 사람은 인내심 있게, 또 어떤 사람은 그 반대로 행동합니다. 이처럼 각각 다른 방법을 사용하지만 모두 목표에 다다르는 데 성공합니다. 그런데 똑같이 신중한 두 사람 가운데, 하나는 그 끝에 이르고 다른 하나는 그러지 못한 경우가 있습니다.

- 이런 결과가 발생하는 건 그들의 행동 방식이 시대 상황에 부합하느냐 그렇지 않느냐에 달린 것입니다.

- 어떤 군주가 신중하고 참을성 있게 처신하며 때와 상황이 국정 운영에 적합하게 흘러간다면, 성공할 운명입니다. 하지만 시대와 상황이 변하고 군주가 그에 맞춰 행동 방식을 바꾸지 않는다면, 파멸할 것입니다. 이러한 변화에 어떻게 적응해 가야 할지 아는 현명한 사람을 찾기란 쉽지 않습니다. 인간은 본성대로 행동하는 경향이 있고 거스르기가 쉽지 않기 때문입니다. 뿐만 아니라 언제나 일정한 방법으로 성공해 왔기 때문에, 그걸 버리고 다른 방법을 취하는 게 좋다고 생각하지 못하는 이유도 있습니다. 그러므로 조심성이 많은 군주가 모험을 해야 할 때, 어떻게 행동해야 할지 몰라 파멸하는 경우가 있습니다. 하지만 때와 상황에 맞게 행동

을 변화시키면 운명의 변화를 겪지 않을 것입니다.

- 결론적으로, 운명은 가변적인 반면 인간은 자신의 방법들을 고집하기 때문에 인간이 운명과 조화를 이룰 경우 성공에 이르지만, 그러지 못할 경우에는 실패합니다. 따라서 신중하기보다 새롭게 모험을 시도해보는 쪽이 더 좋습니다. 운명의 신은 여성이기에, 그 신을 자신의 통제 아래 두고 싶다면 그녀를 거칠게 다룰 필요가 있습니다. 이 여신은 냉정하게 일을 처리하는 사람보다 과감하게 행동하는 사람에게 호의적이기 때문입니다. 또한 운명의 여신은 젊은 남성들의 연인이기도 합니다. 그들이 덜 신중하고 더 격렬하며 과감하게 그녀를 다루기 때문입니다.

제26장 야만족으로부터 이탈리아를 해방시키기 위한 조언

- 이탈리아인들은 이스라엘인들보다 더 예속되어 있고, 페르시아인들보다 더 억압되어 있으며, 아테네인들보다 더 흩어져 있습니다. 지도자도 없고, 체계도 없으며, 두들겨 맞고, 약탈당하고, 찢기며 짓밟혀, 더없이 황폐한 상황에 처해 있습니다. 그런데 최근 한 인물을 통해 이들에게도 빛이 비쳤습니다. 그는 이탈리아인들의 구원을 위해 신이 보낸 인물이 아닌가 생각되었습니다. 그런데 그 뒤, 인생의 정점에 있을 때 운명은 그만 그에게 등을 돌리고 말았습니다.

- 오늘날, 행운과 역량을 갖추고 신과 교회의 호의를 받고 있는 명예로운 가문인 당신 집안만이 나라를 구원하는 데 앞장설 수 있습니다.

- 필요에 의한 전쟁은 정당하며 무력 이외에 다른 희망이 없을 때 신성한 것입니다.

- 새 군주에게 새로운 법과 제도를 제정하는 것보다 더 명예를 드높이는 일은 없습니다. 법과 제도가 잘 자리 잡고 위엄을 갖추면, 군주는 존경받고 칭송을 들을 것입니다.

IL PRINCIPE

오십이라면 군주론

초판 1쇄 발행 2024년 12월 24일

지은이 | 김경준
펴낸곳 | 믹스커피
펴낸이 | 오운영
경영총괄 | 박종명
편집 | 김형욱 최윤정 이광민
디자인 | 윤지예 이영재
마케팅 | 문준영 이지은 박미애
디지털콘텐츠 | 안태정
등록번호 | 제2018-000146호(2018년 1월 23일)
주소 | 04091 서울시 마포구 토정로 222 한국출판콘텐츠센터 319호(신수동)
전화 | (02)719-7735   팩스 | (02)719-7736
이메일 | onobooks2018@naver.com   블로그 | blog.naver.com/onobooks2018

값 | 21,000원
ISBN 979-11-7043-601-0 03300